Hans-Jochen Markmann

Der deutsche Widerstand gegen den Nationalsozialismus 1933–1945

Modelle für den Unterricht

Medien – Materialien – Dokumente

v. Hase & Koehler

Gesamtherstellung: Kösel, Kempten
ISBN 3-7758-1065-X

Sonderausgabe für die
Bundeszentrale für politische
Bildung und für die
Landeszentralen für politische
Bildung

Der deutsche Widerstand
gegen den Nationalsozialismus
1933–1945

INHALT

GELEITWORT DES HERAUSGEBERS

Der Widerstand gegen den Nationalsozialismus 1933 bis 1945 ist die Geschichte des Mutes der Frauen und Männer, die ihrem Gewissen, ihren religiösen und politischen Überzeugungen folgten, um die totalitäre Diktatur zu überwinden, Freiheit, Recht und Frieden wiederzugewinnen.

Die Geschichte des deutschen Widerstandes ist Teil der Geschichte der Freiheitsbewegungen der Deutschen und deshalb unverzichtbar für die Vermittlung von Freiheitswillen, Zivilcourage und des Gebotes der Toleranz, auf die keine freie Gesellschaft, kein freies Staatswesen verzichten können.

Die Forschungsgemeinschaft 20. Juli e. V. (Berlin) will mit diesem Buch dazu beitragen, daß die Geschichte des deutschen Widerstandes zum festen Bestandteil des geschichtlichen und politischen Unterrichtes in der Bundesrepublik Deutschland wird und der jungen Generation hilft, von den Freiheitsrechten und Freiheitspflichten bewußt, friedvoll und tolerant Gebrauch zu machen und zu lernen, daß ein freies Staatswesen auf die Loyalität seiner Bürger angewiesen ist. Das Recht und die Pflicht zum Widerstand ersteht aus dem Geist der Verfassung dann, wenn diese mißbraucht oder gebrochen wird, wie dies unter der Herrschaft der Diktatur geschah. In einer freien Ordnung aber, die die Grundrechte eröffnet und garantiert, den Streit der Meinungen akzeptiert und herausfordert, das Ringen um politische Mehrheiten für die eigene Überzeugung braucht, wendet sich »Widerstand« gegen die Ordnung, gegen den Bürger und damit gegen die Freiheit und das Recht. Die Geschichte des deutschen Widerstandes hat deshalb auch nach 40 Jahren geschichtlichen Abstandes eine neue Aktualität gewonnen.

Die Forschungsgemeinschaft 20. Juli e.V. dankt dem von ihr beauftragten Autor, Hans-Jochen Markmann, für seine unermüdliche Arbeit. Der Hanns Martin Schleyer-Stiftung (Köln) und ihrem Vorstand ist großer Dank für die großmütige Hilfe auszusprechen, die sie diesem Vorhaben zuteil werden ließen.

Die Forschungsgemeinschaft 20. Juli e.V. hofft, daß dieses Buch seinen Weg in die Schulen findet und den Lehrern und Schülern ein hilfreicher Wegweiser sein kann.

Berlin und Bonn, Frühjahr 1984

Rüdiger von Voss
Vorsitzender
Forschungsgemeinschaft 20. Juli e. V.

»Irgendwo werden sie, von denen wir uns so gerne vorstellen, daß sie glücklicher sind als wir, auf Spuren stoßen, die von unseren Leiden und Kämpfen zeugen... Dann werden sie, für eine ganz kurze Weile, innehalten in ihren Spielen und ihrem Werk. Ein paar gerührte Sekunden lang beschattet Nachdenklichkeit ihre Stirn, einer Wolke gleich, die schnell vorüber ist.«

Klaus Mann

EINLEITUNG

»Die Konfrontation mit den unmittelbaren Zeugnissen der nationalsozialistischen Herrschaft sowie des Widerstandes gegen sie ist ... als der eigentliche Boden der Auseinandersetzung im Unterricht anzusehen. Auf diese Weise werden die Schüler einerseits unmittelbar vor die Sache selbst gestellt, so daß ein Ausweichen weniger leicht ist als bei einer systematischen Darbietung durch das Medium des Lehrers. Andererseits wird die jugendliche Aktivität herausgefordert und ein tieferes Eindringen erreicht[1].

Im Geschichtsbewußtsein der Bundesrepublik Deutschland nimmt das Vermächtnis des deutschen Widerstandes ungeachtet der engagierten Bemühungen von zahlreichen Institutionen und einzelnen Personen nicht den Platz ein, den die Opfer des Nationalsozialismus damals und heute erhofften. In der öffentlichen Meinung des Inlandes und durchgehender noch der des Auslandes werden häufig Thesen über die Identität von Hitler und Deutschland vertreten, als ob es eine deutsche Widerstandsbewegung überhaupt nicht gegeben hätte. Erich Kosthorst hat auf diese Tatsache in seinem Aufsatz über das Vermächtnis der deutschen Widerstandsbewegung bereits 1964 aufmerksam gemacht, der 1981 erneut abgedruckt wurde; nicht zuletzt aus der Einsicht, daß diese Behauptung auch 1981 unverändert gültig sei. Erich Kosthorst fragte in seinem Aufsatz:

»Ist der Geist jener Männer und Frauen des Widerstandes lebendig, hat ihr Tod uns hier in Deutschland und die Menschen draußen in der Welt aufgerüttelt..., aufgerüttelt zur Erkenntnis und zum Tun des wahrhaft Menschlichen in einer Geschichtsepoche, in der die Angst vor der Möglichkeit sinnvollen Menschseins überhaupt sich stärker aufdrängt als je zuvor?[2]

Bezeichnend für den Zustand des öffentlichen Geschichtsbewußtseins über den deutschen Widerstand ist ein Gerichtsurteil, über das die Wochenzeitung »Die Zeit« am 5. Januar 1962 kritisch berichtete. Ein Dreher aus Bremen hatte seit 1939 konsequent den Kriegsdienst verweigert. Bis zum Ende des Krieges, sechs lange Jahre, erlitt er Mißhandlungen im Straflager und Strafbataillon. Sein Entschädigungsantrag an das Land Bremen nach dem Kriege wegen der schweren Gesundheitsschäden durch die Verfolgung im NS-Staat wurde in allen Gerichtsinstanzen abgewiesen (1962 endgültig vom Bundesgerichtshof). Das höchste deutsche Gericht entschied grundsätzlich über die Gültigkeit des Widerstandes:

»Erforderlich ist eine Handlung, die auf einer einigermaßen sinnvollen Planung beruhte und vom damaligen Standpunkt aus geeignet war, der NS-Gewaltherrschaft Abbruch zu tun oder wenigstens ihre schlimmen Folgen in beachtenswerter Weise zu mildern... Die Widerstandshaltung muß nach ihren Beweggründen, Zielsetzungen und Erfolgsaussichten als ein ernsthafter und sinnvoller Versuch zur Beseitigung des bestehenden Unrechtszustandes gewertet werden können...«

Im Kommentar der »Zeit«, den Erich Kosthorst zustimmend zitiert, heißt es dazu unter anderem:

»Der arme Dreher, hätte er 1939 gewußt, daß man von ihm erwarte, er müsse entweder der NS-Gewaltherrschaft Abbruch tun oder aber sein Gewissen zum Schweigen bringen, und hätte er gewußt, daß das ersehnte demokratische ›Vierte Reich‹ seine Opposition gegen Hitlers ›Drittes Reich‹ deshalb für sinnlos hält, weil sie keinen Erfolg hatte, er wäre gewiß nicht nur am Unrechtsstaat, sondern auch am Rechtsstaat verzweifelt. Denn was die Richter hier postulieren, das läßt sich doch auf die Formel bringen: Wenn keine Erfolgsaussichten bestehen, dann darf man nicht Widerstand leisten, sondern muß schweigender Mitläufer werden.

Das hohe Gericht... stellt dann ausführliche... Spekulationen darüber an, ob die Wehrkraft des NS-Staates durch das Fernbleiben des Drehers geschwächt worden sei...

Da sind lange Abhandlungen über den Verrat im 20. Jahrhundert verfaßt worden, da wurden jahrelang Verfahren durchgeführt nach dem Grundsatz, jeder einzelne Deutsche hätte eigentlich ein Widerstandskämpfer sein müssen – und dann stellt das höchste Gericht ... fest, die Tat ... könne nicht als ›rechtmäßige Widerstandshandlung‹ angesehen werden... Ja, das Gericht wirft dem gesundheitsgeschädigten Kläger auch noch vor, dieser habe sich der Gefahr ausgesetzt, zum Tode verurteilt zu werden, und überdies noch über seine Ehefrau schweres Leid gebracht. Begütigend wird zwar hinzugefügt, dies alles betreffe nur die rechtliche Seite, über die moralische Gewissensentscheidung sei damit nichts ausgesagt – aber wie ... soll man das verstehen? Sind denn Moral und Recht zwei total verschiedene Dinge?«

Gewiß kann die außerschulische und schulische politisch-historische Bildungsarbeit nur einen begrenzten Einfluß auf das öffentliche Geschichtsbewußtsein und dessen Defizite ausüben. Aber diese Tatsache wäre auch dann kein Grund zur Resignation, wenn wesentlich mehr Vorschläge zur Rezeption des deutschen Widerstandes in fachdidaktischer Hinsicht vorlägen. Tatsächlich ist aber die Zahl der unterrichtspraktischen Publikationen zum Thema Widerstand recht bescheiden. Schon diese Tatsache allein rechtfertigt die folgende Veröffentlichung und motivierte die »Forschungsgemeinschaft 20. Juli« zur Unterstützung dieser Arbeit.

Die vorliegende Arbeit über den deutschen Widerstand gegen den Nationalsozialismus (1933–1945) wendet sich an Lehrer der Sekundarstufe II – weitgehend auch Sekundarstufe I – sowie an in der politisch-historischen Erwachsenenbildung tätige Personen. Die fachwissenschaftlichen und didaktisch-methodischen Überlegungen wollen die Unterrichtsplanung in den Fächern Politik, Geschichte, Religion, deutsche Literatur und Kunst anregen und erleichtern.

Das Buch ist in einer Weise gegliedert, die auch dem Lehrer, der kurzfristig und sehr zeitökonomisch planen muß, die Benutzung bestimmter Teile unter Verzicht auf andere ermöglicht. Die je nach den Motiven des Lesers relativ voneinander unabhängig benutzbaren Abschnitte sind:

- der deutsche Widerstand gegen das NS-Regime im historisch-politischen Überblick,
- didaktische Konzeptionen zum deutschen Widerstand von 1933–1945,
- kommentierter Überblick über audiovisuelle Medien zum Thema Widerstand,
- Unterrichtsvorschläge für die schulische und außerschulische Arbeit mit Schülern und Erwachsenen.

Die Unterrichtsvorschläge für die schulische Behandlung des deutschen Widerstandes im Nationalsozialismus gliedern sich, soweit es die Sachlage erfordert, in:

- Sachinformationen,
- didaktisch-methodische Vorschläge,
- Materialien,
- Literaturhinweise.

Im Mittelpunkt jedes Unterrichtsvorschlages steht ein jeweils anderes Medium, um didaktisch-methodische Vielfalt bei angemessenem Aufwand zu ermöglichen.

Unterrichtsthemen	Medien	Fächer
Widerstandskämpfer berichten	**Dokumentarfilm** (Interviews von Widerstandskämpfern unter anderem)	Politik, Geschichte
Widerstand aus dem nordamerikanischen Exil	**Rundfunkreden** (Th. Mann an »Deutsche Hörer« über BBC vom Oktober 1940 bis 10. 5. 1945)	Politik, Geschichte, deutsche Literatur
Die historisch-politische Bewertung des deutschen Widerstandes	**Gutachten** (Remer-Prozeß im März 1952)	Politik, Geschichte, Recht, Philosophie (Ethik), Religion
Widerstand und Menschenrechte – das politische Vermächtnis des deutschen Widerstandes	**Zeitungsartikel** aus »Die Zeit«, 28. 7. 1978 (Klaus von Dohnanyi: Widerstand und Menschenrechte – Zehn Prinzipien für Bonns Politik; Vortrag zur 10jährigen Wiederkehr des 20. Juli 1944) **Wissenschaftliche Darstellung** (Hans Rothfels: Das Vermächtnis des deutschen Widerstandes)	Politik, Geschichte, Recht, Philosophie (Ethik), Religion

Da die unmittelbare Begegnung mit Stätten der Verfolgung und des Widerstandes sowie Zeugnisse des Widerstandes in Literatur und Kunst die schulische und außerschulische Arbeit wesentlich ergänzen können und nach Möglichkeit auch ergänzen sollten, wurden zahlreiche Vorschläge in diesem Bereich zusammengestellt:

- Besuch von Gedenkstätten,
- Stadtrundfahrten zu Stätten des Terrors und Widerstandes,
- antifaschistische Exil-Romane zu den Themen KZ, Widerstand, spanischer Bürgerkrieg, Alltag in Deutschland, Leben im Exil, 2. Weltkrieg,
- antifaschistische und verfemte Kunst.

Die besondere Bedeutung der evangelischen und katholischen Kirche zwischen Anpassung und Widerstand in der Zeit des Nationalsozialismus berücksichtigt ein Abschnitt über die didaktisch-methodischen Möglichkeiten der schulischen und außerschulischen religiösen Unterweisung. Zudem nehmen die Unterrichtsvorschläge (siehe Tabelle oben) ethische und religiöse Fragen mit auf.

Eine Reihe von Tabellen sollen den fachwissenschaftlichen und fachdidaktischen Überblick erleichtern:

- Formen und Methoden des Widerstandes,
- Chronologie des 20. Juli 1944 in Berlin,
- regionale Literatur über den deutschen Widerstand 1933–45,
- didaktische Konzeptionen zum deutschen Widerstand gegen den Nationalsozialismus (1933–1945),
- deutsche Exil-Romane aus der Zeit des Nationalsozialismus (1933–1945),
- verfemte Kunst mit und ohne politische Themenstellungen in Museen,
- thematische Kurzbibliographie zum deutschen Widerstand gegen den Nationalsozialismus (1933–1945).

[1] Erich Kosthorst: Zeitgeschichte und Zeitperspektive; Paderborn 1981, S. 159
[2] Erich Kosthorst, a.a.O., S. 47

I. EINFÜHRUNG IN DIE FACHWISSENSCHAFTLICHE PROBLEMATIK DES DEUTSCHEN WIDERSTANDES (1933–1945)

I.1 Der deutsche Widerstand – ein historisch-politischer Überblick

I.1.1 Allgemeine Merkmale und Besonderheiten des deutschen Widerstandes

»Es gibt für alle äußere Legalität eine letzte Grenze, wo sie unwahrhaftig und unsittlich wird. Dann nämlich, wenn sie zum Deckmantel einer Feigheit wird, die sich nicht getraut, gegen offenkundige Rechtsverletzung aufzutreten.[1]

Das Spektrum des deutschen Widerstandes gegen den Nationalsozialismus ist äußerst vielfältig, breit und schwer überschaubar; in vielen Bereichen auch noch ein Desiderat der Forschung. Einheitliche Darstellungen wie der kurze Abriß von van Roon (1979) sind die Ausnahme. Einer der neuesten Versuche einer populären Würdigung des Widerstandes ist bezeichnenderweise eine Sammlung von Aufsätzen zu zahlreichen Einzelthemen (Hrsg. v. Löwenthal u. a. 1982), die entsprechend ausgewiesene Historiker verfaßten. Die Beschränkung auf Teilprobleme unter Verzicht der Darstellung der politischen Emigration entspricht der Besonderheit des deutschen Widerstandes und dem Stand der Forschung. Erlebnisberichte zur Ergänzung der einzelnen Sachthemen sollen die Defizite an Atmosphäre und Anschaulichkeit ausgleichen.

Unter diesen Umständen ist eine kurze Orientierung über den Widerstand notwendig, da ein Verweis auf die vielfältige Literatur den Lehrer nur bei Teilproblemen zufriedenstellen kann. Unter zwei Gesichtspunkten soll der Gesamtkomplex des deutschen Widerstandes dargestellt werden:

- o allgemeine Merkmale und Besonderheiten des deutschen Widerstandes,
- o Strömungen und Formen des deutschen Widerstandes.

Die hier in Form von Thesen dargelegten allgemeinen Probleme des Widerstandes gegen den Nationalsozialismus müssen in ihrer Verkürzung zahlreiche Ausnahmen zurückstellen zugunsten unterrichtlicher Vermittlungschancen.

1. Der deutsche Widerstand ist zu keiner Zeit (im Unterschied zum Ausland) eine allgemeine nationale Volks- und Massenbewegung gewesen. Sein

Umfang war aber erheblich größer, als es der Nationalsozialismus und die alliierte Propaganda wahrhaben wollten.
Bis 1939 waren etwa eine Million Menschen durch die KZ-Lager gegangen (Justizurteile von 1933–1944: fast 12000 Hinrichtungen).

2. Die Widerstandskämpfer kamen aus allen Schichten und Parteien, aus den christlichen Konfessionen und Sekten, aus der Wirtschaft, der Verwaltung, der Diplomatie und dem Heer; ein Teil war zunächst Anhänger Hitlers, wurde aber in seinem Idealismus enttäuscht und stieß zum Widerstand.

3. Die deutschen Widerstands- und Oppositionsbewegungen blieben aufgrund der besonderen politisch-historischen Bedingungen Deutschlands unter dem NS-Regime erfolglos.
Zu den Ursachen dieses Mißerfolges zählen:
   - Der Widerstand richtete sich nicht gegen einen fremden Eroberer, sondern gegen das Terrorregime der eigenen Regierung.
   - Die wesentlich ethisch bestimmte Empörung kam von Menschen verschiedenster Weltanschauungen und politischer Lager.
   - Es fehlte eine alle verbindende Zielvorstellung. Die Pläne der Widerstandskämpfer bezogen sich unter anderem auf eine reformierte Weimarer Republik, eine allgemeine Wiederherstellung des Rechts und der Menschenwürde, eine Restaurierung der Monarchie oder eines autoritären Ständestaates, eines föderativen Europas, einer sozialistischen bzw. kommunistischen Räterepublik, eines christlichen Rechtsstaates.
     Der Versuch, die verschiedenen Kräfte und Gruppen einheitlich zusammenzufassen, blieb in den Anfängen stecken, zumal die Verfolgung jede kontinuierliche Entwicklung hemmte.
   - Die deutschen Emigranten fanden sich in ihrer politischen und territorialen Zersplitterung und in ihrer ungünstigen materiellen Situation nicht zu einer Koalition in Form einer Exilregierung zusammen.
   - In den Augen des offiziellen politischen Auslandes erschien der deutsche Widerstand als hoffnungslos schwach, utopisch, weltfremd oder sogar unehrlich. Das Ausland hat deshalb kaum Ermutigung und Unterstützung gewährt.
   - Die zunächst kaum vorhandene Einsicht im In- und Ausland in die besondere extreme, totale Regierungsform des Nationalsozialismus mit ihrer radikalen Gewaltpolitik in Frieden und Krieg führte zu unangemessenen Treuekonflikten gegenüber dem herrschenden Staat. Die Vorstellungen von Pflicht, Recht, Eid, Gehorsam, Widerstandsrecht und Widerstands-

pflicht lähmten lange Zeit Teile des deutschen Widerstandes (Beamte, Militär, Justiz u. a.).

- Konterkarierend zu der Uneinigkeit und Unentschlossenheit des deutschen Widerstandes im In- und Ausland fehlte auf seiten der Alliierten ein klares Zukunftsprogramm für Deutschland, das den deutschen Widerstand ermutigt und legitimiert hätte. Erklärlich aus der Eigengesetzlichkeit des Krieges beherrschte die Alliierten die Devise: bedingungslose Kapitulation, absolute militärische Niederwerfung, bedingungslose Aufteilung, keine Zukunftshoffnung, Bestrafung fast aller Deutschen entsprechend der Kollektivschuldtheorie.
- Die geschichtliche Bedeutung des Widerstandes besteht darin, daß unbenommen der unterschiedlichen ethischen und politischen Vorstellungen der Widerstand in der Tradition deutscher und europäischer Freiheitsbewegungen gesehen werden kann.
- Die politische Bedeutung des Widerstandes zeigt sich darin, daß durch seinen Beitrag nach 1945 die Rezeption der Menschenrechte im Grundgesetz der Bundesrepublik Deutschland erfolgte, wenn auch die politische Verwirklichung immer wieder neu im Alltag durchgesetzt werden muß. Aus der Erfahrung der Diktatur erwuchsen »das Prinzip der Einheitsgewerkschaften, wie die Grundausrichtung der gesamten Wirtschafts- und Gesellschaftsordnung auf die Prinzipien der Solidarität, Subsidiarität und Sozialpflichtigkeit, kommunalen Selbstverwaltung und Föderalismus... Alles dies verleiht der Bundesrepublik eine eigene Identität ihrer politischen wie gesellschaftlichen Verfaßtheit«.[2]
- Mit hoher Wahrscheinlichkeit können innere (Volksaufstände) und äußere Widerstandsbewegungen (Emigration) wohl moderne Einparteiensysteme schwächen und zahlreiches Personal binden, aber der Widerstand bleibt in der Minderheit, und die Chancen eines Erfolges bei entsetzlichen Opfern sind minimal.
- Entscheidend ist die Verhinderung der Etablierung einer modernen Parteidiktatur, die sich auf eine politische Massenbewegung stützen kann. Nach der Gleichschaltung der gesellschaftlichen Organisation und der Durchsetzung des Partei-, Organisations- und Informationsmonopols sind Mut und Opferbereitschaft von Widerstandskämpfern nur noch ein Indiz für moralische Kraft und die Bereitschaft zum Martyrium.

»Die Tyrannei ... ausgestattet mit den modernsten Instrumenten der Neuzeit und begabt mit der unmenschlichsten Verachtung des Lebens und aller moralischen Werte ... ist nicht zu beseitigen ... Sie kann nur beseitigt werden, wenn sie in einem furchtbaren Krieg untergeht oder wenn sie nicht mehr Herr ihrer Machtinstrumente ist – also durch Palast-Revolten . . ., bei denen das Volk nur Beobachter . . . ist.«[3]

4. Als Grundformen des Widerstandes gegen das NS-Regime (und mithin ähnliche moderne Parteidiktaturen) lassen sich unterscheiden:[4]
   - o bewußter politischer Widerstandskampf gegen das Machtmonopol,
   - o gesellschaftliche Verweigerung gegen das Organisationsmonopol,
   - o weltanschauliche Dissidenz gegen das Informationsmonopol.

   – Die politische Opposition
   Der bewußte politische Widerstandskampf begann in der Arbeiterbewegung; zuerst bei der KPD, nach kurzen illusionären Legalitätstendenzen dann auch bei der SPD und den Gewerkschaften. Die verfehlte Vorstellung, unter dem Nationalsozialismus sei eine illegale Massenpropaganda möglich und notwendig, dezimierte die Kader der Arbeiterbewegung. Illegale Gewerkschaften und illegale Streiks erwiesen sich ebenfalls als keine realistische Kampfform.
   Die immensen Verluste führten zur Erkenntnis der Möglichkeiten der politischen Opposition in der krisenfreien Phase des Regimes:
   Erhaltung der Kommunikation,
   Unterstützung der Opfer und ihrer Familien,
   Information, Schulung und Berichterstattung der Kader,
   Berichterstattung an die Exilzentralen.
   Die militärische Krise des Regimes führte nach der Schwächung der Oppostition in den dreißiger Jahren zu zwei neuen Phasen verstärkter Widerstandstätigkeit (1. Phase: Jugendopposition, »Weiße Rose«, KP; 2. Phase: militärisch-politische Opposition 1944), die beide von der Gestapo vernichtet werden konnten. In der Agonie des NS-Systems entstanden zahlreiche vereinzelte lokale oppositionelle Aktivitäten und »Antifaschistische Komitees«, die bei den Alliierten kaum Anerkennung fanden.

   – Die gesellschaftliche Verweigerung
   Gesellschaftliche Verweigerung äußerte sich in zwei Formen: individuelle und institutionelle Verweigerung. Die ausgeprägteste institutionelle Verweigerung ging in unterschiedlicher Intensität und zeitlicher Folge von den beiden Kirchen aus. »Der institutionelle Widerstand von Militär und Bürokratie . . . richtete sich bewußt nicht gegen das Regime . . ., sondern gegen die Durchdringung der eigenen Apparate«[5] mit Nationalsozialisten.

Die individuelle Verweigerung bezeichnet im allgemeinen nicht isolierte Einzelpersonen, sondern konsensuelle Traditionsmilieus: Industriearbeiter, Bauern, Jugendliche. Nicht milieugebunden findet sich Verweigerung durch Abhören von ausländischen Sendern, Hilfe für Verfolgte unter anderem.

– Die weltanschauliche Dissidenz
Ist schon die Subsumierung der gesellschaftlichen Verweigerung unter den Widerstandsbegriff strittig, so trifft das in noch stärkerem Maße für die kulturelle Dissidenz zu. Die Einordnung konservativer, nationalrevolutionärer und politisch abstinenter Natur- und Stimmungsschriftsteller (Ernst Wiechert, Ernst Jünger, Werner Bergengruen, Reinhold Schneider, Oskar Loerke u. a.) erfolgt unter mehr oder weniger pejorativ gemeinten Bezeichnungen, wie »innere Emigration«, »hilfloser Antifaschismus«. Die Bewahrung eines bürgerlichen humanen Wertehorizontes wird ihnen aber zweifellos zugestanden werden müssen, wie es etwa an Wiecherts Verhalten und KZ-Haft deutlich wird. »Nach dem Hitlerschen Nihilismus konnte nur ein erneuter Humanismus die Grundlage eines wiedererstandenen Deutschlands sein. Diese Erkenntnis war damals ... allen Hitlergegnern gemeinsam ... auch dem Widerstand der Kommunisten ...«[6]

I.1.1.1 Formen und Methoden des Widerstandes

Passiver Widerstand

Methoden	Beispiele
Absentierung	Selbstmord Emigration Desertion
Rücktritt	kollektiver Rücktritt individueller Rücktritt Verbleiben im Amt zur Obstruktion
Sabotage	militärische Obstruktion Verrat militärischer Geheimnisse humanitäre Sabotage außenpolitische Sabotage Sabotage der polizeilichen Anzeigepflicht
Gehorsamsverweigerung	
Streik	organisierter Generalstreik spontaner Generalstreik lokal begrenzte Streikbewegung

Aktiver Widerstand

Methoden	Beispiele
geistige Waffen	Flugblätter, Klebezettel u. ä. Denkschrift Aktennotizen illegales Memorandum Wortkampagnen konspirative Gespräche
Gewaltmethoden	Überfälle, Brandstiftung u. ä Attentat offener Aufstand

I.1.2 Träger des deutschen Widerstandes

Die Träger des deutschen Widerstandes waren eine große Zahl von Minderheiten. Eine Auflistung zeigt, daß ihre unterrichtliche Würdigung nur exemplarisch und relativ willkürlich erfolgen kann:

- o gewerkschaftlicher Widerstand,
- o sozialdemokratischer Widerstand,
- o kommunistischer Widerstand,
- o Widerstand von Christen,
- o militärisch-politischer Widerstand,
- o der Kreisauer Kreis,
- o Opposition und Protest Jugendlicher,
- o innere Emigration,
- o Widerstand im KZ,
- o deutscher Widerstand im besetzten Europa,
- o deutscher Widerstand im Exil,
- o humanitärer Widerstand.

Zur Orientierung über den gesamten Widerstand und zur Erleichterung von alternativen Konzeptionen, die die weiter unten vorgeschlagenen Unterrichtsthemen ergänzen oder ersetzen können, folgt hier eine notwendig stark verkürzte thesenhafte Darlegung einzelner politischer, religiöser und sozialer Richtungen des deutschen Widerstandes.

I.1.2.1 Gewerkschaftlicher Widerstand

»Morgen werde ich gehenkt, schafft die Einheit!« Wilhelm Leuschner (1890 bis 1944)[7].

Es ist nicht zuletzt das Verdienst Gerhard Beiers (geb. 1937, Dozent in Kiel und Frankfurt, Forschungen zur Gewerkschaftsgeschichte), daß der Widerstand der Gewerkschaften, vor allem auch die Tätigkeit der illegalen Reichsleitung der Gewerkschaften stärker in das Blickfeld gerückt worden ist und in einer Darstellung des deutschen Widerstandes nicht mehr fehlen darf. Beier konstatiert den ersten Höhepunkt des Kampfes gegen den Nationalsozialismus durch die Gewerkschaften bereits am Beginn der Weimarer Republik im Generalstreik gegen den Kapp-Putsch vom März 1920. Die Ermordung des italienischen sozialistischen Abgeordneten Giacomo Matteotti (1885–1924), die Aufdeckung der Boxheimer Dokumente 1931 (Planungsentwürfe für den NS-Terror) führten schon lange vor 1933 zur Erkenntnis der Gefahr einer nationalsozialistischen Machtergreifung und zur Organisation des internationalen und nationalen Widerstandes. Im Einverständnis mit dem Generalsekretär der Internationalen Transportarbeiterföderation (ITF) baute der deutsche Eisenbahner Hans Jahn (1855–1960) eine illegale Organisation auf.

Obwohl bewaffnete Arbeiter in den Gewerkschaftshäusern den offenen Kampf gegen die nationalsozialistische Gefahr wagen wollten, verzichtete die Gewerkschaftsführung auf jede Gegenwehr, schnelle Entscheidungen scheiterten an Kompetenzstreitigkeiten zwischen den einzelnen Verbänden. Die Gründe für das Versagen der Gewerkschaftsführung und die Versuche freiwilliger Gleichschaltung sieht Beier in »der hohen Arbeitslosigkeit«, zum anderen in »der berufsgewerkschaftlichen und richtungsgewerkschaftlichen Spaltung«.[8]

Wie begrenzt der Einfluß der NSDAP in den Betrieben war, zeigen die Betriebsratswahlen im Frühjahr 1933. Die Wahl von ca. 10000 Betriebsräten ergab:

Freie Gewerkschaften	73,4%
Christliche Gewerkschaften	7,6%
Hirsch-Dunckersche Gewerkschaften	0,6%
Revolutionäre Gewerkschaftsopposition	4,9%
Nationalsozialistische Betriebszellenorganisation	11,7%

Nachdem die Wahlen der folgenden Jahre trotz aller Manipulationen nur zu intern eingestandenen Blamagen wurden, verbot Hitler 1936 die erneut anstehenden Vertrauensratswahlen.

Der Herrschaftscharakter des Nationalsozialismus ließ das klassische Kampfmittel der Gewerkschaft, den Streik, nicht mehr zu. Wirtschaftliche und politische Streiks blieben marginal und wurden brutal erstickt. »Der Arbeitskampf nahm verdeckte Formen an ... Am wirksamsten war das Bummeln, der Dienst nach Vorschrift und die Sabotage empfindlicher Produktionsabläufe oder Maschinenteile ... Es gab Heroismus im kleinen, der keine Statistik füllt ... Dabei schwindet der Unterschied zwischen politischer und gewerkschaftlicher Widerstandsarbeit: Es war Arbeiterwiderstand in seiner elementarsten Form.[9]

Den einzelnen Phasen des Aufbaues einer illegalen Reichsleitung seit dem Herbst 1933, der Gründung der Auslandsvertretung, der Aktivität der illegalen Reichsleitung einzelner Verbände, dem Wechselspiel Aufdeckung und Verhaftung durch die Gestapo und Neuformierung des Widerstandes kann hier nicht nachgegangen werden. Bei Beier sind die Namen der gewerkschaftlichen

Widerstandskämpfer genannt, die Liste der gefolterten und ermordeten Arbeiter und Funktionäre ist lang.

Unter der Bezeichnung Wilhelm Leuschners »Fabrik«, ist eine gewerkschaftliche Widerstandstätigkeit bekannt geworden, die den Bedingungen der modernen Parteidiktatur besser entsprach als die traditionelle Verteilung von Flugblättern und Zeitungen; die oppositionellen Publikationen erleichterten der Gestapo nur die Aufdeckung illegaler Gruppen und der Justiz die Prozeßführung. Leuschner, ehemaliger hessischer Innenminister 1928–1932, kannte die Arbeit der politischen Polizei und nutzte diese Erfahrungen für den Widerstand.

Er baute neben seiner illegalen Tätigkeit in der Reichsleitung der Gewerkschaften einen wehrwirtschaftlich wichtigen Betrieb auf.

Seine Patente über korrosionsbeständige Verschraubung von Leichtmetallarmaturen gewannen im Vierjahresplan besondere Bedeutung für den U-Boot-Bau. Leuschner und seine Mitarbeiter Ernst Schneppenhorst (1881–1945), ehemaliger Gewerkschaftssekretär, und der Gewerkschaftler Hermann Maaß (1897–1944) erlangten dadurch geschäftlich getarnte Verbindungen zu Wehrmachtsstellen, Kasernen und Ministerien. »So paradox das klingen mag«, schreibt Beier, »die illegale Reichsleitung der Gewerkschaften in Berlin fußte seit Mitte der 30er Jahre organisatorisch und wirtschaftlich auf den besonderen Möglichkeiten wehrwirtschaftlichen Unternehmertums im Dritten Reich.«[10]

1939 wurde Leuschner verhaftet, durfte aber aus wehrtechnischen Gründen vom KZ aus mit seinen Angestellten verhandeln und wurde bald wieder entlassen. Aus den losen Verbindungen zu militärischen Kreisen entwickelte sich in Verhandlungen mit Generaloberst Ludwig Beck (1880–1944) und anderen ein Aktionsbündnis. Zur praktischen Form der Zusammenarbeit stellte Leuschner fest: »Wir haben Hitler nicht in den Sattel gehoben und auch diesen Krieg ... nicht angefangen. Wir werden uns auch nicht ... in irgendwelche Abenteuer stürzen, bei denen wir ... rechnen müssen, daß die Generäle auf die Arbeiterschaft schießen lassen, wenn wir sie zum Generalstreik aufrufen.«[11]

Nach den bitteren Erfahrungen von 1918/19 und 1932/33 sollte der erste Schritt von den Militärs ausgehen, die aktive Mitarbeit blieb der Zeit nach dem Umsturz vorbehalten.

I.1.2.1.1 Literaturhinweise

Gerhard Beier: Die illegale Reichsleitung der Gewerkschaften 1933–1945, Bund Verlag, Köln 1981

Helmut Esters u. a.: Gewerkschaften im Widerstand, Verlag Neue Gesellschaft, Bonn 1983 (2., erw. Auflage)
Wilhelm Leuschner: Auftrag und Verpflichtung. Biographische Würdigung, Hessendienst der Staatskanzlei, Wiesbaden 1977
Elfriede Nebgen: Jakob Kaiser – der Widerstandskämpfer, Kohlhammer Verlag, Berlin 1967
Detlev Peukert: Die KPD im Widerstand – Verfolgung und Untergrundarbeit an Rhein und Ruhr 1933–1945, Peter Hammer Verlag, Wuppertal 1980
Detlev Peukert: Beiträge zum Thema Widerstand 13: Der deutsche Arbeiterwiderstand gegen das Dritte Reich, Gedenk- und Bildungsstätte Stauffenbergstraße, Informationszentrum Berlin 1980
Gewerkschaften im Exil und Widerstand 1939–1945, Verlag Focke und Jaffe, Hamburg 1979
DGB Bildungswerk Hessen (Hrsg.), Hessische Gewerkschaften im Widerstand 1933–1945, Anabas Verlag, Gießen 1983

I.1.2.2 Sozialdemokratischer Widerstand

»Viele meiner ehemaligen Sportfreunde und Gewerkschaftskollegen, ja die eigenen Verwandten hatte ich nicht dazu bringen können, in den Widerstand zu gehen. Sei es aus Opportunismus, oder weil ihnen Widerstand aussichtslos schien, flüchteten sie sich in neutrale Bereiche wie Wandern, Bergsteigen, in Kegelklubs, Gesang- oder Turnvereine usw. Dort konnten sie sich allerdings mit zunehmender ideologischer Durchdringung und Erfassung aller, auch privater Bereiche durch das Hitlerregime dem immer stärker werdenden Druck nicht mehr entziehen. Natürlich hatten viele auch Angst davor, Freiheit und Leben aufs Spiel zu setzen.«[12]

Das legalistische Selbstverständnis der SPD, ihr Bekenntnis zu Staat und Verfassung erwies sich als Hindernis zur Bekämpfung einer Diktatur moderner Prägung. Ihre Machtmittel, das paramilitärische Reichsbanner, die später gebildete »Eiserne Front«, setzte sie zur Enttäuschung der widerstandsbereiten Mitglieder und Anhänger nicht ein. Die Fehleinschätzung Hitlers, die Schwächung der Linken durch die Konflikte zwischen Kommunisten und Sozialdemokraten reduzierte die respekterheischende Ablehnung des Ermächtigungsgesetzes am 24. 3. 1933 durch Otto Wels (1873–1939), Parteivorsitzender der SPD, im Reichstag zu einer machtlosen Geste. Der unvermeidliche Weg in die Illegalität war von Illusionen legaler Existenzmöglichkeit und Kontroversen mit einem Teil der Jugendorganisation begleitet, die nach dem Beispiel von »Neu

Beginnen« zu illegalen Mitteln Zuflucht nehmen wollte. Im SPD-Vorstand kam es noch im Mai zu einem Bruch, als sich unter dem Vorsitzenden Otto Wels ein Exilvorstand (Sopade) in Prag konstituierte. Die Zwangsauflösung der Partei am 22. Juni belehrte auch den Rest-Vorstand um Paul Löbe in Berlin über die reale Situation.

Mit den geretteten Resten der Parteikasse und der Unterstützung der ausländischen Sozialdemokraten wurde ein Apparat mit Druckerei und Presse aufgebaut. Die Publikationen wurden nach Deutschland geschmuggelt und dort verteilt. Grenzsekretariate in grenznahen Ortschaften etlicher Nachbarstaaten Deutschlands (Tschechoslowakei, Polen, Belgien, Frankreich, Schweiz, Dänemark und Luxemburg) schleusten konspiratives Material in das Reich, zugleich waren sie Sammelstellen für Informationen aus Deutschland. Die Exil-Publikationen der Sopade, die sogenannten »grünen Berichte« sind eine aufschlußreiche Quelle für den nationalsozialistischen Alltag.

Nachdem es nicht gelungen war, den Nationalsozialismus an der Machtergreifung zu hindern, konnten die politischen Leistungen des Widerstandes kaum noch im angemessenen Verhältnis zu den schrecklichen Opfern stehen, die dafür gebracht werden mußten. Folgende Komponenten erschwerten zudem einen einheitlichen wirkungsvolleren Widerstand:

- Tausende von SPD-Funktionären waren verhaftet oder emigriert.
- Die Mehrheit der Mitglieder verhielt sich passiv.
- Die Konflikte über die verfehlte Politik der SPD führten zu Abspaltungen.
- Die Herstellung und Verteilung von konspirativer Literatur gefährdete die Kader, ohne daß die Wirkung der Publikationen diese Risiken gelohnt hätte.
- Die zahlreich entstandenen Widerstandszellen konnten nur getarnt und isoliert auf regionalem Gebiet arbeiten; der Versuch, mit anderen Gruppen in Verbindung zu treten, lieferte sie zumeist der Gestapo aus, da diese die Kommunikationsmittel kontrollierte (Post, Telefon, Sender u. a.).

Besondere Erwähnung verdienen, auch im Hinblick auf exemplarische Unterrichtsthemen, einige Gruppen zumeist links von der SPD-Führung:

- die Sozialistische Arbeiterpartei Deutschlands (SAP oder SAPD), zu der auch Willy Brandt gehörte; die Exilgruppe stand unter Leitung von Paul Walter;
- der Internationale Sozialistische Kampfbund (ISK), bereits 1925 entstanden, seit 1927 von Willi Eichler geführt; Mitglieder waren auch die späteren Ministerpräsidenten von Nordrhein-Westfalen und Niedersachsen, Heinz Kühn und Alfred Kubel;

- »Neu Beginnen« von Walter Löwenheim (Pseudonym »Miles«) gegründet; die Anfänge der Gruppe liegen im Jahr 1929. Bereits vor 1933 streng konspirativ und zentralistisch, ohne Illusionen über die nationalsozialistische Gefahr, blieb sie bis zum Herbst 1938 von der Gestapo (bis auf Verhaftungen im Winter 1935/36) weitgehend verschont. Die englische Exil-Gruppe stand unter Führung von Erwin Schöttle, Richard Löwenthal und Waldemar von Knöringen.
- »Roter Stoßtrupp«. Diese Gruppe konnte von der Gestapo noch Ende 1933 zerschlagen werden. Von den 3000 Mitgliedern wurden 150 zu hohen Freiheitsstrafen verurteilt.

Patrik von zur Mühlen charakterisiert diese vier Gruppen zusammenfassend: »In einem unterschieden sich alle diese Gruppen von der SPD, insofern sie nämlich stärker als diese die Spaltung der Arbeiterschaft zu überwinden trachteten und dabei grundsätzlich auch zur Zusammenarbeit mit Kommunisten bereit waren ...«[13]

Der Kriegsausbruch brachte zunächst einen Rückgang der Widerstandstätigkeit. Die Einberufung zerriß die Widerstandsgruppen, Kontrolle und Terror nahmen eher noch zu, die Erfolge der »Blitzkriegsphase« lösten oft Resignation aus, die allgemeinen Schwierigkeiten des Kriegszustandes potenzierten sich bei illegalen Aktivitäten. Die in den ersten Jahren nach 1933 gebrachten Opfer im Verhältnis zur Wirkung lösten in den Widerstandszellen strategische Diskussionen aus. Die Konsequenzen aus diesen Überlegungen waren unterschiedlich:

- Position des organisatorischen Überwinterns,
- »Einheitsfrontpolitik»: das heißt Zusammenarbeit mit den Kommunisten,
- »Volksfrontpolitik«: das heißt Zusammenarbeit mit Christen, Kommunisten und anderen Schichten, um einen breiteren Widerstand in der gesamten Bevölkerung zu erreichen,
- Politik des Prager Parteivorstandes:
  im wesentlichen Fortsetzung der bisherigen mehr passiven Widerstandspolitik; Ablehnung der Einheitspolitik wegen der problematischen Zusammenarbeit mit der besonders scharf kontrollierten KPD und nicht zuletzt wegen grundsätzlicher traditioneller Differenzen;
- Politik der Verbindung mit den Machteliten zum Sturz Hitlers, das heißt Zusammenarbeit mit christlichen, bürgerlichen und konservativen Vertretern sowie den Kommunisten.

Die Verbindung des sozialdemokratischen Widerstandes, vor allem in der Person von Julius Leber (1891–1945), Theodor Haubach (1896–1945), Wilhelm Leuschner (1890–1944), Carlo Mierendorff (1897–1943) und Adolf Reichwein (1888–1944), mit Vertretern der Parteien, Gewerkschaften, des Militärs und der Verwaltung versprach noch am ehesten Erfolg, im Ansatz auch die Aufhebung der Isolierung der Arbeiterparteien. So wurde Reichwein Mitbegründer des Kreisauer Kreises und Verbindungsmann zu Stauffenberg; Haubach stand in Kontakt mit dem Goerdeler-Kreis; Leber erhoffte von seiner Beziehung zu oppositionellen Militärs eine erfolgreiche Verschwörung, gleichzeitig beeinflußte er mit seinen nachkriegspolitischen Konzeptionen den Kreisauer Kreis; mit Stauffenberg verband ihn seit 1944 eine enge Freundschaft. Juni 1944 kam es sogar zu einem Gespräch zwischen Dr. Adolf Reichwein, Dr. Julius Leber und den KPD-Funktionären Anton Saefkow (1903–1944), Franz Jacob (1906–1944) und Ferdinand Thomas.

Die gescheiterte Verschwörung nach dem Attentat am 20. Juni 1944 beendete diese hoffnungsvolle Entwicklung auf dem Schafott.

I.1.2.2.1 Literaturhinweise

Christine Fischer-Defoy: Arbeiterwiderstand in der Provinz 1933–1945, Eine Fallstudie VAS 11, Berlin (West) 1982

Christoph Kleßmann u. a.: Gegner des Nationalsozialismus – Wissenschaftler und Widerstandskämpfer auf der Suche nach historischer Wirklichkeit, Campus Verlag, Frankfurt/Main 1980

Richard Löwenthal u. a.: Widerstand und Verweigerung in Deutschland 1933 bis 1945, Verlag Dietz Nachf., Berlin 1982

Detlev Peukert: Die KPD im Widerstand – Verfolgung und Untergrundarbeit an Rhein und Ruhr 1933–1945, Peter Hammer Verlag, Wuppertal 1980

Ger van Roon: Widerstand im Dritten Reich – Ein Überblick, Verlag C. H. Beck, München 1979

Deutschland-Berichte der Sozialdemokratischen Partei Deutschlands (Sopade) 1934–1940. 1. Jahrgang 1934 bis 7. Jahrgang 1940 und Register, Verlag 2001, Frankfurt am Main [6]1982.

I.1.2.3 Kommunistischer Widerstand

»Wo heute das deutsche Volk den Autobahnen zujubelt, weil es glaubt, endlich Arbeit gefunden zu haben, werden an diesen kommenden Kriegsstraßen die Kreuze der deutschen Jugend stehen. Weil ich davon überzeugt bin, daß Hitler unser Volk ... in einen zweiten Weltkrieg ... führt, deshalb kämpfe ich ... und deshalb stehe ich hier ...«[14]

Beeinträchtigten den Widerstand der SPD eine Reihe von historisch-politischen Faktoren, wie zum Beispiel der Legalismus, die Unterschätzung der NSDAP, die unangemessenen Kampfformen aus der Tradition des Sozialistengesetzes, so traf auch für die KPD zu, daß ihre historisch-politische Entwicklung den Widerstandskampf mit zahlreichen Problemen belastete:

- Die Nationalsozialisten sahen in den Kommunisten ihre Feinde per se und verfolgten sie unabhängig von jeder illegalen Tätigkeit.
- Die 1932 drittstärkste Partei war in ihrer Handlungsfähigkeit durch die Abhängigkeit vom Stalinismus beeinträchtigt.
- Obwohl die KPD zumindest in der Masse ihrer Mitglieder die Gefährlichkeit der NSDAP erkannte, vertrat die Führung eine verwirrende Faschismustheorie, die zwischen Brüning, Papen, Zentrum und SPD (Sozialfaschismustheorie) zu wenig differenzierte.
- Die Einheitsfrontangebote an die SPD zielten zumindest in der Führung der KP mehr auf Dominanz als auf Partnerschaft.
- Die Revolutionäre Gewerkschaftsopposition (RGO) tendierte zur Sondergewerkschaft, die die Arbeiterbewegung schwächte.
- Der zentralistische Aufbau der Parteiorganisation bürokratisierte und erschwerte Entscheidungen; so die Realisierung der rechtzeitig als notwendig erkannten Illegalität und Konspirativität.
- Die brutalen Bedingungen der Illegalität unter einer NS-Regierung wurden unterschätzt; die schlagartige Verhaftung des Führungskaders lähmte zumindest vorübergehend die Handlungsfähigkeit.
- Die Massenbasis der KP (1932: 6 Millionen Wähler, März 1933: 4,8 Millionen Wähler!) führte zu der verfehlten Politik des »Massen-Widerstandes« mit Flugblatt- und Malaktionen, sogar Kurzdemonstrationen, die ständig neue Verhaftungen provozierten. Bereits vor der überfälligen Korrektur der Parteilinie – die verheerende Niederlage der Arbeiterbewegung wurde als »geordneter Rückzug« interpretiert –, wurde die Führungsstruktur im Mai 1933 neu geordnet. Die Politmitglieder John Schehr (1896–1934), Walter Ulbricht (1893–1973) und andere blieben in Berlin; Wilhelm Pieck (1876–1960),

Wilhelm Florin (1894–1944) und Franz Dahlem übernahmen die Auslandsleitung in Paris. Ähnlich der Arbeit des Exil-Vorstandes der SPD sollten konspirative Schriften und Zeitungen (»Die Rote Fahne«) über Grenzstellen nach Deutschland gebracht, Verbindungen gehalten und neu geknüpft und Informationen aus dem Reich gesammelt werden.

Ein bedeutendes Ergebnis der antifaschistischen Publizistik unter dem sehr fähigen KPD-Funktionär Willi Münzenberg (1889–1940) in Paris war das »Braunbuch über Reichstagsbrand und Hitlerterror«, das im August 1933 erschien. Das Buch entlarvte die Legende von der Brandstiftung durch die KPD und informierte die Öffentlichkeit über die Brutalität des NS-Regimes.[15]

Den Korrekturen der Politik der KPD (Auflösung der RGO zugunsten der Einheit der Gewerkschaftsbewegung unter anderem) kann hier nicht im einzelnen nachgegangen werden.

Nicht nur für unterrichtliche didaktisch-methodische Entscheidungen erscheint aber eine Übersicht über besonders wichtige Widerstandsgruppen angebracht:

- KJVD (Kommunistischer Jugendverband Deutschlands):
  Die außerordentliche Tapferkeit der Mitglieder dieser Organisation (1932: ca. 50000 Mitglieder) und die teilweise geglückten Versuche der Zusammenarbeit mit katholischen und jüdischen Jugendgruppen führten zu eindrucksvollen Leistungen im Widerstand, allerdings auch zur rücksichtslosen Verfolgung durch die Gestapo. Unter den zahlreichen Verhafteten zwischen 1933 und 1935 waren auch der Verbandsvorsitzende Fritz Große (1904–1957) und Erich Honecker (geb. 1912).
- Die Rote Hilfe:
  Die Rote Hilfe sorgte nach der Machtergreifung für die Opfer des Terrors durch Sammlungen von Geld und Sachwerten. Gleichzeitig informierte sie über die Verfolgung (Presseorgan: »Tribunal«).
- KPO (Kommunistische Partei Deutschlands/Opposition):
  1928/29 schlossen sich »rechte« Kommunisten unter Heinrich Brandler (1881–1967), August Thalheimer (1884–1948), Paul Frölich (1885–1953) und andere zur KPO zusammen; eine Minderheit verband sich 1932 mit der SAP. Ähnlich anderen kleineren Gruppen der Arbeiterbewegung machte sich die KPO keine Illusionen über den Nationalsozialismus und stellte sich auf eine längere Illegalität ein. Im März 1933 teilte sich die Leitung der ca. 3500 Mitglieder in eine Auslandsleitung unter Brandler, Thalheimer und »Leo« Borowicz und eine Inlandsleitung (sogenanntes Berliner Komitee) unter

Erich Hausen 1933/34, Karl Bräuning 1934/35, Werner Müller bis 1937. Die Tätigkeit der KPO bis zur Lähmung ihrer Aktivitäten durch Verhaftungen und Prozesse 1937 bezog sich auf Kurierwesen, Herstellung von Druckschriften (Zeitschrift: »Gegen den Strom«) zur Information über innen- und außenpolitische Probleme und den Aufbau neuer Kadergruppen.

- Unabhängige kleinere kommunistische Gruppen:
  Die Widerstandstätigkeit einiger kleinerer kommunistischer unabhängiger Gruppen wurde zumeist bald nach 1933 von den Nationalsozialisten zerschlagen. Dazu gehörten die »Linke Opposition der KPD (Bolschewiki-Leninisten)«, die ebenfalls trotzkistische Gruppe um die Publikation »Permanente Revolution«, die »Roten Kämpfer« und die linken Syndikalisten der FAUD (Freie Arbeiter Union Deutschlands).
- Schumann-Gruppe:
  Zur Führung dieser bedeutenden Gruppe gehörten der ehemalige Reichstagsabgeordnete Georg Schumann (1886–1945), Otto Engert (1895–1945) und Kurt Kresse (1904–1945). Die Schumann-Gruppe, die eine sozialistische deutsche Republik anstrebte, war unter anderem in Dresden und Leipzig aktiv. In Leipzig entstanden 1943/44 in 15 Betrieben Parteizellen und eine Jugendgruppe von 120 Mitgliedern. Die Gestapo verhaftete im Juli 1944 die Führung und 100 Funktionäre, konnte aber die gesamte Gruppe nicht aufheben.
- Saefkow-Gruppe:
  Diese Widerstandsorganisation wurde geführt von Anton Saefkow (1903 bis 1944), Franz Jacob und Bernhard Bästlein (1894–1944). Ihre Aktivitäten waren sehr vielfältig; die Gruppe verbreitete nicht nur Flugblätter und Informationsmaterialien, sondern errichtete auch Betriebsgruppen, agitierte unter den Soldaten in Deutschland und an der Front, beschaffte Waffen, Nachrichten und Ausweispapiere, sabotierte die Rüstungsindustrie und suchte Verbindung zu anderen Gruppen des Widerstandes.
- Neubauer-Poser-Gruppe:
  Die Neubauer-Poser-Gruppe arbeitete 1943/44 in Thüringen unter dem ehemaligen Reichstagsabgeordneten Dr. Theodor Neubauer (1890–1945) und dem Schreiner Magnus Poser (1907–1944). Die Gruppe baute ebenfalls in vielen Betrieben kommunistische Zellen auf und verteilte Schriften. Zwischen den drei großen Gruppen (Schumann-Gr., Saefkow-Gr., Neubauer-Poser-Gr.) entstand Mitte 1944 ein loser Zusammenschluß. Auch diese Organisation fiel der Gestapo Juli 1944 zum Opfer.

o »Rote Kapelle« (Schulze-Boysen/Harnack-Gruppe):
Der Schulze-Boysen/Harnack Organisation, der die NS-Dienststellen den Namen »Rote Kapelle« gaben, gehörten unter anderem an: Adam Kuckhoff (1887–1943), Erika von Brockdorff (1911–1943), Eva-Maria Buch (1921 bis 1943), Hans Coppi (1916–1942), Hilde Coppi (1909–1943) und Kurt Schuhmacher (1905–1942). An der Spitze der Gruppe standen der Oberregierungsrat im Reichswirtschaftsministerium, Dr. Arvid Harnack (1901–1942), Harro Schulze-Boysen (1909–1942), Offizier im Reichsluftfahrtministerium, und die KPD-Funktionäre John Sieg (1903–1942) und Wilhelm Guddorf (1902–1943). Die »Rote Kapelle«, in historischen Darstellungen und Memoiren der Mitglieder viel diskutiert, verband Widerstandstätigkeiten mit gezielter Spionage für die Sowjetunion, wobei unter den Bedingungen des Nationalsozialismus die Unterscheidung zwischen Widerstand und Spionageaktivität keine Wertung, nur eine Tatsachenfeststellung bedeuten soll.

Bereits die Chronologie der hier genannten Widerstandsgruppen ist ein Indiz für den Schock, den der Stalin-Hitler-Pakt vom August 1939 im Widerstand der Arbeiterbewegung auslöste. Die Verständnislosigkeit wuchs noch, als die Emigrationsleitung der KPD den Pakt ohne Vorbehalte akzeptierte und die sowjetische Außenpolitik rückhaltlos billigte. Allerdings hatte der Terror Stalins und seiner Führungsgruppe die deutsche KP-Emigration in der Sowjetunion bereits seit 1936 dezimiert und diszipliniert. Während der sogenannten Säuberungen von angeblichen Trotzkisten und anderen »Abweichlern« wurde eine große, unbekannte Zahl von aus Deutschland emigrierten Kommunisten verhaftet; unter den Ermordeten waren fünf Mitglieder und zwei Kandidaten des Politbüros: Hugo Eberlein, Leo Flieg, Hermann Remmele, Hermann Schubert, Fritz Schulte, Heinz Neumann und Heinz Süßkind. Auf Grund der Informationen über die Schauprozesse und blutigen Säuberungen unter Stalin hielten sich viele kommunistische Emigranten, die in westliche Länder geflüchtet waren, von Moskau fern; andere, die diesen Meldungen nicht glauben wollten, gingen in das sowjetische Exil und fielen dem stalinschen Terror zum Teil zum Opfer. Willi Münzenberg lehnte 1938 eine Einladung in die Sowjetunion ab; 1940 kam er bei der Flucht aus einem französischen Lager auf unbekannte Weise um.

Eine Abwertung des aus politischen und moralischen Gründen mit bewundernswerter Tapferkeit und Unermüdlichkeit geführten Widerstandskampfes der kommunistischen Gruppen aufgrund der Politik der in die Sowjetunion emigrierten KPD-Führung und der Terrorherrschaft Stalins wäre verfehlt und ungerecht und würde die realen Bedingungen der Kommunisten unter dem

NS-Regime vernachlässigen. Viel näher läge es, die Tragik zu überdenken, die in einem Kampf zwischen zwei Fronten lag.

Hermann Weber charakterisiert die Tragödie der kommunistischen Widerstandskämpfer, die einesteils mutig gegen den NS-Terror kämpften, zugleich aber einer Bewegung angehörten, die selbst die Diktatur ihrer Partei anstrebte und weitgehend von der stalinistisch beherrschten Sowjetunion abhängig war. Dabei sollte man allerdings nicht übersehen, Webers Ausführungen über die KPD machen es genügend deutlich, daß bestimmte Gruppen eine gewisse Unabhängigkeit von der sowjetischen Politik anstrebten oder aus verständlichen Gründen der Strategie und Taktik eine Klärung dieser Probleme nach dem Zusammenbruch des Nationalsozialismus erwarteten. In seinem Resümee bemerkt Weber anschließend an die Feststellung, die KPD habe letztlich keine demokratische Alternative zur NS-Diktatur bilden können:
»Doch diese politische Bewertung der KPD kann die moralische Leistung der kommunistischen Widerstandskämpfer nicht schmälern. Mit Recht sagt daher Detlev Peukert, die Kommunisten hätten Anspruch auf Würdigung ihres Beitrags zum Widerstand, sowohl wegen der Zahl ihrer Opfer und ihres selbstlosen Einsatzes, als auch und insbesondere, weil sich ›die kritische Besinnung der besten Köpfe im kommunistischen Widerstand in die Kontinuität der demokratischen und sozialen Emanzipationsbewegung in Deutschland‹ stellt. In diesem Sinne ist der kommunistische Widerstand ein legitimer Teil des deutschen Widerstandes gegen die Hitler-Diktatur.«[16]

Für eine kritische, aber gegenüber den zahlreichen Opfern der KPD angemessene Bewertung des kommunistischen Widerstandes spricht sich P. Sötje in seinem Aufsatz über die Ausstellung in der Berliner Kunsthalle »1933 – Wege zur Diktatur« zum 50. Jahrestag von Hitlers Machtantritt aus: »Vor 1933 war die konkrete Alternative der KPD der real existierende Sozialismus und Stalins Sowjetunion... Für die SPD besteht kein Grund zur Selbstgerechtigkeit... Sie hat die wirkliche Bedeutung von Hitlers Machtantritt katastrophal unterschätzt (übrigens darin in Gemeinsamkeit auch mit den Kommunisten!)... Die KPD hat die SPD – und damit die größte demokratische Kraft von Weimar – als ›sozialfaschistisch‹ stärker bekämpft als die NSDAP... Kommunisten waren Antifaschisten und Antidemokraten zugleich. Nur politische Blindheit kann dies übersehen. Für solche Blindheit kann auch das schlechte Gewissen nicht als Entschuldigung dienen, das im westlichen Teil Deutschlands infolge der schäbigen Verdrängung und Ver-

dächtigung des kommunistischen Anteils am Widerstand nach 1933 in den ersten Jahrzehnten nach dem Krieg allzu berechtigt ist...
Der Demokratie drohen heute andere Gefahren. Sie sind eher lautlos. Die Sucht nach Perfektionismus beim Schutz der demokratischen Freiheiten kann zu einer Gefahr führen... Plumper Antikommunismus verbietet sich schon wegen des Andenkens, das auch wir dem heroischen Opfer vieler deutscher Kommunisten im Widerstand schuldig sind.«[17]

I.1.2.3.1 Literaturhinweise

Peter Altmann u. a.: Der deutsche antifaschistische Widerstand 1933–45 in Bildern und Dokumenten, Röderberg Verlag, Frankfurt am Main 1978, 2. Auflage
Horst Duhnke: Die KPD von 1933 bis 1945, Kiepenheuer und Witsch, Köln 1972
Christine Fischer-Defoy: Arbeiterwiderstand in der Provinz 1933–1945 – Eine Fallstudie –, VAS Berlin (West) 1982
Heinz Höhne: Kennwort Direktor – Die Geschichte der Roten Kapelle; Fischer Taschenbuch 1329, Frankfurt am Main 1972
Detlev Peukert: Ruhrarbeiter gegen den Faschismus – Dokumentation über den Widerstand im Ruhrgebiet 1933–1945, Röderberg Verlag, Frankfurt am Main 1976
Detlev Peukert: Die KPD im Widerstand – Verfolgung und Untergrundarbeit an Rhein und Ruhr 1933–1945, Peter Hammer Verlag, Wuppertal 1980
Margot Pikarski, Günter Uebel: Die KPD lebt! Flugblätter aus dem antifaschistischen Widerstandskampf der KPD 1933–1945, Dietz Verlag, Berlin (DDR) 1980

I.1.2.4 Widerstand von Christen

»Am 29. August 1941 hielt der Angeklagte (Lichtenberg) in der St. Hedwigs-Kirche eine Abendandacht, welcher zahlreiche Gläubige beiwohnten. Die Andacht schloß er mit einem Gebet...:

›Laßt uns nun beten für die Juden und die armen Gefangenen in den Konzentrationslagern, vor allem auch für meine Amtsbrüder.‹[18]

Aus der Urteilsbegründung im Prozeß gegen Domprobst und Prälat Bernhard Lichtenberg.

In der Phase der Machtergreifung der Nationalsozialisten entzogen sich nur kleine religiöse Gruppen der Zustimmmung zum neuen Regime. Die zahlreichen kirchenfreundlichen Äußerungen Hitlers, die politische und soziale Zusammensetzung der Anhänger beider Konfessionen, die Distanz zur parlamentarischen Demokratie, die Zustimmung zur Stärkung von Vaterlandsliebe, Autorität und Antikommunismus einte Kirche und neuen Staat. Günter von Norden resümiert: »Als der Nationalsozialismus ... schrittweise die Macht übernahm, waren weder die evangelische noch die katholische Kirche zu einem Widerstand bereit und fähig; im Gegenteil: beide Institutionen begleiten die ... Umwandlung des Staates ... mit wachsender Sympathie... Man muß diese Ausgangssituation erkennen, denn von daher läßt sich ein späterer Widerstand in den Kirchen richtig einschätzen:
- ihre ›ideologische‹ Hilflosigkeit...
- ihre institutionelle Erhaltung schloß einerseits konspirative Widerstandsmaßnahmen ... aus, ermöglichte andererseits aber eindrucksvolle offene Widerstandsmaßnahmen (Kanzelabkündigungen, Hirtenbriefe...) und gab auch ... Freiraum für sogar konspirative Tätigkeiten.«[19]

Unterschiedliche Formen von Opposition, Protest und Widerstand haben die Kirchen auf institutionellem und individuellem Gebiet entwickelt als Reaktion auf die zunehmende Aggressivität des Regimes.

Der institutionelle Protest äußerte sich in der Verteidigung der kirchlichen Organisationen (etwa Kampf der evangelischen Kirche um den Reichsbischof und die Deutschen Christen), der Verteidigung der kirchlichen Bekenntnisse (etwa Bekennende Kirche und katholische Kirche gegen NS-Neuheidentum) und die Verteidigung einer humanen Wertordnung gegen Theorie und Praxis des NS-Wertesystems. Die Methoden des institutionellen Protestes waren für beide Kirchen Widerspruch in der Öffentlichkeit, interner Protest in Briefen an die Regierung und Verweigerung (zum Beispiel der Eidesleistung der Pfarrer auf Hitler 1938). Allerdings blieb der Protest dort aus, wo die Kirchen nicht umittelbar tangiert waren, wie bei der Verfolgung des Judentums mit ihrem ersten Höhepunkt in der Reichskristallnacht 1938. Nur einzelne Pfarrer erhoben Einspruch, die Kirchen fanden zu keiner gemeinsamen Stellungnahme. Für ihre nichtarischen Mitglieder richteten beide Kirchen Hilfsstellen ein, die bald auch Juden ohne kirchliche Zugehörigkeit versorgten. Die Berliner Hilfsstelle der Bekennenden Kirche verlor 1940 ihren Leiter Heinrich Grüber durch Verhaftung und KZ, 1941 seinen Nachfolger Werner Sylten, der 1942 in Hartheim vergast wurde. Die katholische Hilfsstelle beim Ordinariat in Berlin hatte ein ähnliches Schicksal. Die Leiterin Gertrud Luckner verhaftete die Gestapo 1943 und brachte sie ins Frauen-KZ Ravensbrück.

Die Proteste der beiden Kirchen gegen die sogenannte Euthanasie, das heißt die massenweise Ermordung von kranken Männern, Frauen und Kindern, mag sogar zur vorläufigen Einstellung oder zumindest Einschränkung dieser nationalsozialistischen Mordaktion geführt haben.

Moralisch am eindrucksvollsten erscheint der Widerstand einzelner Christen, die – von der Kirche oft mehr isoliert als von ihren Gemeinden – christliche und humane Werte verteidigten. Einige Namen müssen hier für viele stehen: Martin Niemöller und Paul Schneider (1937 verhaftet), Domprobst Lichtenberg (1943 in der Haft gestorben), Dr. Heinrich Feuerstein (1942 im KZ Dachau gestorben), Stadtvikarin Lic. Katharina Staritz (1942 KZ Ravensbrück). Paul Schneider ließ sich bis zum Foltertod auf keine Kompromisse mit der SS ein und schrie aus seiner Strafzelle über den Appellplatz von Buchenwald: »Im Namen Jesu Christi erkläre ich, daß ihr Mörder seid!«

Der Widerstand evangelischer Christen

Der Kampf der Bekennenden Kirche in Deutschland gegen den Nationalsozialismus hat exemplarischen Charakter für den evangelischen »Kirchenkampf« und die Verflechtung von Christentum und Politik. Der Theologe Karl Barth schrieb 1935 über die historische Dimension dieses Problems: »Die Geschichte der Bekennenden Kirche im nationalsozialistischen Deutschland dieser Jahre ist keine Ruhmesgeschichte für die beteiligten Menschen, also keine Helden- und keine Heiligengeschichte. Was sichtbar wurde, das war eben ein dünner roter Faden von evangelischer Klarheit, Treue und Tapferkeit. Er ist mit der Zeit fester, aber auch eher noch dünner geworden... Die uralte Bindung des Evangeliums an die menschliche Vernunft, der Kirche an den Staat hat sich auch in der Bekennenden Kirche in ihrer ganzen Gefährlichkeit erwiesen.«[20]

Die nationalsozialistische evangelische Kirchenpolitik läßt nach W. Koch drei Grundphasen erkennen:

a) Integration
durch den Versuch freiwilliger Gleichschaltung mit dem Nationalsozialismus (Ausnutzung der »Glaubensbewegung Deutsche Christen« 1933–1934).

b) Indirekte Kontrolle
der im NS-Staat als »Fremdkörper« betrachteten evangelischen Kirche (Kirchenausschüsse 1935–1937).

c) Direkte Staatskontrolle
(1937–1945 mit Rücksicht auf die kriegsbedingte Kirchenpolitik ergebnislos geblieben).

Die Bekennende Kirche reagierte auf diese Maßnahmen mit unterschiedlichen Formen der Abwehr:

a) in der Lehre: Synode von Barmen (Mai 1934)
b) in der Organisation: Synode von Dahlem (Oktober 1934)
c) in der »Politischen Diakonie«: politische Proteste gegen Ideologie und Maßnahmen des Nationalsozialismus.

Der nationalsozialistische Staat, der in seinem Totalitätsanspruch auch den Glauben und die Gewissensentscheidungen seiner christlichen Untertanen zu bestimmen suchte, wollte die Vorstellung erwecken, das Fundament des neuen Staates beruhe auf der tausendjährigen christlichen Geschichte, zumindest aber der reformatorischen Tradition. Durch Versprechungen, beruhigende Zusicherungen (Regierungserklärung vom 21. 3. 1933) und die Etablierung einer sogenannten Glaubensbewegung »Deutscher Christen« (DC) warb er um die Unterstützung beider Kirchen. Der Rechtsanwalt Dr. Werner beschrieb die nationalsozialistischen Vorstellungen wie folgt: »Der Staat bekennt, daß er auf die Arbeit der Kirche nicht verzichten will und kann. Erst die Gleichschaltung von Staat und Kirche kann die unerhörte Kraftanstrengung hervorbringen, derer die Nation zur Erreichung ihrer Ziele bedarf. Der Staat braucht die Kirche, denn sie ist das stärkste Mittel einer sittlichen und gesunden Volkserziehung.«[21]

Dieser Kampf um die Gleichschaltung mußte auf den Widerstand der Kirchen stoßen, weil sie auf diese Weise ihre Identität und ihren eigenen Auftrag verlor. »Es ging also im NS-Herrschaftsbereich um nichts anderes, als um die Konkurrenz zweier Totalitätsansprüche ... Unter der trügerischen Parole ›Gleichschaltung‹ ging es für beide Teile in Wirklichkeit um Leben und Tod.«[22]

Anfang September 1933 versammelte sich in Berlin die von den »Deutschen Christen« dominierte Generalsynode der preußischen Landeskirche. Sie wurde bald abschätzig die »braune Synode« genannt, weil die meisten Mitglieder im braunen Hemd der SA erschienen. Die überzogenen Forderungen der Deutschen Christen – etwa die Übertragung des staatlichen Arierparagraphen auf die Kirche – förderten ihren baldigen Niedergang und führten zur Bildung eines »Notbundes« unter dem Berliner Pfarrer Martin Niemöller, dem Berliner Dozenten Dietrich Bonhoeffer und anderen. Wenige Monate nach seiner Gründung zählte der Pfarrernotbund etwa 7000 Mitglieder (Gesamtzahl der aktiven Pfarrer etwa 19000). Die Mitglieder unterschrieben in einer Verpflichtung, daß »mit der Anwendung des Arierparagraphen im Raume der Kirche ... eine Verletzung des Bekenntnisstandes ... geschaffen ist«.[23]

Auf der Grundlage einer erneuerten Theologie, die auf der freien Reichssynode vom 29. bis 31. Mai 1934 in Barmen in 12 Glaubenssätzen eine Absage an die nationalsozialistische Gleichschaltung formulierte, organisierte sich die Bekennende Kirche. Die NS-Führung, von der entschiedenen Sprache der evangelischen Kirche überrascht, schreckte vor einem »Kulturkampf« zurück und ließ den Reichsbischof Müller der Deutschen Christen fallen, von dem die evangelische Kirche erklärtermaßen keine Weisungen mehr entgegennehmen wollte. Aber die NS-Führung gab deshalb ihre Macht- und Kontrollansprüche gegenüber der Bekennenden Kirche nicht auf. Im Dezember 1935 wurde sie zur illegalen Organisation erklärt.

Am 9. Juni 1937 verbot der »Kollektenerlaß« der Bekennenden Kirche die Sammlung von Geldern. Allerdings hielt sie sich nicht an dieses Verbot. Der »Himmlererlaß« (Oktober 1937) verbot die Ausbildung und Ordinierung von Theologen durch die Bekennende Kirche. Diese führte die Ausbildung illegal weiter durch. Schließlich wurde am 2. März 1938 der Leiter des Pfarrernotbundes, Martin Niemöller, als »persönlicher Gefangener des Führers« in das KZ Sachsenhausen gebracht. Niemöller kam erst 1945 frei. Nach mehrmonatigen Auseinandersetzungen leisteten am 20. 4. 1938 90 Prozent der Pastoren der evangelischen Kirche den vom NS-Staat verlangten Beamteneid. Die Diskussion um diesen Eid und die Haltung evangelischerr Landesbischöfe zum NS-Staat verursachte schwere Krisen innerhalb der Bekennenden Kirche. Aber der Widerstand gegen die Euthanasie- und Judenpolitik der NSDAP führte erneut zu mutigen und offenen Stellungnahmen. So schrieb der Landesbischof Theophil Wurm (1868–1953) am 19. Juli 1940 an den Reichsinnenminister Frick über die »Aktion Gnadentod«:

»Jedermann ist überzeugt, daß die amtlichen angegebenen Todesursachen willkürlich gewählt sind... Vor allem aber ist es die Geheimnistuerei, die den Gedanken nahelegt, daß etwas vor sich geht, was mit Recht und Moral im Widerspruch steht...«[24]

Die preußische Synode erläuterte am 17. Oktober 1943 in einem Schreiben an die Gemeinden das Gebot »Du sollst nicht töten«. Im Abschnitt 14 heißt es:

»Über die Tötung des Verbrechers und des Feindes im Krieg hinaus ist dem Staat das Schwert nicht zur Handhabung gegeben... Begriffe wie ›Ausmerzen‹, ›Liquidieren‹, und ›unwertes Leben‹ kennt die göttliche Ordnung nicht.«[25]

Entschiedener Gegner der nationalsozialistischen Rassenlehre war auch der Katholik Clemens Augustinus Graf von Galen (1878–1946), Bischof von Münster seit 1933. Bekannt wurde er im Deutschen Reich durch seine Predigten (vor allem 1941) und Hirtenbriefe gegen die Euthanasie. Als der »Löwe von Münster« galt er vielen Deutschen als Symbol des Widerstandes gegen den Nationalsozialismus.

Der evangelische Theologe Dietrich Bonhoeffer (1906–1945) fand bei Kriegsbeginn zum aktiven politischen Widerstand. Sein Schwager Hans von Dohnanyi (1902–1945), führte ihn in den Widerstandskreis der militärischen Abwehr unter Wilhelm Canaris (1887–1945) und Generalmajor Hans Oster (1888–1945) ein. Bonhoeffer sondierte auf Auslandsreisen zwischen 1941 bis 1943 die Möglichkeiten eines Friedensschlusses und einer neuen Reichsregierung nach dem Sturz Hitlers. Am 5. 4. 1943 wurde er verhaftet. Die Gestapo ermittelte seine Mitwisserschaft an mehreren Attentatsversuchen auf Hitler. Kurz vor dem Eintreffen der Amerikaner wurde er zusammen mit Oster und Canaris im KZ Flossenbürg hingerichtet.

Der überwiegend positiven Einschätzung der Bekennenden Kirche bei Werner Koch steht eine wesentlich kritischere Bewertung bei Eugen Gerstenmaier entgegen. In seinen Memoiren »Streit und Friede hat seine Zeit« bemerkt er zur Bekennenden Kirche im Sinne einer politischen Definition von Widerstand als Bestrebungen zum Sturz der nationalsozialistischen Herrschaft:

»Die Bekennende Kirche für eine Organisation des politischen Widerstands zu halten, wäre eine Mißdeutung, sogar eine grobe. Ihre Bildung vollzog sich bemerkenswert rasch... Sie verstand sich als eine Aktion zur Abwehr staatlicher Übergriffe in den Raum der Kirche. Aber mehr als ›die Freiheit der Verkündigung‹, die Sicherung ihrer herkömmlichen Rechte und die Unabhängigkeit ihrer Selbstverwaltung hatte auch die Bekennende Kirche zunächst nicht im Sinn. Erst der Kampf gegen die Einführung des sogenannten Arierparagraphen und Bodelschwinghs Protest gegen die Vernichtung des sogenannten lebensunwerten Lebens gaben dem Kampf der Kirche eine – indirekte – Richtung hin zum politischen Widerstand.«[26]

Über das Verhalten der evangelischen Geistlichen urteilt Gerstenmaier in seinen Erinnerungen:

»Der Anfang des Dritten Reiches jedenfalls ist nicht die Geburtsstunde der Bekennenden Kirche gewesen, und der Kirchenkampf in Deutschland ist auch in seinem weiteren Verlauf nicht zum Auftakt des poltischen Widerstands geworden. Wilhelm Niemöller, ein Bruder Martins, zum Beispiel – Parteigenosse seit 1926 –, weihte 1933 eine SA-Fahne um die andere. Heinz Kloppenburg, der spätere Mann der Bekennenden Kirche und politische Weggenosse Martin Niemöllers, organisierte die ›Glaubensbewegung der Deutschen Christen‹ mit, und der mecklenburgische Landesbischof Heinrich Rendtorff, ein volksmissionarisch aktiver Kirchenführer, trat im Sommer 1933, als ihm die Nationalsozialisten schon ans Leder gingen, noch in die NSDAP ein. Der württembergische Landesbischof D. Theophil Wurm und sein bayerischer Amtsbruder entschieden sich zur gleichen Zeit gegen Bodelschwingh für den ›Vertrauensmann des Führers‹, Ludwig Müller, als Reichsbischof. Der Loyalitätsbezeugungen gegenüber Hitler aus Synoden und Kirchenleitungen war kein Ende ... Das Verdienst, dem nun beginnenden Kampf einen organisatorischen, über das Reich greifenden Rahmen gegeben zu haben, fällt Martin Niemöller zu.«[27]

Der Widerstand katholischer Christen

Als Kriterien für die Intensität des Widerstandes der Kirchen hat man vier Stufen unterschieden:

1. Widerstand gegen Bedrohungen der Organisation in defensiver und taktischer Form.
2. Widerstand zur Erhaltung der freien Verkündigung des Wortes.
3. Widerstand über die Grenzen der Kirche hinaus, um außerhalb der Kirche Gerechtigkeit und Menschenwürde zu verteidigen.
4. Politischer Widerstand zu Problemen der Tötung des Gegners, der Eides- und Wehrpflichtverweigerung.

Ger van Roon, der den katholischen Widerstand an diesen von E. Wolf stammenden Normen mißt, vertritt die Auffassung, die katholische Kirche sei

»eigentlich nie über die erste Phase, die Verteidigung ihrer eigenen Rechte, hinausgelangt« *(v. Roon: Widerstand im Dritten Reich; München 1979, S. 118).* Der niederländische Historiker schränkt allerdings dieses pauschale Urteil mit folgenden Bemerkungen wieder ein:

Im Konkordat hatte sich die katholische Kirche eine Grundlage für die Verteidigung ihrer Rechte geschaffen. »Nur eine Minderheit ist darüber hinausgegangen. In mehreren Hirtenbriefen und Predigten lassen sich Beispiele einer zweiten Phase finden, wobei die Freiheit der Predigt im Mittelpunkt steht. Die Proteste von Bischöfen wie Preysing, Galen und Faulhaber und die Haltung Metzgers sind einer dritten Phase zuzurechnen, in welcher die Welt außerhalb der Kirche nicht mehr dem Regime überlassen wird, sondern aus der Kirche und auf der Grundlage elementarer Grundprinzipien des Christentums gegen die Untaten und Verfolgungen protestiert wird. Noch weniger Beispiele lassen sich für die vierte Phase nennen, in der Katholiken wie Reinisch in einer politischen Konfliktsituation (Eidesfrage, Kriegsdienstverweigerung) standhaft blieben. Der katholische Widerstand war im wesentlichen ein Widerstand einzelner.« *(A.a.O. S. 118)*

Zu den eindrucksvollen Zeugnissen des Widerstandes einzelner gehören die Predigten des Bischofs von Münster, Graf von Galen, in der St. Lambertikirche. So ruft er in seiner Predigt am 13. 7. 1941 zur Rückkehr zur Gerechtigkeit auf:

»Der physischen Übermacht der Geheimen Staatspolizei steht jeder deutsche Staatsbürger völlig schutzlos und wehrlos gegenüber... Keiner von uns ist sicher und mag er sich völliger Schuldlosigkeit bewußt sein, daß er nicht eines Tages aus seiner Wohnung geholt, seiner Freiheit beraubt, in den Kellern und Konzentrationslagern der Gestapo eingesperrt wird. Ich bin mir darüber klar: das kann auch eines Tages mir geschehen. Weil ich dann nicht mehr öffentlich sprechen kann ..., will ich öffentlich warnen vor einem Weiterschreiten auf einem Wege, der nach meiner Überzeugung Gottes Strafgericht auf die Menschen herabruft und zum Unglück und Verderben für unser Volk und Vaterland führen muß...

Das Recht auf Leben, auf Unverletzlichkeit, auf Freiheit ist ein unentbehrlicher Teil jeder sittlichen Gemeinschaftsordnung« *(Aus: A. Leber u. a.: Für und Wider; Berlin 1961, S. 193f.)*

Papst Pius XI hatte bereits einige Jahre zuvor in einem Rundschreiben vom 14. März 1937 »Über die Lage der Katholischen Kirche im Deutschen Reich« seine Enttäuschung über die zunehmende Mißachtung des Konkordats und die Situation der Katholiken geäußert: »Mit brennender Sorge und steigendem

Befremden beobachten wir seit geraumer Zeit den Leidensweg der Kirche, die wachsende Bedrängnis der ihr in Gesinnung und Tat treubleibenden Bekenner und Bekennerinnen inmitten des Landes und des Volkes...

Der Anschauungsunterricht der vergangenen Jahre klärt die Verantwortlichkeiten. Er enthüllt Machenschaften, die von Anfang an kein anderes Ziel kannten als den Vernichtungskampf...

Wer die Rasse oder das Volk, oder den Staat ... zur höchsten Norm aller, auch der religiösen Werte macht und sie mit Götzenkult vergöttert, der ... fälscht die ... gottesbefohlene Ordnung der Dinge.« *(Aus: J. Hohlfeld [Hrsg.]: Dokumente der Deutschen Politik ..., Bd. IV, Berlin o. J., S. 327ff.)*

Dokumente bezeugen, die Sorge um die Bewahrung der Menschlichkeit unter dem NS-Regime läßt sich in allen Schichten der katholischen Bevölkerung finden. So schreibt eine Salzburger Ordensschwester, Anna Bertha Königsegg, an den Reichsverteidigungskommissar von Innsbruck am 23. 8. 1940, die Tötung von Kranken sei ein offenes Geheimnis. Um den weiteren Abtransport von Kranken aus der Anstalt zu verhindern und das Leben dieser Menschen zu retten, schlägt sie vor: »Wenn sie uns zusagen, uns unsere Pfleglinge in Schernberg zu belassen, so sind wir bereit ... auf den staatlichen Beitrag zur Erhaltung der Kranken ... zu verzichten... Sollte aber ... der Vorschlag nicht angenommen werden, so bitte ich Sie, nicht auf unsere Mithilfe beim Abholen und Transport der Kranken zu rechnen.« *(Aus: G. Ehrle: Licht über dem Abgrund; Freiburg 1951, S. 83f.)*

Berichte des NS-Kreisschulungsleiters von Buchen in Baden belegen, wie resistent Teile der kirchlich gebundenen Bevölkerung gegenüber der NS-Ideologie auch nach zehn Jahren der NS-Herrschaft geblieben waren.

»19. 4. 1944

Nach wie vor beherrscht die Kirche das Feld. Trotz eingehender ... Weisung über die Beteiligung von Parteigenossen und Hoheitsträgern an kirchlichen Veranstaltungen hat es ein Ortsgruppenleiter wieder fertiggebracht, mit der Fahne hinter den Geistlichen herumzumarschieren und einen Mann der Fahnenabordnung zum Tragen des Kruzifixes abzustellen. Druckmittel wirken nicht... Die HJ setzt ausgerechnet auf den »Weißen Sonntag«, 10 Uhr, eine Jugendfilmstunde an, Ergebnis: 1. Der Filmvorführer ist nicht zur Stelle, weil er in der Kirche Trompete bläst. 2. Es haben sich nur verschwindend wenig Jugendliche eingefunden... Damit ist für die Gegner nur bewiesen, daß die Kirche nicht aus dem Sattel zu heben ist.« *(Aus: G. Weisenborn: Der lautlose Aufstand; Hamburg 1962, S. 54f.)*

I.1.2.4.1 Literaturhinweise

Allgemeine Darstellungen
Volker Fabricius: Kirche im Nationalsozialismus – zwischen Widerstand und Loyalität, Arbeitsmaterial Religion Sekundarstufe II, Diesterweg Verlag, Berlin 1982
Ihr Gewissen gebot es – Christen im Widerstand gegen den Hitlerfaschismus, Union Verlag (DDR), Berlin 1980
Klaus Scholder: Die Kirchen im Dritten Reich, in: Beilage zur Wochenzeitung »Das Parlament« B 15/17, 10. 4. 1971

Die evangelische Kirche
Eberhard Bethge: Dietrich Bonhoeffer in Selbstzeugnissen und Bilddokumenten, Rowohlt Monographien 236, Hamburg 1976
Eugen Gerstenmaier: Streit und Friede hat seine Zeit – Ein Lebensbericht, Propyläen Verlag, Berlin 1981
Werner Koch: Beiträge zum Thema Widerstand, Heft 4: Der Kampf der Bekennenden Kirche im Dritten Reich, Landeszentrale für politische Bildungsarbeit, Gedenk- und Bildungsstätte Stauffenbergstraße, Berlin 1979 (2. Auflage)
Eberhard Röhm u. a.: Evangelische Kirche zwischen Kreuz- und Hakenkreuz – Bilder und Texte einer Ausstellung, Calwer Verlag, Stuttgart 1982 (2. Auflage)

Die katholische Kirche
Gerhard Binder: Irrtum und Widerstand – Die Katholiken in der Auseinandersetzung mit dem Nationalsozialismus, J. Pfeiffer Verlag, München 1968
Monika Kringels-Kemen, Ludwig Lemhöfer (Hrsg.): Katholische Kirche und NS-Staat – Aus der Vergangenheit lernen, Josef Knecht Verlag, Frankfurt am Main 1981
Erich Klausener: Zum Widerstand der Katholiken im Dritten Reich: Beiträge zum Thema Widerstand 22, Informationszentrum Berlin, Gedenk- und Bildungsstätte Stauffenbergstraße, Berlin 1983
Heinz Kühn: Blutzeugen des Bistums Berlin – Klausener, Lichtenberg u. a., Morus Verlag, Berlin 1950
Lutz-Eugen Reutter: Katholische Kirche als Fluchthelfer im Dritten Reich – Die Betreuung von Auswanderern durch den St. Raphael-Verein, Paulus Verlag, Hamburg 1971

Andere Religionsgemeinschaften

Anna Sabine Halle: Eine Jugendgruppe der Berliner Quäker 1935–1941; Beiträge zum Thema Widerstand, Heft 14, Informationszentrum Berlin, Gedenk- und Bildungsstätte Stauffenbergstraße, Berlin 1980

I.1.2.5 Der Aufstand vom 20. Juli 1944

»Sollte es nicht gelingen, so muß trotzdem in Berlin gehandelt werden. Denn es kommt nicht mehr auf den praktischen Zweck an, sondern darauf, daß der deutsche Widerstand vor der Welt und vor der Geschichte den entscheidenden Wurf gewagt hat.«[28]
Tresckow an Stauffenberg im Juli 1944

Der Umsturzversuch der militärischen und politischen Opposition ist in zahlreichen Büchern, Aufsätzen und Reden dargestellt und bewertet worden.

Die kurze Darlegung des kommunistischen, sozialdemokratischen, gewerkschaftlichen und christlichen Widerstandes hat bereits ergeben, daß hier die Voraussetzung für einen Volkswiderstand oder gar einen Massenwiderstand fehlten. Unter diesen Umständen kommt den Versuchen des bürgerlichen Lagers große Bedeutung zu, von ihren eigenen Machtpositionen aus, das Regime zu ändern oder zu stürzen. »Solche Ansätze wurden zunächst an drei Stellen greifbar: im partiellen Widerstand der Kirchen gegen die Gleichschaltung, in wachsenden Bedenken liberaler und konservativer Kreise gegen die Wirklichkeit der NS-Herrschaft und schließlich in jener Kritik desillusionierter Militärs am Risiko- und Kriegskurs Hitlers, die in der Krisensituation des Sommers 1938 zum erstenmal wirksam wurde.«[29]

Ehlers hat in seinem Buch »Technik und Moral einer Verschwörung« die spezifischen passiven und aktiven Methoden des Widerstandes bürgerlicher und militärischer Opposition beschrieben:

- Methoden des passiven Widerstandes:
  Selbstmord/Emigration/Desertion;
  Rücktritt (kollektiv, individuell);
  Sabotage (militärisch, humanitär, außenpolitisch);
  Gehorsamsverweigerung;
  Streik.

- Methoden des aktiven Widerstandes:
  Widerstand mit geistigen Waffen;
  Denkschrift, Wortkampagne, konspiratives Gespräch;
  Gewaltmethoden:
  Attentat, offener Aufstand.

Dieses Repertoire passiven und aktiven Widerstandes entfaltete sich als Versuch, mit Denkschriften auf die Regierung zu wirken, Kontakte zwischen den Kreisen der bürgerlichen und konservativen Opposition zu stiften, und mündete schließlich in der Auffassung, daß ein Staatsstreich unter Einbeziehung von Militärs die einzige reale Chance biete.

Die Reichswehr hatte die Machtergreifung, von Hitler in ihrem Monopol- und Autonomieanspruch gegenüber der SA bestätigt, hingenommen, wenn nicht sogar begrüßt. Versprachen doch die nationalistischen und militärischen Ziele Übereinstimmung in der Revision des Versailler Vertrages, im Vorrang der Rüstungspolitik und in der Aufwertung des Militärs in der Gesellschaft. Zudem war die künftige Wehrmacht u. a. durch die Duldung der Ermordung des Generals Kurt von Schleicher (1882–1934) und die Vereidigung auf Hitler 1934 zum Komplizen des Nationalsozialismus geworden. Nach dem Versagen in der Anfangsphase des NS-Regimes hatte die Wehrmacht als autonome Machtgruppe ihr eigenes moralisches Selbstverständnis und ihren politischen Handlungsspielraum verloren.

Damit waren die Weichen für die Bedingungen und Möglichkeiten eines Widerstandes gestellt. Bracher beschreibt sie zusammenfassend so:

»Es zeigt sich, daß die deutsche Militärtradition im Grunde kein tragfähiges Fundament für den politischen Widerstand bot: er blieb auf die Einzelinitiative geistig und moralisch selbständiger Militärs beschränkt. Ihr Ansatzpunkt lag nicht in der Reichswehrtradition, sondern in der Gewissensentscheidung des einzelnen. Aber für allzu viele ist der Eid Anlaß oder Vorwand gewesen . . ., sich bis zuletzt jedem Widerstand zu versagen.«[30]

Die erwartete militärische und politische Krise im Sommer 1938 führte zur Entstehung einer ersten Militäropposition um Ludwig Beck (1880–1944; 1935–1938 Gen.-Stabschef des Heeres), die Kontakte zur SPD, zu den Gewerkschaften, zur hohen Beamtenschaft und zum Geheimdienst der Wehrmacht besaß. In der Abteilung Abwehr im Oberkommando der Wehrmacht (OKW) erkannten besonders Hans Oster (1888–1945; Generalleiter der Zentralabteilung der Abwehr) und Hans von Dohnanyi (1902–1945; Reichsgerichtsrat, juristischer Sachverständiger der Abwehr) die Situation und die Notwendigkeit einer Änderung des Regimes.

»Ziel der Planungen war die Verhaftung Hitlers, und zwar im Augenblick seines Befehls zum Kriegsbeginn und der erwarteten Kriegserklärung der Westmächte: man rechnete damit, daß dies die deutsche Bevölkerung in Schrecken versetzen und dem Unternehmen einen breiteren Rückhalt geben, das Risiko eines Bürgerkrieges vermindern würde.«[31]

Die Münchner Konferenz 1938 und die außen- und innenpolitischen Erfolge Hitlers der nächsten Jahre entzogen der Opposition die Grundlage für ihre Pläne. Die zögernde Haltung des Militärs, die immer perfektere Abschirmung des Diktators und die ständig neu diskutierte Frage der politisch-moralischen Rechtfertigung des Attentats schwächten die Opposition und komplizierten eine einheitlich geplante Aktion.

Der Krieg veränderte die Situation der Opposition. Karl Dietrich Bracher beschreibt diesen komplexen Vorgang:

»Der Krieg hat die Opposition gleichermaßen kompliziert und begünstigt. Einerseits wurde es immer schwerer, Nationalsozialismus und Deutschland voneinander zu trennen. Der Appell an den Patriotismus wirkte stärker als die Bedenken gegen das Regime; dazu kamen die im Krieg gesteigerte Reglementierung, Überkontrolle und eine allseitige Überanstrengung des Lebens. Andererseits verlangte der Krieg aber auch ein größeres Maß an ... Lockerung und Öffnung der Herrschaftsstruktur im zivilen wie im militärischen Bereich, die der Organisation und Ausbreitung des Widerstandes günstig waren. Vor allem aber verstärkte sich ... das Gewicht der Wehrmacht... Hinzu kam, daß jetzt auch viele zivile Gegner des Regimes in militärischen Stellungen Verwendung fanden.«[32]

Im Gegensatz zur These, erst die drohende Niederlage habe neue Aktionen der Militäropposition ausgelöst, konstatiert Bracher kontinuierliche Organisation und Ausbau des Widerstandes in den Jahren bis 1944. »Ein Blick auf die vielumstrittenen Staats- und Gesellschaftsvorstellungen des Widerstandes ... 1940–1943 zeigt zum einen das Gewicht der Hemmnisse, Illusionen, Fehleinschätzungen, mit dem alle Eventualentwürfe der Opposition von rechts nach links belastet waren, es zeigt auch, daß Widerstand ... gegen Hitler noch nicht ipso facto ein Votum für die Demokratie oder ein Verzicht auf die Vorstellungen nationaler Machtpolitik bedeuteten. Am greifbarsten waren die Forderungen des Kreisauer Kreises um den Grafen Moltke: Bruch mit dem Nationalismus, Fortschritt zu einem europäischen Internationalismus ..., deutsch-französische und deutsch-polnische Verständigung an Stelle ... umstrittener Gebietsansprüche.«[33]

Indessen konzentrierten sich die aktionistischen Gruppen Stauffenberg-Leber und Oster-Dohnanyi auf die zunächst entscheidenden Ziele: Beseitigung des NS-Regimes, Beendigung des Krieges, Wiederherstellung des Rechtsstaates.

Die nationalsozialistische Art der Kriegführung (Besatzungs- und Ausrottungspolitik, Führungskonflikte zwischen Hitler und der Wehrmacht), der traditionsfreiere jüngere Offiziersnachwuchs, die Klärung der moralischen Position der Brüder Stauffenberg in Distanz zum Goerdeler-Beck-Kreis führten zur Entscheidung für den Staatsstreich und Bejahung des Tyrannenmordes. Stauffenberg und seine zivilen und militärischen Freunde ließen sich nicht mehr von der Furcht vor einer neuen Dolchstoßlegende abschrecken. Die Forderung der Alliierten nach bedingungsloser Kapitulation ließ der »Opposition« nur noch die enge Basis innenpolitischer, moralisch-rechtlicher Begründung des Staatsstreichs, soweit sie nicht überhaupt der Meinung war, man solle und könne dem NS-Regime die Verantwortung bis zum Ende nicht mehr abnehmen. Da es nicht gelang, einen Befehlshaber der Frontarmee zu gewinnen, standen Berlin und das Oberkommando des Ersatzheeres im Zentrum der Vorbereitungen des Umsturzes. Unter dem Stichwort »Walküre« wurden in Berlin, Wien, Köln und München Aktionen gegen die NSDAP und die SS geplant. Verhaftungen wichtiger Verschwörer im Jahr 1943 (Dohnanyi, Bonhoeffer, Josef Müller u. a.) und die Krankheit Becks und Kluges engten den Spielraum der Opposition immer mehr ein. Die Aufdeckung der Verschwörung drohte, zumal der Kreis der Mitwisser im Interesse einer Verbreiterung der politischen Basis bis in die

Betriebe immer größer und unübersichtlicher wurde. So erhielt die Gestapo auch Kenntnis von der Kontaktaufnahme Julius Lebers und Adolf Reichweins mit den Kommunisten Saefkow, Jakob und Thomas. Die Verhaftung Lebers und Reichweins und die alliierte Invasion drängten zur Entscheidung.

Claus Graf Schenk von Stauffenberg (1907–1944), der im Januar 1943 als Stabschef der 10. Panzerdivision in Tunesien schwere Verwundungen erlitten hatte (Verlust eines Auges, der rechten und eines Teils der linken Hand), war gleichzeitig Führer der Verschwörung in Berlin und der Attentäter im Führerhauptquartier Wolfsschanze bei Rastenburg/Ostpreußen. Die körperlichen Behinderungen Stauffenbergs und seine komplizierte Doppelrolle erschwerten die Durchführung des Attentats und des Staatsstreiches. Andererseits konnte nur er offiziell an Hitlers Lagebesprechung teilnehmen. Nur er hatte eine reale Chance, den Sprengstoffanschlag erfolgreich zu verwirklichen.

Das Attentat verlief wie folgt:

Am 20. Juli 1944 begann gegen 12.30 Uhr die Führerbesprechung im ostpreußischen Führerhauptquartier. 14.30 Uhr wurde Mussolini erwartet. Die Lagebesprechung fand in der Lagebaracke, einem aus Holz gebauten und mit Betonmauern verstärkten Raum statt. Stauffenberg hatte gehofft, wegen der ständig drohenden Angriffe alliierter Flugzeuge würde die Besprechung im festen unterirdischen Konferenzraum stattfinden. Dort wäre die Wirkung des Explosionsluftdrucks wesentlich stärker gewesen. Die Bombe mußte nun möglich nahe an Hitler herangebracht werden. Der Tisch, an dem Stauffenberg die Bombe in einer Aktentasche abstellte, bestand aus schwerem Eichenholz, seine Platte ruhte auf massiven Holzsockeln und schützte Hitler bei der Explosion. Obwohl diese Umstände zusammengenommen die Wirkung der ursprünglich auf den Bunker berechneten Sprengstoffmenge beeinträchtigen mußten, war die Detonation so gewaltig, daß Stauffenberg überzeugt war, Hitler könne nicht überlebt haben. 12.42 Uhr explodierte die Bombe. Stauffenberg hatte kurz vorher unter einem Vorwand die Baracke verlassen. Mit seinem Adjutanten und Freund, Oberleutnant von Haeften, befand er sich 13.15 Uhr bereits im bereitstehenden Flugzeug, bevor sie wegen der Explosion von den Wachen aufgehalten werden konnten. Die zweieinhalb Stunden, die Stauffenberg für den Rückflug brauchte, fehlten an der knappen Zeit, die den Verschwörern als Überraschungsmoment hätte zugute kommen können. Mit einem Telefongespräch vom Flugplatz Rangsdorf in Berlin löste Stauffenberg die geplanten Maßnahmen aus und fuhr unverzüglich in die Bendlerstraße (heute

Stauffenbergstraße). Nun endlich gegen 16.00 Uhr liefen die Alarmbefehle. Nach einem Telefongespräch mit Oberleutnant Caesar von Hofacker löste General Heinrich von Stülpnagel (1886–1944), Militärbefehlshaber in Frankreich (1942–1944), in Paris die Aktion aus. Aber die Befehle zur Übernahme sämtlicher Nachrichtenanlagen, die Verhaftung der NS-Funktionäre, die Besetzung der KZ, der Dienststellen der Gestapo und des SD, kreuzten sich mit der Meldung des Deutschlandsenders um 18.30 Uhr, das Attentat sei gescheitert. Die rechtzeitige Besetzung des Rundfunks und des Propagandaministeriums waren versäumt worden.

Besonders ungünstig für den Verlauf des Staatsstreichs erwies sich, daß der Major Otto Ernst Remer nicht durch einen zuverlässigen Anhänger des Widerstands ersetzt worden war. Die Verschwörer waren auf das Wachbataillon unter dem Kommando von Remer angewiesen. Der unmittelbare Vorgesetzte Remers, General von Hase, Stadtkommandant von Berlin, gehörte zu den Verschwörern. Er glaubte Remer, ein unpolitischer, hochdekorierter Offizier, würde ohne unbequeme Fragen seinen Befehlen gehorchen. Als der »Walküre«-Alarm ausgelöst wurde, beorderte Hase ihn in seine Dienststelle Unter den Linden, berichtete ihm vom Attentat und gab ihm die in der Bendlerstraße sorgfältig vorbereiteten Befehle. Rund um die Ministerien in der Wilhelmstraße und um das Reichssicherheitsamt sollte eine Absperrung gezogen werden, wichtige Verkehrszentren, SS-Kasernen und öffentliche Gebäude sollten besetzt werden. Goebbels, der sich als einziger wichtiger NS-Führer am 20. Juli in Berlin aufhielt, war festzunehmen und das Propagandaministerium besonders scharf zu bewachen. Remer, der mißtrauisch wurde, ging seinem eigenen Bericht zufolge entgegen dem Befehl seines vorgesetzten Generals zu Goebbels und erfuhr, Hitler lebe. Goebbels fragte ihn, ob er ein überzeugter Nationalsozialist sei. »Remer antwortete, selbstverständlich sei er das und erklärte, daß er ›hundertprozentig zum Führer stehe‹« ... Remer, der jetzt den Atem der Geschichte spürte, schwor, seinen auf Hitler geleisteten Treueid zu halten... ›Wir drückten uns die Hand‹, berichtete Remer, ›und sahen uns in die Augen‹.[34]

In der Krise der Verschwörung scheiterten alle weiteren Maßnahmen an der nationalsozialistischen Gegengruppe. Generaloberst Friedrich Fromm (1888 bis 1945), der den aufständischen Offizieren die Unterstützung verweigert hatte, veranlaßte Beck zum Selbstmord und ordnete die Hinrichtung von Olbricht, Stauffenberg, Haeften und Mertz von Quirnheim an. Nach Mitternacht starben die vier Verschwörer im Hof des Bendlerblocks. Fromms Sekretärin beobachtete vom Fenster aus, wie die vier Männer im Licht der Scheinwerfer eines Wehrmachtslastwagens durch ein Erschießungskommando unter Führung eines Leutnants hingerichtet wurden.

Fromm hatte sich allerdings getäuscht, wenn er glaubte, durch die Ermordung der Mitwisser seines Opportunismus, sich selbst retten zu können. Er wurde verhaftet, vor Gericht gestellt und im März 1945 hingerichtet.

Paris, Wien, Prag, Kassel und Frankfurt waren erfolgreicher als Berlin; ihre Aktionen liefen noch, als der Umsturzversuch in der Hauptstadt schon gescheitert war. General Heinrich von Stülpnagel und Oberleutnant Caesar von Hofacker planten in der gleichen Nacht ein Waffenstillstandsangebot an die westlichen Alliierten.

Mit der nächtlichen Rede Hitlers über die »ganz kleine Clique ehrgeiziger, gewissenloser..., dummer Offiziere« begann die nationalsozialistische Interpretation des Aufstandes. Die umfassende Verfolgung der deutschen Widerstandsbewegung setzte ein. Im Gegensatz zur These Hitlers von der kleinen Clique nahm die Terroraktion der Gestapo solche Ausmaße an, daß Rüstungsminister Speer die weitere Kriegführung gefährdet schien. Eine »Sonderkommission 20. Juli« wütete gegen alle Verdächtigten und ihre Angehörigen. Der Volksgerichtshof ließ ca. 200 Todesurteile vollstrecken, 89 davon in Berlin-Plötzensee (Gedenkstätte). Ungefähr 7000 Verhaftungen und Einweisungen in Konzentrationslager erfolgten.[35]

Zahlreiche Schriften wurden gefunden, die zusammen mit den brutalen Verhören eine Breite und Vielfalt der Opposition ergaben, die die NS-Führung völlig überraschte.

Obwohl nun dem nationalsozialistischen Regime die volle Verantwortung für die totale politische und militärische Niederlage verblieb, versuchten in der Nachfolge von Hitler und Himmler die Neonazisten mit einer neuen Dolchstoßlegende die historischen Tatsachen zu verschleiern. Remer veröffentlichte 1981 ein Buch »Verschwörung und Verrat um Hitler«. Der K. W. Schütz K. G. Verlag, Preußisch Oldendorf zeigt den Titel u.a. mit folgendem Kommentar an:

»Der hochausgezeichnete Frontoffizier des Zweiten Weltkrieges, Generalmajor Otto Ernst Remer, der als Kommandeur des Wachregiments in Berlin den Umsturzversuch des Widerstandes am 20. Juli 1944 auf Befehl seines obersten Kriegsherrn Adolf Hitler schon im Anfangsstadium unterband..., setzt sich als Zeuge des dramatischen Kriegsverlaufs mit den vielfältigen Vergehen und Verbrechen, den Verrats- und Sabotagehandlungen der Angehörigen des Kreises auseinander, der nicht nur für den Ausbruch des Zweiten Weltkrieges, sondern auch ganz entscheidend für die Niederlage Deutschlands mitverantwortlich zu machen ist.

Konsequent und erbarmungslos stellt er die Verschwörer an den Pranger, die ... durch ihren abscheulichen Landesverrat und die teuflische Sabotage ... der kämpfenden Truppe ... in gemeinster Weise in den Rücken fielen ... Er setzt sich ... mit den führenden Politikern ... auseinander, soweit diese die Verherrlichung des Widerstandes nicht nur dulden, sondern auch selbst betreiben.«

Unter dem Thema »Verrat und Widerstand im Dritten Reich« veranstaltete der zeitgeschichtliche Kongreß der Gesellschaft für Freie Publizistik vom 26. bis 28. Mai 1978 in Kassel eine Tagung, auf der zahlreiche alt- und neonazistische Redner den Widerstand in ähnlicher Weise diskriminierten wie Otto Ernst Remer in seinem Buch:

»So wird auch in dem auf dieser Tagung behandelten Fall der laufende Landesverrat und militärische Verrat, der mit dem Hochverrat verbunden war, als Widerstand beschönigt und verherrlicht, ja, die Widerstandsidee wurde zur geistigen Grundlage der Bundesrepublik Deutschland gemacht. Der Nachweis des Widerstandes gegen das nationalsozialistische Regime stand somit an der Wiege des von den Alliierten aus ihren drei westlichen Besatzungszonen gebildeten deutschen Satellitenstaates.«[36]

Die moralische Diskriminierung der deutschen Widerstandskämpfer sucht Willing dadurch zu erreichen, daß er den religiösen und politisch-militärischen Widerstand voneinander trennt: »Der religiöse Widerstand ist von Christus und Paulus her immer nur ein passiver, wie ihn während des Dritten Reiches die Zeugen Jehovas ... praktizierten, aber auch nicht wenige Priester und Bischöfe der katholischen und evangelischen Kirchen. Der religiöse Widerstand, dem niemand seine Hochachtung versagen darf ..., ist deshalb sorgfältig von dem Thema ›Verrat und Widerstand‹ auszusparen.«[37]

Mit einer deutlich rassistischen Akzentuierung spricht er von einer verschwörerischen Abstimmung von »jüdischen Emigranten«, deutschen Politikern und alliierter Besatzungsmacht zur Diskriminierung Hitlers und seiner Regierung in historischer Schwarzweißmalerei und Verherrlichung von Landesverrätern.

In der Auffassung des 1915 geborenen Historikers Franz-Willing kam Hitler legal, der Verfassung entsprechend, zur Regierung. Damit sei auch seine das Gemeinwohl fördernde Politik, postuliert er, legitim gewesen. Nur aus Neid und Eifersucht hätten seine inneren und äußeren Feinde seinen Sturz einschließlich des Mittels des Krieges angestrebt. Die Variation der Dolchstoßlegende nach dem 1. Weltkrieg ist evident.

Die Argumentation scheut vor einer massiven Rehabilitation des Nationalsozialismus und Hitlers nicht zurück. Dementsprechend wird auch die Bewertung des deutschen Widerstandes vorgenommen.

Über die historisch-politischen Perspektiven des Widerstandes, der im Attentat auf Hitler am 20. Juli 1944 seinen Höhepunkt fand, berichtet unter vielfältigen Aspekten und in biographischen Porträts sowie persönlichen Dokumenten der Widerstandskämpfer das Buch »Der zwanzigste Juli – Alternative zu Hitler?«, herausgegeben von H. J. Schultz, 1974.

Im Gegensatz zur nationalsozialistischen Neuauflage der Dolchstoßlegende werden hier kritisch und kontrovers die innen- und außenpolitischen Einschätzungen der Verschwörung diskutiert:

»Man mag zweifeln, ob die politischen Lösungen, die sie anstrebte, auf längere Sicht tragfähig gewesen wären. Ihre Einsicht in die tieferen sozialen und geistigen Ursachen des deutschen Faschismus und der Katalog bedrängender Fragen, die auf die Möglichkeiten humanen Lebens und der Verwirklichung persönlicher Autonomie trotz der technologischen, ökonomischen und bürokratischen Zwänge in der kapitalistischen Industriegesellschaft und der Hypertrophie staatlicher Apparate zielten, sind gleichwohl heute so aktuell wie damals.«[38]

Die bleibenden moralischen Verdienste sind bei den unterschiedlichen Historikern nicht strittig:

»Im Bewußtsein des schier Unmöglichen, den Umsturzversuch dennoch unternommen und ein Zeichen gegen die Allgewalt faschistischer Verbrechensherrschaft gesetzt zu haben, ist das bleibende Verdienst der Verschwörer des 20. Juli. Der Historiker hat hinzuzufügen, daß ein Gelingen des Attentats ... Millionen von Menschenleben gerettet und weite europäische Landstriche vor kriegerischer Verwüstung bewahrt haben würde ... Auch im Scheitern hat die Widerstandsbewegung am 20. Juli 1944 maßgebenden Anteil daran, daß die Deutschen ihre historische Identität zurückzugewinnen vermocht haben.«[39]

I.1.2.5.1 Literaturhinweise

James Donald Carnes: General zwischen Hitler und Stalin – Das Schicksal des Walther v. Seydlitz, Droste Verlag, Düsseldorf 1980

Heinrich Fraenkel u. a.: Der 20. Juli 1944, Ullstein Taschenbuch 4019/4020, Berlin 1969

R. Chr. Freiherr von Gersdorff: Soldat im Untergang, Ullstein Taschenbuch 34008, Frankfurt/M. 1979
Peter Hoffmann: Widerstand, Staatsstreich, Attentat – Der Kampf der Opposition gegen Hitler, Ullstein Taschenbuch 3077, Berlin 1974 (2., verb. und erw. Aufl. von 1970)
Georg Holmsten: Deutschland Juli 1944 – Soldaten, Zivilisten, Widerstandskämpfer, Droste Verlag, Düsseldorf 1982
Daniel Melnikow: Der 20. Juli 1944 – Legende und Wirklichkeit, Wegner Verlag, Hamburg 1968, Lizenzausgabe für die Bundesrepublik Deutschland und Westberlin nach der 2. Auflage, VEB Deutscher Verlag der Wissenschaften (DDR), Berlin
Christian Müller: Oberst i. G. Stauffenberg – Eine Biographie, Bonner Schriften zur Politik und Zeitgeschichte, Droste Verlag, Düsseldorf 1971 (2. Auflage)
Hans Rothfels: Deutsche Opposition gegen Hitler, Fischer Taschenbuch 1989, Frankfurt/M. 1977
Jürgen Rühle: Unser Umgang mit dem überlieferten Prozeßmaterial über den 20. Juli 1944, in: Geschichte in Wissenschaft und Unterricht, Heft 7/1980
Fabian von Schlabrendorff: Offiziere gegen Hitler, Ullstein Verlag, Frankfurt/M. 1969
Wilhelm von Schramm: Aufstand der Generale – Der 20. Juli 1944 in Paris, Heyne Taschenbuch Geschichte, München 1978
Hans Jürgen Schultz (Hrsg.): Der 20. Juli 1944, Alternative zu Hitler? Kreuz Verlag, Berlin 1974
Hans Speidel: Aus unserer Zeit – Erinnerungen, Propyläen Verlag, Berlin 1977
Graf von Thun-Hohenstein: Der Verschwörer – General Oster und die Militäropposition, Severin und Siedler, Berlin 1982
Thomas Travaglini: »m. E. sogar ausmerzen« – Der 20. Juli 1944 in der nationalsozialistischen Propaganda, Beilage zur Wochenzeitung »Das Parlament« 29/1974
Eberhard Zeller: Geist der Freiheit – Der 20. Juli 1944, Hermann Rinn Verlag, München 1965

I.1.2.5.2 Chronologie des 20. Juli 1944 in Berlin von 13.00 Uhr bis 1.00 Uhr nachts[40]

Am 20. Juli 1944, um 12.50 Uhr, verübte Oberst Graf Stauffenberg im Führerhauptquartier Wolfsschanze bei Rastenburg (Ostpreußen) ein Bombenattentat auf Adolf Hitler.

Der 20. Juli 1944 in Berlin
(Wesentliche Ereignisse in zeitlicher Folge.
Die Uhrzeiten sind nicht in allen Fällen auf die Minute rekonstruierbar.)

13.00 Uhr	Nachrichtenwege des Führerhauptquartiers (FHQu) werden durch General der Nachrichtentruppen Fellgiebel blockiert. SS-Leitungen bleiben offen.
14.00 Uhr	Himmler beordert telefonisch Untersuchungskommission des Reichskriminalamtes ins FHQu.
15.00 Uhr	Aufhebung der Nachrichtenblockade FHQu und Warnung an Operationsabteilung: Leitungen werden von SS überwacht!
15.50 Uhr	Auslösung des Umsturzes (Plan »Walküre«) durch General Olbricht in der Bendlerstraße.
16.00 Uhr	Landung Stauffenbergs auf dem Feldflugplatz Rangsdorf, nördlich von Zossen, dem Sitz des Oberkommandos des Heeres.
16.05 Uhr	Telefongespräch Stauffenbergs mit der Bendlerstraße: Hitler ist tot!
16.10 Uhr	Truppen des Stadtkommandanten von Hase werden alarmiert: Wachbataillon »Großdeutschland«, Heeresfeuerwerkerschule, Heereswaffenmeisterschule, Landesschützenbataillon 311 und 320.
16.10 Uhr	General Olbricht bei Generaloberst Fromm, dem Befehlshaber des Ersatzheeres, der FHQu anruft und mit Keitel spricht: Hitler lebt!
16.15 Uhr	Oberst Mertz von Quirnheim, Chef des Stabes, General Olbricht alarmiert Wache im Bendlerblock: Ein- und Auslaß nur mit Passierschein der Verschwörer.
16.20 Uhr	Polizeipräsident Graf Helldorf wird in die Bendlerstraße gerufen. Generaloberst Beck trifft in der Bendlerstraße ein.
16.20 Uhr	Oberst Bernardis alarmiert Einheiten außerhalb Berlins: Panzertruppenschule Krampnitz, Infanterieschule Döberitz, Panzerlehrgang Großglienicke, Ersatzbrigade »Großdeutschland«, Cottbus, Fahnenjunkerschule Potsdam, Unteroffiziersschule Potsdam, Artillerieschule Jüterbog.
16.30 Uhr	2. Phase »Walküre«: Fernschreibübermittlung der Befehle an alle Frontabschnitte und Wehrkreise.

16.35 Uhr	Eintreffen Stauffenbergs in der Bendlerstraße. Er berichtet vom Attentat, telefoniert mit seinem Vetter, Oberstleutnant Cäsar von Hofacker, in Paris: Hitler ist tot!
16.40 Uhr	Helldorf trifft in der Bendlerstraße ein. Beck verlangt, Helldorf von der ungeklärten Lage, ob Hitler lebt, zu unterrichten. Dies geschieht.
16.55 Uhr	Fromm erklärt Mertz von Quirnheim wegen Auslösung »Walküre« für verhaftet, wird selbst von den Verschwörern verhaftet, und in der Adjutantur, später in seiner Wohnung, festgesetzt.
17.00 Uhr	SS-Oberführer Pfiffrader versucht im Auftrag von Kaltenbrunner (Reichssicherheitshauptamt) Stauffenberg zu verhaften, wird nebst Begleitkommando von den Verschwörern festgenommen.
17.00 Uhr	Major Remer, Kommandeur des Wachbataillons »Großdeutschland«, bespricht »Walküre«-Einsatzbefehle mit seinen Offizieren in der Kaserne, Lehrter Straße.
17.00 Uhr	Kommandierender General, Wehrkreis III, Berlin, Kortzfleisch, weigert sich in der Bendlerstraße, von Generaloberst Hoepner, Nachfolger von Fromm, Befehle entgegenzunehmen. Er wird festgesetzt.
17.00 Uhr	Marschbefehl nach »Walküre«-Plan bei allen Berliner Einheiten angekommen.
17.00 Uhr	Döberitz ist alarmiert, zögert jedoch wegen Abwesenheit des Chefs, General Hitzfeld, mit der Durchführung der Befehle. Darum unterbleibt die Besetzung der Rundfunkstationen Tegel und Masurenallee.
17.25 Uhr	Leutnant Hagen, NS-Führungsoffizier, erwirkt von Remer die Erlaubnis, bei Goebbels im Propagandaministerium vorstellig zu werden.
17.30 Uhr	»Walküre«-Befehl bei Einheiten der Umgebung Berlins angekommen.
17.30 Uhr	Ende des Befehlsempfangs für Offiziere des Wachbataillons.
17.30 Uhr	Erste Telefonverbindung Hitler-Goebbels kommt zustande. Auftrag: Rundfunkdurchsage.
17.30 Uhr	SS-Leibstandarte »Adolf Hitler« in Lichterfelde wird in Alarmbereitschaft versetzt.
17.50 Uhr	Hauptmann Klausing übernimmt Fernschreiben Nr. 2 an Wehr-

	kreiskommandos; Leutnant Röhring, Offizier vom Dienst der Nachrichtenzentrale im Bendlerblock, kommen wegen Punkt 2 c (Festnahme der KZ-Wachen) erste Bedenken.
18.10 Uhr	Hitler läßt im Auswärtigen Amt anrufen (ohne Ergebnis).
18.30 Uhr	Hitler fragt bei Goebbels an, warum noch keine Rundfunkmeldung gekommen ist.
ab 18.30 Uhr	Zweiter Befehl »Walküre«: Hoepner zum Befehlshaber des Ersatzheeres ernannt.
18.30 Uhr	Absperrung des Regierungsviertels vollzogen: Propagandaministerium, Auswärtiges Amt, Gauleitung der NSDAP Berlin, Ministerium für Inneres, Stellvertreter des Führers, Reichskanzlei, Stabschef der SA, Reichsführer SS, Wohnung Goebbels, Völkischer Beobachter, Sicherheitshauptamt, SS-Hauptamt, Abwehramt, 2. Wohnung Goebbels.
18.30 Uhr	Himmler zum Befehlshaber des Ersatzheeres ernannt.
18.40 Uhr	Telefongespräch Hitler-Remer vom Büro Goebbels.
18.45 Uhr	Sondermeldung aus dem Führerhauptquartier über den Rundfunk: Hitler lebt!
ab 18.45 Uhr	Stauffenberg bestreitet bei pausenlosen Rückfragen die Rundfunkversion.
18.45 Uhr	Versuch Remer durch Oberst Jäger, Panzerschule II, zu ersetzen, scheitert.
bis 19.00 Uhr	Feuerwerkerschule hat im Zeughaus, die Waffenmeisterschule im Schloß Stellung bezogen.
19.00 Uhr	Drahtverbindung mit Heersgruppe Nord: Befehl – Rückzug zur Düna vorbereiten.
19.00 Uhr	Mertz v.Quirnheim erhält vom Oberkommando des Heeres im FHQu verläßliche Nachricht: Hitler lebt!
19.00 Uhr	Erfolgloser Befehl an Stadtkommandanten: Stoßtrupp gegen Propagandaministerium und Festnahme Goebbels.
19.15 Uhr	Fernschreiben an alle Oberbefehlshaber aus dem FHQu: Hitler lebt!
19.30 Uhr	Eintreffen der ersten Panzer von Krampnitz an der Siegessäule.
19.30 Uhr	Feldmarschall v. Witzleben, von Zossen, dem Sitz des Oberkommandos des Heeres, trifft in der Bendlerstraße ein. Bis 20.10 Uhr Gespräch mit Beck.
19.45 Uhr	Leiter der Nachrichtenzentrale Bendlerblock meldet seinem

	Chef, Oberst Köllner, seine Bedenken und von ihm durchgeführte Übermittlungsverzögerungen.
20.00 Uhr	Mertz v. Quirnheim fordert Befehlshaber Frankreich, Paris, zur weiteren Durchführung von »Walküre« auf.
20.15 Uhr	Witzleben sieht den Aufstand als gescheitert an, verläßt die Bendlerstraße, fährt zu General Wagner im OKH Zossen, später nach Hause.
20.15 Uhr	Verschwörer erhalten Nachricht von Unterredung Remer-Goebbels.
20.30 Uhr	Goebbels spricht vor Wachbataillon, nachdem er die Absperrung des Regierungsviertels aufgehoben hat.
20.30 Uhr	Generalkommando Stettin–Wien melden Vorliegen von Gegenbefehlen aus dem FHQu.
21.00 Uhr	Rundfunk kündigt baldige Hitler-Rede an.
21.30 Uhr	Panzertruppenschule II Krampnitz steht an der Siegessäule und erhält Gegenbefehl vom Inspekteur der Panzertruppen, zum Fehrbelliner Platz zu marschieren.
22.30 Uhr	Olbricht versammelt Offiziere seines Amtes und teilt sie zur Bewachung des Bendlerblocks ein, da die »Walküre«-Einheiten abgezogen sind.
22.40 Uhr	Oberstleutnant Pridun, Ia von Olbricht, sammelt gegen die Verschwörer eingestellte Offiziere.
22.40 Uhr	Oberst Müller von der Infanterieschule Döberitz verlangt und erhält Marschbefehl zum Angriff auf das Haus des Rundfunks und zum Schutz des Bendlerblocks. Dies sind die letzten Befehle der Verschwörer.
22.50 Uhr	Stoßtrupp von hitlertreuen Offizieren aus dem Bendlerblock dringt in Zimmer von Olbricht ein. Schußwechsel mit dem hinzukommenden Stauffenberg, der verwundet in sein Büro entkommt. Festnahme eines Teils der Verschwörer.
23.00 Uhr	Eine Kompanie des Wachbataillons verstärkt die hitlertreuen Offiziere und riegelt den Bendlerblock ab.
23.15 Uhr	Befreiung Fromms, der in seinem Dienstraum Beck, Olbricht, Hoepner, Stauffenberg, Mertz v. Quirnheim und Haeften, den Adjutanten Stauffenbergs, verhaften läßt.
23.15 Uhr	Beck erhält die Erlaubnis, sich zu erschießen; Olbricht schreibt seinen Abschiedsbrief. Fromm verläßt für kurze Zeit das Zimmer und setzt ein Standgericht ein.

23.30 Uhr	Fromm verkündet Erschießungsurteil des Standgerichts und läßt Hoepner die Wahl zwischen Erschießung und Verhaftung. Hoepner wählt Verhaftung.
23.40 Uhr	Becks Selbstmord führt zu schwerer Verwundung, er erhält von einem Feldwebel den Gnadenschuß.
00.05 Uhr	Erschießung von Stauffenberg, Olbricht, Mertz von Quirnheim und Haeften im Hof der Bendlerstraße 11–13, im heutigen Ehrenhof.
00.21 Uhr	Fernschreiben von Fromm mit Gegenbefehl an alle Empfänger von »Walküre«-Befehlen.
00.30 Uhr	Eintreffen von General Reinecke vom Oberkommando der Wehrmacht und Remer. Endgültige Verhaftung aller Verschwörer, Mitbeteiligten und Verdächtigen.
01.00 Uhr	Besetzung aller Räume durch SS unter der Führung Skorzeny.
01.00 Uhr	Hitler, Göring und Dönitz sprechen im Rundfunk (Aufnahme durch einen Übertragungswagen des Reichssenders Königsberg gegen 20.30 Uhr).
01.10 Uhr	Kaltenbrunner, Chef des Sicherheitshauptamtes, erscheint in der Bendlerstraße.
nachts	Fromm, der sich zu Goebbels begeben hat, wird als Mitwisser verhaftet.
nachts	Beck und die übrigen Hingerichteten werden von einem Feldwebel auf dem Matthäikirch-Friedhof in Schöneberg, Großgörschenstraße, verscharrt.

I.1.2.6 Widerstand aus dem Exil

Die Letzten

Wir sind die Letzten.
Fragt uns aus.
Wir sind zuständig.
Wir tragen den Zettelkasten
mit den Steckbriefen unserer Freunde
wie einen Bauchladen vor uns her.
Forschungsinstitute bewerben sich
um Wäscherechnungen Verschollener,
Museen bewahren die Stichworte unserer Agonie

wie Reliquien unter Glas auf.
Wir, die wir unsere Zeit vertrödelten,
aus begreiflichen Gründen,
sind zu Trödlern des Unbegreiflichen geworden.
Unser Schicksal steht unter Denkmalschutz.
Unser bester Kunde ist das
schlechte Gewissen der Nachwelt.
Greift zu, bedient euch,
Wir sind die Letzten.
Fragt uns aus.
Wir sind zuständig.[41]

Drei Emigrationswellen kennzeichnen die deutsche Geschichte des 19. und 20. Jahrhunderts:

1. Emigrationswelle nach den fehlgeschlagenen Revolutionsbestrebungen vom Vormärz bis zur Revolution 1848/49,
2. Emigrationswelle als Folge des Sozialistengesetzes unter Bismarck 1878,
3. Emigrationswelle nach der Machtübernahme der Nationalsozialisten 1933.

Gemeinsam ist den drei Emigrationswellen, ungeachtet historisch-politischer Unterschiede, daß stets demokratische und soziale Bewegungen unterlagen, jedesmal die Flucht die einzige Rettung vor der Verfolgung war.

Die Rezeption der antifaschistischen Tradition des Exils erfolgte in den beiden deutschen Staaten sehr unterschiedlich. Während die DDR die politische Emigration in der Konsequenz der Kultur-Erbe-Theorie für sich allein beanspruchte, entstand in der Bundesrepublik Deutschland ein politisch vielfältig gebrochenes Verhältnis zur 3. Emigrationswelle und ihren Vertretern.

War zweifellos Emigration in manchen Fällen in der Bundesrepublik Deutschland ein politisches Stigma (Auseinandersetzung um Willy Brandt), so sind doch auch eine respektable Zahl von Emigranten in hohe Positionen gelangt (Reg. Bürgermeister von Berlin, E. Reuter; Ministerpräsident des Landes Bayern, W. Hoegner; Bundeskanzler W. Brandt u. a.).

Nach Angaben von W. Röder in »Deutscher Widerstand im Ausland«[42] umfaßte die deutschsprachige Emigration nach 1933 ca. 500000 Menschen, von denen 30000 als aktive Gegner des Nationalsozialismus angesehen werden können. Im Gegensatz zu den zwei vorhergehenden Emigrationswellen gab es zum politischen Exil keine Alternative, wo Freiheit der Rede und Schrift, geistiger und körperlicher Schutz vor dem Propaganda- und Terrorapparat des nationalsozialistischen Regimes gesucht wurde.

Röder unterscheidet sechs Abwanderungsphasen:

1. Phase:
Die unmittelbare körperliche Bedrohung löste 1933 die erste Abwanderungsphase aus. Prominente Politiker, Schriftsteller und Parteifunktionäre der Kommunisten, Sozialdemokraten und Gewerkschaftler mußten flüchten. Häufig waren die Emigranten gleichzeitig auch rassisch Verfolgte. Ein Teil der Flüchtlinge setzten vom Ausland her ihre antifaschistische Tätigkeit fort.

2. Phase:
In der Jahresmitte 1933 begann die zweite Phase der Emigration. Mit dem Gesetz gegen die Neubildung von Parteien (14. Juli 1933) endete die Periode der Halblegalität der Parteien. Im Ausland entstanden neue Leitungen bzw. Parteivorstände, die die illegalen Gruppen im Reich unterstützten und publizistisch vertraten.

3. Phase:
In der dritten Phase, sie reicht bis in die ersten Kriegsjahre, verstärkte sich die Parteiemigration durch geflüchtete Mitglieder aus dem Widerstand im Reich. Illegaler Widerstand und Exilwiderstand waren aufeinander angewiesen. Das Exil stellte Fluchtwege, die Illegalen unterstützten Kuriere und Instrukteure des Exils; das Exil lieferte Propagandaschriften, der Widerstand verteilte sie.

4. Phase:
Am Beginn des Jahres 1934 sorgte das austrofaschistische System Österreichs für eine neue Welle politischer Emigranten, bestehend aus Funktionären der verbotenen Linksparteien und der aufgelösten Gewerkschaften.

5. Phase:
Der deutsche Einmarsch im März 1938 in Österreich löste eine neue Welle von Emigranten aus, da die Polizei des österreichischen Ständestaates der brutalen Effizienz der Getapo weit unterlegen gewesen war und zudem neue politische Gruppen durch den Nationalsozialismus bedroht waren. Die österreichische Emigration differenzierte sich in den Exilländern England, USA, Schweden und Lateinamerika in drei Lager: das kommunistische, bürgerlich-ständestaatlich-legitimistische und sozialistische Lager.

6. Phase:
Die Ereignisse in der Tschechoslowakei Ende 1938 erweiterten das deutsche Exil durch politische Emigranten aus diesem Land. Die Unterstützung der deutschen Exilorganisationen in der Tschechoslowakei seit 1933 prädestinierte

die sudetendeutsche Arbeiterbewegung für die Verfolgung durch die Gestapo. Nach Röder flüchteten im Herbst 1938 bei Abtretung der Sudentengebiete ca. 30000 politisch gefährdete Deutsche ins Innere des Landes.

Vor Beginn des Krieges hatten nach Schätzungen von Röder mithin etwa 30000 Personen Deutschland, Österreich und deutschsprachige Gebiete der ČSR aus politischen Gründen verlassen müssen und im Exil mehr oder weniger kontinuierlich versucht, gegen den Nationalsozialismus zu kämpfen. Etwa zur gleichen Zeit befanden sich ungefähr 300000 politische Gegner des Regimes in deutscher Gefangenschaft.

Eine einheitliche Darstellung der deutschsprachigen Emigration und seines Widerstands gegen das NS-Regime ist nicht nur wegen des gegenwärtigen Standes der Forschung kaum möglich, sondern auch wegen der Vielfalt und Unterschiedlichkeit des Exils, das durch folgende Komponenten bestimmt ist:

- Vielfalt von Organisationen,
- Unterschiedlichkeit und Gegensätzlichkeit ideologischer Richtungen,
- Unterschiedlichkeit der Lebensbedingungen der einzelnen Emigranten und Emigrantengruppen,
- Grade der Anpassung im Gastland:
  Schebara unterscheidet den Arrivierten, den Integrierten und den Isolierten in seiner Typologie (Exil in den USA, S. 309),
- geographische Sonderentwicklung u. a.

I.1.2.6.1 Literaturhinweise

Sigrid Bock u. a. (Hrsg.): Erfahrung Exil – Antifaschistische Romane 1933 bis 1945, Analysen, Aufbau Verlag, Berlin und Weimar 1979

Manfred Durzak (Hrsg.): Die deutsche Exilliteratur 1933–1945, Reclam Verlag, Stuttgart 1973

Friedrich-Ebert-Stiftung (Hrsg.): Widerstand und Exil der Deutschen Arbeiterbewegung 1933–1945, Grundlagen, Materialien und Seminarmodelle für die Erwachsenenbildung, Schriftenreihe der Bundeszentrale für politische Bildung, Bd. 180, Bonn 1981

Karl-Heinz Götze u. a. (Hrsg.): Die »Ästhetik des Widerstands« lesen – Über Peter Weiß, Argument Sonderband AS 75, Argument Verlag, Berlin 1981

Ernst Loewy: Literarische und politische Texte aus dem deutschen Exil 1933 bis 1945, Bd. 1: Mit dem Gesicht nach Deutschland, Fischer Taschenbuch Verlag, Frankfurt/M. 1981

Ernst Loewy: Exil – Literarische und politische Texte aus dem deutschen Exil 1933–1945, Bd. 2: Erbärmlichkeit und Größe, Fischer Taschenbuch Verlag, Frankfurt/M. 1982
Ernst Loewy: Exil – Literarische und politische Texte aus dem deutschen Exil 1933–1945, Bd. 3: Perspektiven, Fischer Taschenbuch Verlag, Frankfurt/M. 1982
David Pike: Deutsche Schriftsteller im sowjetischen Exil 1933–1945, Suhrkamp Verlag, Frankfurt am Main 1981
Albert Schreiner: Hitler treibt zum Krieg, Paris 1934, Reprint Verlag, Köln 1979
Albert Schreiner: Vom totalen Krieg zur totalen Niederlage, Paris 1939, Reprint Verlag, Köln 1981
Deutsche Hörer! 55 Radiosendungen nach Deutschland (Oktober 1940 bis 10. Mai 1945), in:Thomas Mann, Zeit und Werk, Berlin 1956, S. 603–745

I.1.2.7 Widerstand Jugendlicher

Betr.: Angelegenheit »Edelweißpiraten«

»Es besteht der Verdacht, daß diese Jugendlichen diejenigen sind, welche die Wände an der Unterführung an der Altenbergstraße beschreiben mit
›Nieder mit Hitler‹
›das OKW lügt‹
›Orden und Ehrenzeichen für das große Morden‹...
Diese Anschriften können so oft beseitigt werden, wie man will, innerhalb weniger Tage sind die Wände wieder neu beschrieben.«

Schreiben des NSDAP-Ortsgruppenleiters in Düsseldorf Grafenberg an die Gestapo Düsseldorf vom 17. Juli 1943[43]

Betr.: Das polizeiliche Jugendschutzlager Moringen

»Die Bewegung der Zöglinge durch Abgang ... war bei dem Einweisungsstand von 1231 Zöglingen am 21. Juli 1944 wie folgt:
Sterbefälle 41, darunter 3 Selbstmorde und 1 Sterbefall durch Erschießen auf der Flucht. Entlassen wurden 138 zur Wehrmacht, 5 zum Reichsarbeitsdienst, 45 in die Heimat, 31 in die halboffene Heimstätte... Überführt wurden 52 in die Heil- und Pflegeanstalt, 53 in Konzentrationslager, 11 ins Gefängnis und 16 ins Zuchthaus.«

Schreiben des Landgerichtspräsidenten (Essen, den 31. 7. 1944) an den Oberlandesgerichtspräsidenten in Hamm i. W.[44]

In der Öffentlichkeit verbindet sich mit dem Thema »Jugendliche und Nationalsozialismus« zumeist die Vorstellung von begeisterten Jungvolk- und Hitlerjungen, von im Krieg mißbrauchten Flakhelfern oder verstörten Gesichtern von Kindern, die im Volkssturm mit der Panzerfaust den militärischen Zusammenbruch aufhalten sollten. Wo Jugendliche mit dem Widerstand in Verbindung gebracht werden, denken die meisten an die Studenten der Universität München, die Gruppe um die Geschwister Scholl, die ihre Mal- und Flugblattaktionen gegen das NS-Regime mit dem Tode auf dem Schafott bezahlten.

Eine Reihe von historischen Untersuchungen und Dokumentationen (Pikarski 1978, Peukert 1980, Hellfeld 1981, Goeb 1981) haben aber inzwischen die frühen Ansätze (Hermlin 1951, Klönne 1957, Jahnke 1970) über das Thema »Jugend im Widerstand« fortgesetzt.

Mit der zunehmenden Erweiterung der Forschung und des öffentlichen Geschichtsbewußtseins auf Alltags-, Regional- und Sozialgeschichte im Nationalsozialismus ist die Protest- und Oppositionsbewegung Jugendlicher aus allen Schichten der Bevölkerung wieder stärker untersucht worden.

Auch für die Jugendopposition trifft die These weitgehend zu, daß das nationalsozialistische System sich durch die brutale Sanktionierung allen nonkonformen Verhaltens selbst ein erhebliches Widerstandspotential schuf. Wie diese Art unfreiwilligen Widerstandes sich systemimmanent entwickelte, belegen Aussagen von Jugendlichen.

»Ich war beim Reichsausbesserungswerk in Nippes, als Schlosserlehrling. Wenn wir rausgingen, Heil Hitler, ich möchte austreten, Heil Hitler, also das ging immer mit Heil Hitler. Immer die Hand herauf und dieses ständige Strammstehen müssen und duckmäusern müssen, marschieren müssen und dann auch noch vor Leuten, die man haßt, und man durfte nichts sagen, das geht dann im Laufe der Zeit so unter die Haut, daß man sich einfach dagegen auflehnt.«[45]

Der Verwirklichung der nationalsozialistischen Ziele, die Hitler auf die Formel brachte »...und sie werden nicht mehr frei ihr ganzes Leben!«, diente das Gesetz über die Hitlerjugend vom 1. 12. 1936 und die ihm folgenden Durchführungsverordnungen. So bestimmte die zweite Durchführungsverordnung vom 6. 4. 1939:

»Alle Jungen und Mädchen der Hitler-Jugend unterstehen einer öffentlichrechtlichen Erziehungsgewalt nach Maßgabe der Bestimmungen, die der Führer und Reichskanzler erläßt.«

Die traditionellen Mittel der Jugendbewegung (Fahrten, Volkslieder, Lager, Sport und Spiel) täuschten zunächst über die neue politische Dimension der Staatsjugendorganisation hinweg, die letztlich eine nichtdenkende fanatische Generation von jungen Soldaten zu erziehen suchte. In den Berichten von Hans und Sophie Scholl ist die erste Begeisterung und zunehmende Desillusionierung nachzulesen.

Hellfeld nennt in seinem Buch über die Edelweißpiraten zwei Gründe dafür, daß sich Jugendliche von der NS-Ideologie abwandten:

»Abgesehen von organisatorischen und personellen Schwachstellen in der HJ-Organisation, gibt es zwei Gründe dafür, daß das Ziel einer gefügig gemachten ... Jugend ... nicht vollständig erreicht wurde. Zum einen sind es der paramilitärische Drill der HJ, die ständige Bevormundung, stupide Gehorsams- und Exerzierübungen ... sowie die meist inhaltsleere Durchführung der wöchentlichen Zusammenkünfte... Zum zweiten war es die ständig stärker werdende Verfolgung anderer Jugendorganisationen im Zuge der allgemeinen Gleichschaltung...«[46]

Wer sich der Mitgliedschaft der HJ zu entziehen suchte, spürte die Repressalien in der Schule, im Sportverein, im Elternhaus und am Arbeitsplatz. Das Instrumentarium der Sanktionen reichte von der persönlichen Ermahnung, der zeitweiligen Festnahme, dem Wochenendarrest und der Fürsorgeerziehung bis zur Einweisung in ein Arbeitslager, ein Jugend-KZ oder bis zur Bestrafung durch ein »Gerichtsurteil« mit hoher Zeitstrafe oder gar Hinrichtung.

So wurden Ende 1944 in Köln-Ehrenfeld, neben Personen zwischen 22 und 24 Jahren, auch fünf Jungen im Alter von 16 und 17 ohne Urteil von der Gestapo erhängt. Die meisten dieser Jugendlichen zählten sich zu den »Edelweißpiraten«, einer nur lose organisierten jugendlichen Protestgruppe.

Die besondere Bedeutung des Widerstandes Jugendlicher besteht in der Tatsache, daß hier Menschen das nationalsozialistische Regime bekämpften, die kaum noch Verbindungen zur Zeit der Weimarer Republik besaßen und wesentliche Prägungen nach 1933 erfahren hatten. Für die NS-Führungsschicht mußte es eine deprimierende Erfahrung sein, daß eine qualifizierte jugendliche Minderheit den unbeschränkten Möglichkeiten der Gleichschaltung durch Propaganda und Terror widerstanden, sich ein eigenes Urteil bildeten und danach handelten. Eine Liste, der vom Februar 1933 bis Mai 1945 ermordeten Gegner des NS-Regimes im Alter bis zu 30 Jahren verzeichnet 469

Personen, von denen mindestens 55 bei ihrer Hinrichtung oder Ermordung 20 Jahre und jünger waren. Die Jugendlichen gehörten den unterschiedlichsten politischen und religiösen Richtungen an, wenn auch die Zugehörigkeit zur KPD beziehungsweise zum KJVD (Kommunistischer Jugendverband Deutschlands) überwiegen, wie aus der Tabelle hervorgeht, aus der einige Beispiele entnommen wurden.[47]

I.1.2.7.1 Stark verkürzte Liste der vom Februar 1933 bis Mai 1945 vom NS-Regime ermordeten Jugendlichen unter 20 Jahren

Name	Heimatort	Partei/ Verband	Alter/Tod
Jürgen Blankenstein	Hamburg	SPD	17jährig am 3. 5. 1945 auf der »Cap Arcona« umgekommen
Erich Ferl	Leipzig	KJVD	17jährig am 24. 3. 1933 ermordet
Horst Heilmann (Student, Soldat)	Berlin		19jährig am 22. 12. 1942 in Berlin-Plötzensee hingerichtet
Alice Hirsch (Arbeiterin)	Berlin	Bund Dt.-Jüd. Jugend	19jährig 1943 im KZ Auschwitz ermordet
Walter Klingenbeck (Schaltmechaniker)	München	Jungschar St. Ludwig	19jährig am 5. 8. 1943 in München-Stadelheim hingerichtet
Carlo Schönhaar (Schüler)	Stuttgart		17jährig am 5. 8. 1943 in Paris erschossen
Jonathan Stark (Lithograph)	Ulm		18jährig am 1. 11. 1944 im KZ Sachsenhausen gehängt

I.1.2.7.2 Die »Helmuth-Hübener-Gruppe«

Unter dem Vorwurf »der Vorbereitung zum Hochverrat und landesverräterischer Feindbegünstigung« (öffentliche Bekanntmachung vom 27. 10. 1942) wurde der 17 Jahre alte Helmuth Hübener am 11. August 1942 vom Volksgerichtshof zum Tode und zum dauernden Verlust der bürgerlichen Ehrenrechte« verurteilt und am 27. 10. 1942 hingerichtet. Helmuth Hübener, ein Verwaltungslehrling, war ehrenamtlicher Sekretär der Glaubensgemeinschaft »Kirche Jesu Christi der Heiligen der letzten Tage«. Auf der ihm in dieser Funktion zur Verfügung stehenden Schreibmaschine schrieb er Flugblätter gegen den Krieg und die NS-Politik. Er hörte seit März 1941 regelmäßig die Sendungen des Londoner Rundfunks ab, um die öffentliche Berichterstattung in Zeitung und Rundfunk korrigieren zu können. In seinen zahlreichen Flugblättern, im zweiten Halbjahr 1941 schrieb und verbreitete er allein 21, knüpfte er geschickt an Reden der nationalsozialistischen Führer oder andere aktuelle, bekannte Ereignisse an. So heißt es über die Schlacht von Moskau vom Dezember 1941:

»Vier Monate sind es her..., seit der Führer ... großspurig verkündete:... Der Feldzug im Osten ist bereits entschieden!... Er... hat sich verrechnet. Der Feldzug im Osten ist heute ebensowenig entschieden, wie er es vielleicht im Juli, August, September oder am 3. Oktober war...«[48]

In dem Flugblatt «Wochenendkarzer«, das sich mit der HJ als Zwangsorganisation auseinandersetzte, schrieb er:

»Deutsche Jungen!

Kennt Ihr das Land ohne Freiheit, das Land des Terrors und der Tyrannerei?... Deutschland ist es, das Hitlerdeutschland... Namentlich Ihr, deutsche Jungen, habt unter diesem Gestapo-Terror zu leiden. Euch in der HJ nimmt man besonders vor und nicht ohne Grund. ›Ihr seid die Zukunft Deutschlands!‹«[49]

Helmuth Hübener, den die Richter wegen seiner Intelligenz, seiner politischen Kenntnisse, seiner Urteilsfähigkeit und seines selbstbewußten Auftretens vor Gericht als Erwachsenen bestraften (aus der Urteilsbegründung vom 11. August 1942), gründete in Hamburg eine Widerstandsgruppe. Der 16jährige Schlosserlehrling Gustav Wobbe, der 17jährige Malergeselle Karl Heinz Schnibbe und der 17jährige Verwaltungslehrling Gerhard Düwer unterstützten die Verbreitung der Flugblätter in Hamburger Stadtteilen, in denen vorwiegend Arbeiter wohnten.

Die geschickten politischen Entscheidungen Hübeners spiegeln sich in der Begründung des Todesurteils: »Für die ... Strafe war ... entscheidend, daß bei ihm ein besonders schwerer Fall der Verbreitung ausländischer Rundfunksendungen gegeben ist. Er ist in der auffallenden Gehässigkeit des Inhalts der Flugblätter und ... darin begründet, daß Hübener sie in einem Arbeiterviertel der Stadt verbreitet hat, in der zufolge der schweren Luftangriffe ... die Gefahr einer zersetzenden Wirkung besonders groß ist, zumal ... der Marxismus in Hamburg (noch nicht) völlig ausgerottet ist.[50]

I.1.2.7.3 Die»Walter-Klingenbeck-Gruppe«

Die bereits beschriebene Helmuth-Hübener-Gruppe hat eine Parallele in der Widerstandsgruppe um den 16jährigen Mechanikerlehrling Walter Klingenbeck, der bis 1936 der katholischen Jungschar »St. Ludwig« angehörte.

Klingenbeck informierte sich über den Sender des Vatikans, den Londoner und Moskauer Rundfunk über die nationalsozialistische Expansionspolitik und die deutschen Kriegsverbrechen in den besetzten Ländern. Er sammelte Gleichgesinnte um sich, die wie er aus der katholischen Jugendbewegung kamen: Hans Haberl (Hochfrequenztechniker), Erwin Eidel (Flugzeugmotorenschlosserlehrling), Daniel von Recklinghausen (Praktikant). In Diskussionen über die Rundfunksendungen reifte der Entschluß zum Widerstand. Die Gruppe begann mit Flugzetteln, die aus einem Kurztext (»Hitler kann den Krieg nie gewinnen, er kann ihn nur verlängern!«) und teilweise Bildern (Zerstörungen in anderen Ländern u. a.) bestanden. Im August/September 1941 folgten sie der Aufforderung des Londoner Rundfunks und malten als Zeichen des Widerstandes in München-Bogenhausen an Gebäude mit schwarzer Ölfarbe etwa vierzig große V (= Victory). Um eine größere Zahl von Menschen zu erreichen, bauten sie einen eigenen Sender, der als Symbol des Protestes gegen die Bombardierung Rotterdams den Namen dieser Stadt erhielt. Die Nachrichten sollten in deutscher, französischer und italienischer Sprache informieren und zum Widerstand aufrufen. Die Verbindung von technischen Kenntnissen und konspirativer Methode führte zum Bau dreier Sender (einem Kurzwellen- und zwei Mittelwellensendern), die im Dreieck aufgestellt, durch gleichzeitiges Senden eine Peilung der Gestapo behindern sollten. Bis zur Verhaftung Klingenbecks Ende Januar 1942 wurden Versuchssendungen mit Texten gegen den Nationalsozialismus und Schallplattenmusik ausgestrahlt. Spontane öffentliche Äußerungen Klingenbecks im Betrieb gegen Hitler (»Der soll seinen Mund nicht so voll nehmen und lieber an einen siegreichen Rückzug denken«[51]) waren ihm und seinen Freunden wohl zum Verhängnis geworden.

Der Prozeß fand erst acht Monate nach der Verhaftung statt. Der NS-Justiz fiel die Einsicht schwer, daß ohne Verbindung zum organisierten politischen Widerstand spontan und aus eigener kritisch-idealistischer Einsicht junge Menschen zum ethischen Widerstand gegen das Regime aufstanden. Alle privilegierten Bemühungen der HJ, durch Propaganda und Zwang, die Jugendlichen für das NS-Regime zu gewinnen, schienen bei einer urteilsfähigen Minderheit wirkungslos zu sein. Anfang August 1943 wurde der 19jährige katholische Arbeiter Walter Klingenbeck in München-Stadelheim hingerichtet, seine Anhänger erhielten hohe Zuchthausstrafen. In der Urteilsbegründung, in der die These von der fremden Hilfe aufgegeben worden war, heißt es:
»Klingenbeck ... wurde ... innerlich vom Nationalsozialismus nicht erfaßt, ärgert sich vielmehr über die Auflösung der katholischen Jugendverbände und wurde in dieser Einstellung von seinem Vater bestärkt...

Von Recklinghausen, dessen Großmutter ... eine Jüdin gewesen ist, gehörte eine Zeitlang dem katholischen Jungmännerverein an und wurde ebenfalls 1936 in die HJ aufgenommen...

Haberl wurde ... streng katholisch erzogen. Er bewohnte mit Eidel, der seit 1934 der HJ angehörte, als Untermieter ein gemeinschaftliches Zimmer... Beide schlossen sich 1941 dem katholischen Gesellenverein an und besuchten auch die Veranstaltungen des Vereins, auf denen ... die Entfernung der Kruzifixe aus den Schulen abfällig kritisiert wurde. Sie kamen auf diese Weise zu einer den Nationalsozialismus ablehnenden Einstellung. Alle Angeklagten sind unbestraft.«[52]

Unter Betonung katholischer Einflüsse und sekundärer Fakten bis hin zur rassistischen Argumentation werden in der Urteilsbegründung die eigentlichen Motive des Widerstandes, nämlich die spontane moralisch-politische Empörung über die nationalsozialistische Politik verschleiert, weil die Faszinationskraft des NS-Regimes auf Jugendliche und das Monopol der HJ auf die Erziehung nicht in Zweifel gezogen werden sollten.

Ein Vergleich der Helmuth-Hübener- und Walter-Klingenbeck-Gruppe bietet sich an. Beide stehen in der Tradition einer durch die christliche Ethik geprägten Erziehung, beide verweigern sich der Einbindung in die nationalsozialistische Ideologie in Schule, Beruf und Staatsjugendorganisation und finden zu einem selbständigen spontanen Protest in einer informellen Kleingruppe. Beide umgehen das Informationsmonopol des Staates, widerstehen den Einflüssen der HJ und ziehen aus ihren politischen Erkenntnissen die Konsequenzen zum aktiven Widerstand.

I.1.2.7.4 Die »Edelweißpiraten«

Während die bisher beschriebenen Gruppen bei aller Eigenständigkeit doch in die Tradition des aktiven politischen Widerstands eingeordnet werden können, entstand nach 1933 ein Widerstand der untersten Ebene, dessen Bewertung kontrovers und schwierig ist. Matthias von Hellfeld (Edelweißpiraten in Köln, Köln 1981) und D. Peukert (Die Edelweißpiraten, Köln 1980) haben mit Hilfe von nationalsozialistischen Dokumenten, Verhörprotokollen, Entwürfen zur Bekämpfung jugendlicher Cliquen, Briefen der Gestapo, SS und NSDAP, Lageberichten der Justiz unter anderem dieses jugendliche Widerstandspotential beschrieben. Eine zweite noch wenig genutzte Quelle sind Interviews mit Angehörigen dieser Cliquen, die häufig unter der Bezeichnung »Edelweißpiraten« subsumiert werden. Diese Gruppen ließen häufig schon in ihrem Namen die regionale (Leipziger Meuten, Danziger Stäuber, Essener Stenze) oder soziale Herkunft (Schülerclub »Goldene Sieben« oder ihre oppositionelle Haltung (Harlem-Club, Navajos, Rotes -X, Kittelbach- und Edelweißpiraten) erkennen. Auffälligstes und für eine historische Rezeption befremdlichstes Merkmal dieser Widerstandsgruppen ist die Tatsache, daß sie ungeachtet der herrschenden Schriftkultur fast keine selbstverfaßten Dokumente, Flugblätter, Tagebücher oder ähnliches hinterlassen haben. Ihre Motive, Ziele und Aktivitäten suchten sie aus Selbsterhaltungsgründen zu verschleiern.

War die erste Welle dieser Jugendopposition nicht so sehr von Opposition als von Sehnsucht nach den aufgelösten bündischen Jugendverbänden bestimmt, politisierte sich der Protest allmählich zu einer widerstandsähnlichen Haltung. Die dritte Welle radikalisierte sich im Laufe des Krieges zu einer für das Regime mehr als lästigen Erscheinung. Gerhard beschreibt ihre Merkmale:

»Im Laufe des Krieges wurden viele von ihnen zu Kriegsgegnern ... Immer häufiger griffen sie die HJ an ... Plakate und Einrichtungen der NSDAP wurden attackiert ... Der Terror der Naziherrschaft beeindruckte sie nicht im geringsten. Diesen Terror waren sie von Kindheit an gewöhnt. Durch die harte Schule der nationalsozialistischen menschenverachtenden Erziehung gegangen, traten sie ihren Lehrmeistern wieder gegenüber und schlugen mit gleicher Brutalität zurück.«[53]

Retrospektive Interviews von Edelweißpiraten sind selten. Die Tendenz der Gestapo, den politischen Widerstand grundsätzlich zu kriminalisieren, ist im Hinblick auf die Cliquen auch von der Nachkriegsjustiz tradiert worden. Die juristische Beurteilung des Jugendprotestes steht im völligen Gegensatz zur Auffassung der Historiker. In dieser Situation vermeiden viele ehemalige Edelweißpiraten öffentliche Stellungnahmen, andere sind von der Nachkriegsentwicklung enttäuscht und haben resigniert. Ein längerer faktenreicher Bericht eines Edelweißpiraten, dessen Name nicht angegeben ist, liegt bei D. Gerhard vor:[54]

»Die Volksschule beendete ich 1943 und begann dann eine Lehre beim Reichsbahnausbesserungswerk. Schon vorher hatte ich ... aus der Distanz Zusammenkünfte von Jungen und Mädchen im Alter zwischen 15–18 Jahren zu beobachten, die weiße Kniestrümpfe, halblange Hosen und weiße Windjacken trugen. Sie schmückten sich mit dem Emblem Edelweiß. Es war eine Kontragruppe zur Hitlerjugend (HJ), und meine politische Vorbelastung durch meinen Vater brachte es mit sich, daß ich ... mich mit etwa vierzehn Jahren einer solchen Gruppe in Sülz anschloß ... Wir gingen samstags/sonntags ›auf Fahrt‹, wie wir das nannten ... Ich erinnere mich, als wir einmal den Drachenfels bestiegen, kam es zwischen zwei Gruppen ... zu einer ... Prügelei. Darauf erschien die Hitler-Jugend und wir ... prügelten uns umgehend recht munter mit diesen. Leider endeten die Prügeleien ... immer mit einer siegreichen Niederlage der Edelweißpiraten, denn wenn unsere ›schlägerische Übermacht‹ ... zu groß wurde, kam gewöhnlich Polizei oder SS und wir mußten fliehen ... Man mag heute darüber lächeln, wir jungen Menschen waren uns einig in dem Protest gegen das Hitlerregime, wir waren uns einig darüber, daß ... der Krieg unnütz war. Gleichzeitig war es aber so, daß eine große Portion Abenteuerlust dabei war ... Wir bauten uns Waffen ..., um eventuell in das Kriegsgeschehen eingreifen zu können ... Wir erfuhren von Ehrenfelder Freunden, in Ehrenfeld war ... eine große ... Gruppe von Edelweißpiraten, daß dort eine Widerstandsgruppe existierte ... Ich ... fand in der Schönsteinstraße ... einen ehemaligen Kazetthäftling vor, der von einem Bombenentschärfkommando geflüchtet war ... Er hatte einen Kreis von Antifaschisten, Russen, Deserteuren und jungen Männern, welche nicht mehr zum Kriegsdienst eingezogen werden wollten, um sich geschart ...

Die Gruppe um den ›Bombenhans‹ ... mußte sich natürlich nun ernähren. Und der schmale Grad zwischen Überleben-Wollen und kriminell sein, war leider hier nicht klar abzugrenzen ..., denn sie waren ja illegal und bekamen keine Lebensmittelmarken. Der ›Bombenhans‹ hatte nun die Absicht, Blindgänger..., in einem Wagen ... zur Gestapo zu fahren ... und von der nächsten Ecke ... in die Luft (zu sprengen).«

Der hier interviewte Edelweißpirat wurde verhaftet und teilte mit 150 vorwiegend jugendlichen Häftlingen eine grausame Gefangenschaft. Im Februar 1945 war die Hälfte verhungert, hingerichtet, erschlagen oder erschossen worden. Nach der Entlassung gab es nur noch 23 Überlebende, von denen noch vier auf dem Weg nach Hause starben, vier kehrten nach Köln zurück, die anderen kamen ins Krankenhaus.

Wie ratlos die Nationalsozialisten dieser schwer einzuordnenden und im wahrsten Sinne des Wortes schwer faßbaren Protestbewegung gegenüberstanden, verrät nicht nur die hilflose Mischung von äußerster Brutalität gegen den politischen Gegner und anfänglicher Bagatellisierung als Jugendkriminalität, sondern auch der Versuch, in Entwürfen zur Bekämpfung jugendlicher Cliquen (1943, 1944) Beurteilungs- und Handlungskriterien zu finden. So heißt es in einem Dokument des Reichsführers der SS 1944:

»Es sind zu unterscheiden:

a) Cliquen mit kriminell-asozialer Einstellung...

b) Cliquen mit politisch-oppositioneller Einstellung, jedoch nicht immer mit fest umrissenem gegnerischem Programm. Sie zeigt sich in allgemein staatsfeindlicher Haltung, Ablehnung der Hitler-Jugend... Gleichgültigkeit gegenüber dem Kriegsgeschehen..., Überfällen auf Hitler-Jugend-Angehörige, Abhören ausländischer Sender und Verbreitung von Gerüchten, Pflege der verbotenen bündischen oder anderen Gruppen...

c) Cliquen mit liberalistisch-individualistischer Einstellung, Vorliebe für englische Ideale, Sprache, Haltung und Kleidung (englisch-lässig), Pflege von Jazz- und Hotmusik, Swingtanz... Anforderungen von Hitler-Jugend, Arbeits- und Wehrdienst widerstreben sie und nähern sich insofern der unter b) charakterisierten Grundhaltung...

1. Bei den Cliquenbildungen Jugendlicher handelt es sich um... Jugendgefährdung und Jugendkriminalität...
2. Überwachung und Bekämpfung der Cliquen sind kriegswichtig...«[55]

I.1.2.7.5 Literaturhinweise

Allgemeine Darstellungen

Heinz Boberach: Jugend unter Hitler, Droste Verlag, Düsseldorf 1982
Karl-Heinz Huber: Jugend unterm Hakenkreuz, Ullstein Verlag, Berlin 1982

Karl-Heinz Jahnke: Entscheidungen – Jugend im Widerstand 1933–1945, Bibliothek des Widerstandes, Röderberg Verlag, Frankfurt am Main 1970
Arno Klönne: Gegen den Strom – Ein Bericht über die Jugend-Opposition im Dritten Reich, Der Vorkämpfer-Verlag, Büderich 1957
Arno Klönne: »Jugend im Dritten Reich« Die Hitler-Jugend und ihre Gegner, Diederichs 1982
Marcel Reich-Ranicki (Hrsg.): Meine Schulzeit im Dritten Reich – Erinnerungen deutscher Schriftsteller, Kiepenheuer und Witsch, Köln 1982

Edelweißpiraten
Alexander Goeb: Er war sechzehn, als man ihn hängte – Das kurze Leben des Widerstandskämpfers Bartholomäus Schink, Rowohlt Taschenbuch 4768, Hamburg 1981
Matthias von Hellfeld: Edelweißpiraten in Köln – Jugendrebellion gegen das 3. Reich – Das Beispiel Köln-Ehrenfeld, Pahl-Rugenstein, Köln 1981
Detlev Peukert: Die Edelweißpiraten – Protestbewegungen jugendlicher Arbeiter im Dritten Reich – Eine Dokumentation, Bund Verlag, Köln 1980
Bartholomäus Schink und die »Edelweißpiraten«, in: Es gab nicht nur den 20. Juli 1944 – Dokumente einer Sendereihe, Jugenddienst-Verlag, Wuppertal 1980

Parteipolitische Gruppen
Wolfgang Uellenberg: Die Auseinandersetzungen sozialdemokratischer Jugendorganisationen mit dem Nationalsozialismus, Schriftenreihe des Archivs der Arbeiterjugendbewegung 4/81
Robert Werner: Der Jungdeutsche Orden im Widerstand 1933–1945, Beiträge zur Geschichte des Jungdeutschen Ordens, Band 6, München 1980

I.1.2.8 Die Gruppe Herbert Baum

Auf dem Friedhof in Berlin-Weißensee steht ein schmuckloser schwarzer Stein, der an die in den Jahren 1942/43 hingerichteten Angehörigen der Gruppe Herbert Baum erinnern soll. Neben den 27 Namen steht jeweils das Alter. Acht weibliche und sechs männliche Mitglieder dieser jüdisch-kommunistischen Widerstandsgruppe waren an ihrem Todestag erst 22 Jahre alt oder jünger.

Die Mitglieder der Gruppe Baum stammen aus kleinbürgerlichen und proletarischen Verhältnissen. Außerhalb des Elternhauses organisieren sie sich fast alle zunächst in zionistischen Gruppen (z. B. Schwarzer Haufen, Haschomer

Hazair, Habonim). Diese ersten prägenden Erlebnisse werden entweder gleichzeitig oder unmittelbar folgend (die Mitglieder sind zum Zeitpunkt ihres Prozesses 1943 erst zwischen 20 und 30 Jahren alt) zumindest bei einigen Mitgliedern durch die Zugehörigkeit zum Kommunistischen Jugendverband Deutschlands (KJVD) überlagert. Berücksichtigt man, daß die Doppelmitgliedschaft von KJVD und zionistischer Jugendgruppe sich vereinbaren ließ, so zeigt sich deutlich, daß sich in der Weltanschauung dieser jungen Menschen Zionismus und Kommunismus zumindest unter dem Druck des NS-Regimes nicht ausschlossen, vielleicht sogar ergänzten und bestätigten.

In West-Berlin scheint der Widerstand dieser fast ganz aus jugendlichen Anhängern bestehenden Gruppe vergessen. Wippermann bemerkt über diesen schwer verständlichen Erinnerungsverlust:

»Keine Straße ist nach Herbert Baum und den anderen Mitgliedern seiner Gruppe benannt, keine Schule trägt seinen Namen, kein Gedenkstein mahnt uns daran, daß das Schicksal dieser Widerstandsgruppe eng mit dem Holocaust der Berliner Juden verbunden ist... Anders und scheinbar besser ist es im Ostteil unserer Stadt und in der DDR. Hier sind Straßen und Plätze nach Herbert Baum und seinen Kampfgefährten benannt. Tragen Jugendkollektive, Baukombinate, Technische Hochschulen, Trawler der Fischereiflotte und sogar ›Einheiten ... der Nationalen Volksarmee und der Deutschen Volkspolizei‹ ... (seinen) Namen.«[56]

Die DDR beansprucht die Gruppe Baum für den kommunistischen Widerstand und zur Legitimation ihrer staatspolitischen Zielvorstellungen; diese Tatsache mag beitragen zur krassen Gegensätzlichkeit der Rezeption in den beiden deutschen Staaten. Damit ist aber die Vernachlässigung der Geschichte des jüdischen Widerstandes, und die Gruppe Baum kann wegen ihrer Herkunft auch dem jüdischen Widerstand zugerechnet werden, durch die westdeutsche Geschichtsschreibung nicht erklärt.

»Dieses Versäumnis ist m. E. aus politischen, moralischen und didaktischen Gründen zu beklagen, denn der weitverbreitete, aber dennoch falsche Eindruck, die Juden hätten sich wie Lämmer willen- und widerstandslos zur Schlachtbank führen lassen, erschwert die Identifikation der Schüler mit den Juden...«[57]

Außer knappen Hinweisen in Darstellungen des gesamten deutschen Widerstandes gibt es bis auf Wolfgang Wippermanns Aufsatz (1982) und das Buch der DDR-Historikerin Margot Pikarski (1978) keine ausführlichere historisch-politische Untersuchung über die jüdisch-kommunistische Widerstandsgruppe

Baum. Auf die unterschiedliche Rezeption dieser Widerstandstätigkeit in den beiden deutschen Staaten – »Vergessen im Westen«, »Verfälschung im Osten« (Wippermann) – kann nur kurz eingegangen werden. Zwei Positionen stehen sich gegenüber:

- o Die Gruppe Baum gehört in den Bereich des kommunistischen Widerstandes. Die These von einer besonderen, spezifisch-jüdischen Widerstandsbewegung in Deutschland ist eine Legende.[58]
- o Es gibt eine spezifisch jüdische Widerstandsbewegung in Deutschland. Diese These wird vor allem von jüdischen Historikern unterstützt (z. B. Marks (Jüdisch-Historisches Institut Warschau), Lucien Steinberg (Leiter der Pariser Dokumentationsstelle zur Geschichte des modernen Judentums).

Diese Thesen berücksichtigen allerdings mit ihren formalen Aussagen zu wenig den politischen Lebenslauf und die unterschiedlichen Motivationen in den einzelnen Lebensphasen.

Am 9. April 1942 berichtete der »Völkischer Beobachter« die Vorbereitung einer antisowjetischen Ausstellung in Berlin, am 8. Mai wurde sie der Öffentlichkeit übergeben. Der Vorschlag Baums, die Ausstellung in Brand zu setzen, entzündete heftige Diskussionen.

Bevor der Anschlag auf die nationalsozialistische Propaganda-Ausstellung »Das Sowjetparadies« am 18. Mai 1942 zum Höhepunkt und Ende der Gruppe Baum führte, hatte Herbert Baum als Funktionär des KJVD bereits eine kontinuierliche illegale Arbeit seit 1933 gegen das NS-Regime geleistet. In der Widerstandstätigkeit der Gruppe Baum lassen sich folgende Phasen unterscheiden:

- o Wechsel in die Illegalität am Beginn des Jahres 1933,
- o illegale Aktivitäten bis zum Anfang des 2. Weltkrieges (Flugblatt- und Malaktionen zu aktuellen Anlässen, Fluchthilfe u. a.),
- o Unsicherheit und Nachlassen der illegalen Arbeit in der Periode des Nichtangriffsvertrages zwischen Deutschland und der UdSSR vom 23. August 1939 bis zum 22. Juni 1941 (Bruch des Zehnjahresvertrages durch deutschen Überfall auf die SU),
- o illegale Tätigkeit in den jüdischen Zwangsarbeiterabteilungen von Siemens durch Sabotageversuche, Flugblätter und Flugschriften, Fluchthilfe für Juden zur Verhinderung der Deportation,
- o Brandanschlag auf die antisowjetische Ausstellung »Das Sowjetparadies« in Berlin am 18. Mai 1942,
- o Verhaftung und Hinrichtung der Mitglieder der Gruppe (Mai 1942 bis Juni 1943).

Wippermann erläutert den Höhepunkt der illegalen Tätigkeit, den Brandanschlag auf die nationalsozialistische Propagandaausstellung folgendermaßen:

»Daß sich im Jahre 1942 nicht nur Kommunisten, sondern auch Sozialisten und Zionisten in dieser Weise für die Sowjetunion engagierten, ist weder ungewöhnlich noch unverständlich. Schließlich wußten nicht nur kommunistische, sondern auch sozialistische und zionistische Antifaschisten, daß durch eine Niederlage der Sowjetunion die Befreiung Deutschlands und die Rettung der noch lebenden Juden im deutschen Herrschaftsbereich in weite Ferne rücken würden.«[59]

Ungeklärt bleibt auch heute noch, inwiefern der Gestapo die Ergreifung eines Teils der Urheber des Anschlages in wenigen Tagen gelang. Indizien sprechen für Verrat durch einen Spitzel oder »agent provocateur«. Verdächtigt wurde ein Gruppenmitglied, Joachim Franke, dessen Name auch auf dem Gedenkstein auf dem jüdischen Friedhof in Weißensee fehlt. In der Darstellung der DDR-Historikerin Pikarski wird dieser Name überhaupt nicht erwähnt, obwohl Franke zusammen mit den anderen Mitgliedern der Gruppe hingerichtet wurde.[60]

I.1.2.8.1 Literaturhinweise

Margot Pikarski: Jugend im Berliner Widerstand, Herbert Baum und Kampfgefährten, Militärverlag der DDR, Berlin 1978

Wolfgang Wippermann: Die Berliner Gruppe Baum und der jüdische Widerstand, Beiträge zum Thema Widerstand, Heft 19, Informationszentrum Berlin, Gedenk- und Bildungsstätte Stauffenbergstraße, Berlin 1981

I.1.2.9 Die Weiße Rose

Der Helmuth-Hübener- und Walter-Klingenbeck-Gruppe vergleichbare Widerstandsgruppen entstanden auch im universitären Bereich. Am bekanntesten sind die Geschwister Scholl mit ihrer Gruppe die »Weiße Rose« geworden.

Zu den zahlreichen Mitgliedern der Widerstandsorganisation gehörten unter anderem:

- Kurt Huber (1893–1943), Professor für Philosphie und Psychologie;
- Hans Scholl (1918–1943), Medizinstudent;
- Sophie Scholl (1921–1943), Biologiestudentin;
- Christoph Probst (1919–1943), Medizinstudent;

- o Alexander Schmorell (1917–1943), Medizinstudent;
- o Willi Graf (1918–1943), Medizinstudent.

Die Widerstandsorganisation führte seit dem Herbst 1942 mehrere Flugblattaktionen an der Universität in München und am Beginn des Jahres 1943 auch in Stuttgart, Augsburg, Frankfurt am Main, Linz und Wien durch. In den Flugblättern forderte sie zum Widerstand gegen das nationalsozialistische Regime und seine Führung auf:

»Nichts ist eines Kulturvolkes unwürdiger, als sich ohne Widerstand von einer verantwortungslosen und dunklen Trieben ergebenen Herrscherclique ›regieren‹ zu lassen. Ist es nicht so, daß sich jeder ehrliche Deutsche heute seiner Regierung schämt, und wer von uns ahnt das Ausmaß der Schmach, die über uns und unsere Kinder kommen wird, wenn einst der Schleier von unseren Augen gefallen ist und die grauenvollsten ... Verbrechen ans Tageslicht treten?«[61]

Aus der Position christlicher und humaner Wertvorstellungen wird das deutsche Volk zum Widerstand verpflichtet:

»Leistet passiven Widerstand – Widerstand –, wo immer Ihr auch seid, verhindert das Weiterlaufen dieser atheistischen Kriegsmaschine, ehe es zu spät ist, ehe die letzten Städte ein Trümmerhaufen sind, gleich Köln, und ehe die letzte Jugend ... verblutet ist. Vergeßt nicht, daß ein jedes Volk diejenige Regierung verdient, die es erträgt!«[62]

Die philosophische und literarische Bildung, die die Mitglieder, der Weißen Rose auf Gymnasium und Universität erfuhren, wird in dem Stil und den Argumentationsfiguren der Flugblätter deutlich:

»Aus Friedrich Schiller, ›Die Gesetzgebung des Lykurgus und Solon‹: ›... Gegen seinen Zweck gehalten, ist die Gesetzgebung des Lykurgus ein Meisterstück der Staats- und Menschenkunde. Er wollte einen mächtigen ..., unzerstörbaren Staat ... Aber hält man den Zweck, welchen Lykurgus sich vorsetzte, gegen den Zweck der Menschheit, so muß eine tiefe Mißbilligung an die Stelle der Bewunderung treten ... Alles darf dem Besten des Staats zum Opfer gebracht werden, nur dasjenige nicht, dem der Staat selbst als Mittel dient‹.«[63]

Aber neben staatsphilosophischen und literarischen Bemerkungen stehen konkrete Beispiele nationalsozialistischer Verbrechen, um dem Leser vor Augen zu führen, welcher Regierung er dient:

»... nur als Beispiel wollen wir die Tatsache kurz anführen ..., daß seit der

Eroberung Polens dreihunderttausend Juden in diesem Land auf bestialischste Weise ermordet worden sind... Vielleicht sagt jemand, die Juden hätten ein solches Schicksal verdient; die Behauptung wäre eine ungeheure Anmaßung; aber ... wie stellt er sich dann zu der Tatsache, daß die gesamte polnische adelige Jugend vernichtet worden ist... Alle männlichen Sprößlinge aus adeligen Geschlechtern zwischen 15 und 20 Jahren wurden in Konzentrationslager nach Deutschland zur Zwangsarbeit, alle Mädchen gleichen Alters nach Norwegen in die Bordelle der SS verschleppt!«[64]

Immer erneut wird das Problem der Mitschuld des deutschen Volkes an den nationalsozialistischen Untaten aufgenommen. Die einzige Möglichkeit, diese Schuld zumindest nicht noch zu vergrößern, sehen die Mitglieder der Weißen Rose im unbedingten Widerstand:

»...er leidet diese ›Regierung‹, die eine so unendliche Schuld auf sich geladen hat, ja, er ist doch selbst schuld daran, daß sie überhaupt entstehen konnte! Ein jeder will sich von einer solchen Mitschuld freisprechen, ein jeder tut es... Aber er kann sich nicht freisprechen, ein jeder ist schuldig, schuldig, schuldig! Doch es ist noch nicht zu spät, diese abscheulichste aller Mißgeburten von Regierungen aus der Welt zu schaffen, um nicht noch mehr Schuld auf sich zu laden ... jetzt ist es allerhöchste Zeit, diese braune Horde auszurotten ... muß (es) die einzige und höchste Pflicht ... eines jeden Deutschen sein, diese Bestien zu vertilgen.«[65]

Inge Scholl stellt in ihrem Buch die Frage nach den Menschen, die als kleine Gruppe mit Flugblättern gegen ein in Waffen starrendes System ankämpften, und welche Absicht im Widerstand dieser Menschen lag:

»Es bestand ... kein Zweifel darüber, daß jenes Regime ... nicht ohne die Mittel der Macht zu stürzen war. Da sie diese nicht hatten, suchten sie einen anderen Weg: den der Aufklärung und des passiven Widerstandes. Ob und wie konkret sie sich von seiner Entwicklung einen Umschlag in aktiven Widerstand erwarteten oder erhofften, muß dahingestellt bleiben...

Immerhin gab es auch unter den Mitwirkenden eine Gruppe, die daranging, sich ein Waffendepot anzulegen.

Der Kreis der Weißen Rose in München zielte darauf, ein zunehmend öffentliches Bewußtsein des wahren Charakters des Nationalsozialismus und der realen Situation zu schaffen, in die er Deutschland und Europa manövriert hatte... Unter den gegebenen Umständen hätte dafür eine straffe Organisation keinen Erfolg gehabt...

Der passive Widerstand hätte für einen unpolitischen Deutschen ... mit folgenden Programmpunkten umschrieben werden können: Distanzierung von allem, was Nationalsozialismus hieß, Entzug der ... Unterstützung der NS-Partei, Hilfe für die Unterdrückten, Unterstützung der Juden ..., Solidarisierung mit Fremdarbeitern und Kriegsgefangenen, Einübung in wirksame Verweigerung und Unterlassungen, ... sich als Glied ... des europäischen Widerstandes zu wissen ...«[66]

Nach einem Flugblattabwurf im Lichthof der Münchner Universität am 18. 2. 1943 wurden die ersten Mitglieder der Gruppe verhaftet; bald erfolgten weitere Inhaftierungen. Aufgrund einer Verhandlung vor dem Volksgerichtshof unter Freisler wurden die Geschwister Scholl und Probst am 22. 2. und Prof. Huber und Schmorell am 13. 7. 1943 hingerichtet. Wie Inge Scholl berichtet, sollen in der Folge etwa 80 Personen in München und anderen süd- und westdeutschen Städten verhaftet worden sein, darunter auch ahnungslose Angehörige.

Am 13. Juli 1943 folgte ein dritter Prozeß im Zusammenhang mit der Aktion der Münchner Studenten. Der Buchhändler Josef Söhngen, Harald Dohrn, der Schwiegervater von Christoph Probst, der Kunstmaler Wilhelm Geyer und der Architekt Manfred Eickemeyer erhielten zwischen drei und sechs Monaten Gefängnis. Harald Dohrn und sein Schwager Hans Quecke starben bei einer Widerstandsaktion unter den Kugeln der SS als letzte Todesopfer des Münchner Kreises.

In der zweiten Hälfte des Jahres 1943 entdeckte die Gestapo einen Widerstandskreis, der später als »Hamburger Zweig der Weißen Rose« bekannt wurde. Von den etwa 50 Mitgliedern, Studenten und Intellektuelle, fanden im Gefängnis oder im KZ den Tod:

- Hans Konrad Leipelt (1920–1945), Student
- Greta Rothe (1919–1945), cand. med.
- Reinhold Meyer (1920–1944), Student der Philosophie
- Frederick Geussenhainer (1912–1945), cand. med.
- Kaethe Leipelt, Mutter von Konrad Leipelt (1893–1944), Dr. rer. nat.
- Elisabeth Lange (1900–1944)
- Curt Ledien (1893–1945), Dr. jur.
- Margarethe Mrosek (1915–1945).[67]

In dem 1969 erschienenen Buch von Ursel Hochmuth und Gertrud Meyer mit dem Titel »Streiflichter aus dem Hamburger Widerstand 1933–1945« erfährt die Hamburger Gruppe der Weißen Rose eine ausführliche Darstellung.

Thomas Mann würdigte den Mut und die sittliche Größe dieser jungen

Menschen bereits im Mai 1943 in einer seiner periodischen Rundfunksendungen »Deutsche Hörer!« vom BBC, London:

»Jetzt ist die Welt zutiefst bewegt von den Vorgängen an der Münchner Universität... Wir wissen nun von Hans Scholl... und seiner Schwester; von... Probst, dem Professor Huber und all den anderen ... von ihrem Märtyrertod unterm Beil, von der Flugschrift, die sie verteilt hatten, und worin Worte stehen, die vieles gutmachen, was in gewissen unseligen Jahren an deutschen Universitäten gegen den Geist deutscher Freiheit gesündigt worden ist... Bravo, herrliche Leute! Ihr sollt nicht umsonst gestorben, sollt nicht vergessen sein. Die Nazis haben schmutzigen Rowdies, gemeinen Killern in Deutschland Denkmäler gesetzt – die deutsche Revolution... wird sie niederreißen und an ihrer Stelle eure Namen verewigen...«[68]

I.1.2.9.1 Literaturhinweise

Die Weiße Rose

Richard Hanser: Deutschland zuliebe – Leben und Sterben der Geschwister Scholl – Die Geschichte der Weißen Rose, Kindler Verlag, München 1980

Karl-Heinz Jahnke: Weiße Rose contra Hakenkreuz – Der Widerstand der Geschwister Scholl und ihrer Freunde; Röderberg Verlag, Frankfurt am Main 1969

Gertrud Meyer: Streiflichter aus dem Hamburger Widerstand 1933–1945, Röderberg Verlag, Frankfurt am Main 1969

Christian Petry: Studenten aufs Schafott, Die Weiße Rose und ihr Scheitern, Piper Verlag, München 1968

Inge Scholl: Die Weiße Rose, Fischer Taschenbuch, Bd. 88, Frankfurt am Main 1982

Inge Scholl: Die Weiße Rose, Fischer Verlag, Frankfurt am Main 1982 (erweiterte Neuausgabe)

Klaus Vielhaber: Gewalt und Gewissen – Willi Graf und die »Weiße Rose«, Eine Dokumentation mit 8 Abbildungen, Herder Taschenbücherei, Bd. 174, Freiburg 1964

Hermann Vinke: Das kurze Leben der Sophie Scholl, Otto Maier Verlag, Ravensburg 1980

I.1.3 Regionale Berichte über den deutschen Widerstand von 1933–1945

Gebiet/Ort	Literaturhinweise
Baden/Karlsruhe	Jörg Schadt (Hrsg.) Verfolgung und Widerstand unter dem Nationalsozialismus in Baden – Die Lageberichte der Gestapo und des Generalstaatsanwalts Karlsruhe 1933–1945
Bayern	Martin Broszat u. a. (Hrsg.) Bayern in der NS-Zeit Berichte, Bd. I–VI München 1977 ff.
Berlin	Emil Ackermann u. a. Erlebte Geschichte – Arbeiterbewegung und antifaschistischer Widerstand in Tempelhof Berlin o. J. (1982?) Jörg Bremer Die Sozialistische Arbeiterpartei Deutschlands (SAP) – Untergrund und Exil 1933–1945 Frankfurt am Main 1978 Hans-Norbert Burkert u. a. »Machtergreifung« Berlin 1933 Berlin 1982 Peter Grasmann Sozialdemokraten gegen Hitler 1933–1945 München 1976 Jochen Köhler Klettern in der Großstadt – Volkstümliche Geschichten vom Überleben in Berlin 1933–1945 Berlin 1979 Luise Kraushaar Berliner Kommunisten im Kampf gegen den Faschismus 1936–1942 – Robert Uhrig und Genossen Berlin 1981 Rudolf Küstermeier Der Rote Stoßtrupp Berlin 1980 (3. Aufl.)

Gebiet/Ort	Literaturhinweise
	Jan Petersen Unsere Straße München 1978 Margot Pikarski Jugend im Berliner Widerstand – Herbert Baum und Kampfgefährten Berlin 1978 Hannes Schwenger (Hrsg.) Berlin im Widerstand Berlin 1965 Zehlendorf – Ein Bezirk macht Geschichte – Naziterror und Widerstand vor Ort – Bezirksrundfahrt der evangelischen Jugend Zehlendorf Berlin 1981
Breitenau	Gesamthochschule Kassel (Hrsg.) Projektgruppe Breitenau: Usch Denker u. a. Erinnern an Breitenau 1933–1945 – Eine Ausstellung historischer Dokumente – Ausstellungskatalog zur ständigen Ausstellung im Kloster Breitenau in Guxhagen (Schwalm-Eder-Kreis) Kassel 1982
Dortmund	Kurt Klotzbach Gegen den Nationalsozialismus – Widerstand und Verfolgung in Dortmund 1930–1945 Hannover 1969 Stadtarchiv Dortmund Widerstand und Verfolgung in Dortmund 1933–1945 – Ständige Ausstellung und Dokumentation Dortmund 1981 (2., verbesserte Aufl.)
Düsseldorf	Karl Schabrod Widerstand gegen Flick und Florian – Düsseldorfer Antifaschisten über ihren Widerstand 1933–1945 Frankfurt am Main 1978
Duisburg	Kuno Bludau Gestapo geheim! Widerstand und Verfolgung in Duisburg 1933–1945 Bonn-Bad Godesberg 1973

Gebiet/Ort	Literaturhinweise
Essen	Ernst Schmidt Lichter in der Finsternis – Widerstand und Verfolgung in Essen 1933–1945 Frankfurt am Main 1979 Hans-Josef Steinberg Widerstand und Verfolgung in Essen 1933–1945 Bonn-Bad Godesberg 1974
Frankfurt am Main	Barbara Mausbach-Bromberger Arbeiterwiderstand in Frankfurt am Main Frankfurt am Main 1976
Hamburg	Hans-Robert Buch Der kommunistische Widerstand gegen den Nationalsozialismus in Hamburg 1933–1945 München 1969 Ursel Hochmuth u. a. Streiflichter aus dem Hamburger Widerstand 1933 bis 1945 Frankfurt am Main 1959 Gertrud Meyer Nacht über Hamburg Frankfurt am Main 1971 Ursula Puls Die Bastlein-Jacob-Abshagen-Gruppe – Bericht über den antifaschistischen Widerstandskampf in Hamburg und an der Wasserkante während des Zweiten Weltkrieges Berlin (Ost) 1959
Hannover	Gerda Zorn Widerstand in Hannover Frankfurt am Main 1977
Hann. Münden	Wilhelm Schumann Ihr seid den dunklen Weg für uns gegangen ... Skizzen aus dem Widerstand in Hann. Münden Frankfurt am Main 1973
Hessen	DGB-Bildungswerk Hessen u. a. (Hrsg.) Hessische Gewerkschafter im Widerstand Gießen 1983

Gebiet/Ort	Literaturhinweise
Hildesheim	Hans Teich Hildesheim und seine Antifaschisten Selbstverlag Hildesheim 1979
Kaltenkirchen	Gerhard Hoch Zwölf wiedergefundene Jahre – Kaltenkirchen unter dem Hakenkreuz Bad Bramstedt o. J. (1981?)
Kassel/Nordhessen	Christine Fischer-Defoy Arbeiterwiderstand in der Provinz – Arbeiterbewegung und Faschismus in Kassel und Nordhessen 1933–1945 Berlin (West) 1982
Köln	Reinhold Billstein (Hrsg.) Das andere Köln Köln 1979
Krefeld	Aurel Billstein Der eine fällt, die andern rücken nach – Dokumente des Widerstandes und der Verfolgung in Krefeld 1933–1945 Frankfurt am Main 1973
Mannheim	Fritz Salm Im Schatten des Henkers – Vom Arbeiterwiderstand in Mannheim Frankfurt am Main 1973
Marburg	Ulrich Schneider Marburg 1933–1945 – Arbeiterbewegung und Bekennende Kirche gegen den Faschismus Frankfurt am Main 1980
Mössingen	Hans-Joachim Althaus u. a. Da ist nirgends nichts gewesen außer hier – Das »rote Mössingen« im Generalstreik gegen Hitler – Geschichte eines schwäbischen Arbeiterdorfes Berlin 1982
München	Heike Bretschneider Der Widerstand gegen den Nationalsozialismus in München 1933–1945 München 1968

Gebiet/Ort	Literaturhinweise
Nürnberg	Helmut Beer Widerstand gegen den Nationalsozialismus in Nürnberg 1933–1945 Stadtarchiv Nürnberg 1976
Ostfriesland	Onno Poppinga u. a. Ostfriesland - Biographien aus dem Widerstand Frankfurt am Main 1977
Rhein- und Ruhrgebiet	Detlev Peukert Die KPD im Widerstand – Verfolgung und Untergrundarbeit an Rhein und Ruhr 1933 bis 1945 Wuppertal 1980 Detlev Peukert Ruhrarbeiter gegen den Faschismus Frankfurt am Main 1976
Saargebiet	Patrik von zur Mühlen »Schlagt Hitler an der Saar!« Abstimmungskampf, Emigration und Widerstand im Saargebiet 1933–1945 Bonn o. J. (1979?)
Solingen	Inge Sboshy/Karl Schabrod Widerstand in Solingen Frankfurt am Main 1975
Stuttgart	Willi Bohn Stuttgart: Geheim! Frankfurt am Main 1978
Sudetenland	Leopold Grünwald Im Kampf für Frieden und Freiheit – Sudetendeutscher Widerstand gegen Hitler, Bd. 2 München 1979
Wiener Neustadt	Karl Flanner Widerstand im Gebiet Wiener Neustadt 1938–1945 Wien 1973
Wiesbaden	Lothar Bembenek/Fritz Schumacher Nicht alle sind tot, die begraben sind – Widerstand und Verfolgung in Wiesbaden 1933–1945 Frankfurt am Main 1980

I.1.4 Kurzbibliographie zum deutschen Widerstand gegen den Nationalsozialismus (1933–1945)

Stichwort	Literaturhinweise
Ausstelllungen	*Berlin* Gedenk- und Bildungsstätte Stauffenbergstraße 11–13, Berlin 30 *Dortmund* Widerstand und Verfolgung in Dortmund 1933–1945 – Ständige Ausstellung und Dokumentation im Auftrage der Stadt Dortmund, erstellt vom Stadtarchiv (eröffnet: 30. 1. 1981)
Autobiographien	*Georg Elser:* Der Attentäter aus dem Volke, Fischer Taschenbuch 3485, Frankfurt am Main 1980 *R. Christian Frhr. v. Gersdorff:* Soldat im Untergang, Ullstein Taschenbuch 34008, Frankfurt am Main 1979 *Leopold Trepper:* Die Wahrheit – Autobiographie – Ich war der Chef der Roten Kapelle, Kindler Verlag, München 1975 *M. C. Wiessing (Hrsg.):* Gertrud Meyer – Die Frau mit den grünen Haaren – Munitionsfabrik, Arbeiter- und Soldatenrat, Kommunistische Partei, Verhaftung unter Stalin, Antifaschistischer Widerstand, VSA-Verlag, Hamburg 1979(?)
Bibliographien	*Ursel Hochmuth:* Faschismus und Widerstand 1933–1945 Ein Literaturverzeichnis; Röderberg Verlag, Frankfurt am Main 1973 H.-J. Markmann: Der deutsche Widerstand gegen den Nationalsozialismus. Literatur zur fachwissenschaftlichen und fachdidaktischen Rezeption; Pädagogisches Zentrum Berlin 1981
Bildbände	*Peter Altmann u. a.:* Der deutsche antifaschistische Widerstand 1933–1945 in Bildern und Dokumenten; Röderberg Verlag, Frankfurt am Main 1978 (2., verbesserte Auflage) *Georg Holmsten:* Deutschland im Juli 1944 – Soldaten, Zivilisten, Widerstandskämpfer, Droste Verlag, Düsseldorf 1982 *Georg Holmsten:* Kriegsalltag 1933–1945 in Deutschland, Droste Verlag, Düsseldorf 1982
Biographien	*Forschungsgemeinschaft 20. Juli:* Das Gewissen steht auf, v. Hase & Koehler Verlag Mainz 1984 *Christian Müller:* Oberst i. G. Stauffenberg – Eine Biographie, Droste Verlag Düsseldorf 1971 (2. Auflage) *Onno Poppinga:* Ostfriesland – Biographien aus dem Widerstand, Syndikat, Frankfurt am Main 1977

Stichwort	Literaturhinweise
Darstellungen	*Richard Löwenthal u. a.* (Hrsg.): Widerstand und Verweigerung in Deutschland 1933 bis 1945, Dietz-Verlag, Berlin 1982 *Hans Rothfels:* Deutsche Opposition gegen Hitler; Fischer Taschenbuch 1989, Frankfurt am Main 1977
Didaktik	*Erich Kosthorst:* Didaktische Probleme der Widerstandsforschung, in: Geschichte in Wissenschaft und Unterricht, Heft 9/1979 Der Nationalsozialismus als didaktisches Problem – Beiträge zur Behandlung des NS-Systems und des deutschen Widerstands im Unterricht, Bundeszentrale für politische Bildung, Bonn 1980
Forschungsprobleme	*Peter Hüttenberger:* Vorüberlegungen zum »Widerstandsbegriff«, in: Geschichte und Gesellschaft – Zeitschrift für Historische Sozialwissenschaft, Sonderheft 3, Vandenhoeck & Ruprecht, Göttingen 1977, S. 117–139 *Christoph Kleßmann u. a. (Hrsg.):* Gegner des Nationalsozialismus – Wissenschaftler und Widerstandskämpfer auf der Suche nach historischer Wirklichkeit: Campus Verlag, Frankfurt am Main 1980
Frauen	*Gerda Szepansky:* Frauen leisten Widerstand: 1933–1945, Fischer Taschenbuch 3741, Frankfurt am Main 1983
Gedenkstätten	*Anna Dora Miethe:* Institut für Denkmalspflege in der DDR (Hrsg.): Gedenkstätten, Arbeiterbewegung, Antifaschistischer Widerstand, Aufbau des Sozialismus, Urania Verlag, Leipzig–Jena–Berlin 1974 (2. Auflage) Gedenkstätten für Opfer des Nationalsozialismus auf dem Gebiet der Bundesrepublik Deutschland, Bundeszentrale für politische Bildung, Bonn 1981 (2., überarbeitete Auflage)
Kunst	*Alfred Hrdlicka:* Folge II: Politische Radierungen – Zyklus »Wie ein Totentanz«, Ullstein Verlag, Berlin 1975 *A. Paul Weber:* Kunst im Widerstand – Politische Zeichnungen seit 1929, Elefanten Press Verlag, Berlin (West) 1979 Widerstand statt Anpassung – Deutsche Kunst im Widerstand 1933–1945, Elefanten Press Verlag, Berlin (West) 1980
Medien	*AV Katalog*/Institut für Film und Bild in Wissenschaft und Unterricht: Nationalsozialismus und Drittes Reich, München 1979

Stichwort	Literaturhinweise
Quellen	*Martin Broszat u. a. (Hrsg.):* Bayern in der NS-Zeit I bis VI, Oldenbourg Verlag, München 1977ff. *Kurt Zentner:* Illustrierte Geschichte des Widerstandes in Deutschland und Europa 1933–1945, Südwest Verlag, München 1966
Rezeption	*Torsten-Dietrich Schramm:* Der deutsche Widerstand gegen den Nationalsozialismus – Seine Bedeutung für die Bundesrepublik Deutschland in der Wirkung auf Institutionen und Schulbücher, Hofgarten Verlag, Berlin 1980 *Otto-Ernst Schüddekopf:* Der deutsche Widerstand gegen den Nationalsozialismus – Seine Darstellung in Lehrplänen und Schulbüchern der Fächer Geschichte und Politik in der Bundesrepublik Deutschland, Diesterweg Verlag, Berlin 1977
Romane	*Bruno Apitz:* Nackt unter Wölfen (Roman, 1958), zahlreiche Auflagen in der Bundesrepublik Deutschland und DDR *Alfred Neumann:* Es waren ihrer sechs (Roman, 1943/44) *Anna Seghers:* Das siebte Kreuz (Roman, 1942), zahlreiche Auflagen in der Bundesrepublik Deutschland und DDR
Unterrichts-modelle	*Wolf-Rüdiger Größl u. a.:* Stundenblätter Das Dritte Reich – Beispiel eines faschistischen Staates – Sekundarstufe II, Klett Verlag, Stuttgart 1982 (2. Auflage) *Hans-Jochen Markmann:* Widerstand und Verfolgung von Jugendlichen und Kindern in der Zeit des Nationalsozialismus (1933 bis 1945) im Unterricht, Pädagogisches Zentrum, Berlin 1979 *Hartmut Müller:* Stundenblätter – Der Nationalsozialismus: Die große Täuschung – Sekundarstufe I, Klett Verlag, Stuttgart 1983 *Günther van Norden:* Das Dritte Reich im Unterricht; Hirschgraben Verlag, Frankfurt am Main 1981 (4., veränderte Auflage)

Anmerkungen:

[1] Aus dem Schlußwort Kurt Hubers im Prozeß gegen »Die weiße Rose«, In: I. Scholl: Die weiße Rose, Hamburg 1955, S. 114

[2] Forschungsgemeinschaft 20. Juli, Jahresbericht 1980/81, S. 10

[3] L. Rosenberg: Widerstand aus der Sicht der Emigration, Beiträge zum Thema Widerstand 2, Informationszentrum Berlin 1980, 2. Auflage, S. 12

[4] siehe Richard Löwenthal: Widerstand und Verweigerung in Deutschland 1933–1945, Berlin 1982, S. 13f.

[5] Löwenthal, a.a.O., S. 20

[6] Löwenthal, a.a.O., S. 23

[7] Zitiert nach: G. Beier: Die illegale Reichsleitung der Gewerkschaften; in: Löwenthal, Widerstand und Verweigerung in Deutschland 1933–1945, Berlin 1982, S. 50

[8] Löwenthal, a.a.O., S. 28

[9] Löwenthal, a.a.O., S. 33f.

[10] Löwenthal, a.a.O., S. 47f.

[11] Löwenthal, a.a.O., S. 49

[12] Löwenthal, a.a.O., S. 77

[13] Löwenthal, a.a.O., S. 64

[14] Berta Carola Karg 1935 vor dem Volksgerichtshof. In: Löwenthal, a.a.O., S. 108

[15] Braunbuch über Reichstagsbrand und Hitlerterror. Faksimilenachdruck der Originalausgabe von Basel 1933. Frankfurt am Main 1978

[16] Löwenthal, a.a.O., S. 101

[17] P. Sötje: Welche Einheitsfront? – Die falschen Lehren aus Weimar; in: Berliner Stimme Nr. 3, 5. Februar 1983

[18] Das Gewissen steht auf, 64 Lebensbilder aus dem deutschen Widerstand 1933 bis 1945, gesammelt von Annedore Leber; Berlin 1956. Neuauflage 1984 v. Hase & Koehler Mainz, ca. 500 S.

[19] Löwenthal, a.a.O., S. 113f.

[20] Zitiert nach Werner Koch: Der Kampf der Bekennenden Kirche im Dritten Reich; Berlin 1979, S. 3

[21] Koch, a.a.O., S. 5

[22] Koch, a.a.O., S. 6

[23] Koch, a.a.O., S. 11

[24] Zitiert nach Koch, a.a.O., S. 20

[25] Zitiert nach Koch, a.a.O., S. 20

[26] Eugen Gerstenmaier: Streit und Friede hat seine Zeit – Ein Lebensbericht; Berlin 1981, S. 429

[27] Gerstenmaier, a.a.O., S. 46f.

[28] Löwenthal: Widerstand und Verweigerung 1933–1945; Bonn 1982, S. 160

[29] Karl Dietrich Bracher; in: Löwenthal, a.a.O., S. 146

[30] Bracher; in: Löwenthal, a.a.O., S. 147

[31] Bracher; in: Löwenthal, a.a.O., S. 147f.
[32] Bracher; in: Löwenthal, a.a.O., S. 148ff.
[33] Bracher; in Löwenthal, a.a.O., S. 151f
[34] Heinrich Fraenkel/Roger Manvell: Der 20. Juli; Berlin 1969, S. 139
[35] Zahlenangaben siehe: Lexikon der deutschen Geschichte; Stuttgart 1979, S. 1349
[36] Georg Franz-Willing: Verrat und Widerstand aus ethischer und theologischer Sicht; in: Verrat und Widerstand im Dritten Reich, Coburg, S. 4f.
[37] Franz-Willing, a.a.O., S. 6
[38] H. Mommsen, in: Schultz, H. J. (Hrsg.) Der 20. Juli 1944, S. 35
[39] H. Mommsen, a.a.O., S. 35
[40] Informationsblatt der Gedenk- und Bildungsstätte Stauffenbergstraße, Berlin o. J.
[41] Hans Sahl: Wir sind die Letzten; Heidelberg 1976, S. 13
[42] W. Röder: Deutscher Widerstand im Ausland; Beilage zur Wochenzeitung ›Das Parlament‹ 31, 1980, S. 3
[43] Detlev Peukert: Die Edelweißpiraten; Köln 1980, S. 101
[44] Peukert, a.a.O., S. 144
[45] Matthias v. Hellfeld: Edelweißpiraten in Köln; Köln 1981, S. 28
[46] v. Hellfeld. a.a.O., S. 16
[47] Karl-Heinz Jahnke: Entscheidungen – Jugend im Widerstand 1933–1945. Frankfurt am Main 1970, S. 179
[48] Jahnke, a.a.O., S. 49
[49] Jahnke, a.a.O., S. 50
[50] Jahnke, a.a.O., S. 50f.
[51] Jahnke, a.a.O., S. 86ff.
[52] Siehe Faksimile bei Jahnke, a.a.O., S. 88ff.
[53] Dirk Gerhard: Antifaschisten; Berlin 1975, S. 144f.
[54] Gerhard, a.a.O., S. 146ff.
[55] v. Hellfeld, a.a.O., S. 69ff.
[56] Wolfgang Wippermann: Die Berliner Gruppe Baum und der jüdische Widerstand; Berlin 1981, S. 2
[57] Wippermann, a.a.O., S. 2
[58] Margot Pikarski: Jugend im Berliner Widerstand; Berlin 1978, S. 7
[59] Wippermann, a.a.O., S. 7
[60] Wippermann, a.a.O., S. 8
[61] Inge Scholl: Die Weiße Rose; Frankfurt am Main 1982, S. 96
[62] Scholl, a.a.O., S. 97
[63] Scholl, a.a.O., S. 97f.
[64] Scholl, a.a.O., S. 102
[65] Scholl, a.a.O., S. 104
[66] Scholl, a.a.O., S. 125ff.
[67] Scholl, a.a.O., S. 91
[68] Scholl, a.a.O.; S. 246f.

II. EINFÜHRUNG IN DIE FACHDIDAKTISCHE PROBLEMATIK DES DEUTSCHEN WIDERSTANDES (1933–1945)

»Die Frage nach dem deutschen Widerstand, der sich dem nationalsozialistischen Regime in mannigfachen Formen, in verschiedenen Gruppierungen, mit verschiedenen Motiven und Zielen entgegenstellte und zuletzt am 20. Juli 1944 mit einem Staatsstreich seine Beseitigung versuchte, hat in der Gesellschaft der Bundesrepublik Deutschland bisher nur mäßiges Interesse gefunden. Für die Öffentlichkeit teils unbequem, teils irritierend, blieb sie für die Forschung ebenfalls ein vergleichsweise marginales Thema. Auch da, wo es in der Öffentlichkeit eine partielle Aufmerksamkeit fand – bei Restitutionsversuchen dieser und jener Art, etwa der Legitimierung bestimmter gesellschaftlicher Gruppen –, auch da blieb das Verhältnis diffus.«[1]

Der fachwissenschaftlichen Untersuchung zahlreicher Aspekte der deutschen Widerstandsbewegung vom Kampf Deutscher in der Resistance bis zu den spontanen Gruppen der »Edelweißpiraten« stehen nur wenige fachdidaktische Überlegungen gegenüber. Auch die Untersuchung von E. Kosthorst über »Didaktische Probleme der Widerstandsforschung« betritt hier Neuland, kann deshalb nur einen eng begrenzten Aspekt fassen und stellt vor allem Fragen, die künftige geschichtsdidaktische Untersuchungen aufnehmen sollten:

»Kaum bedacht sind bisher die lebenspraktischen Folgen unseres Wissens über den Widerstand, die didaktische ›Relevanz‹, der Zustand des geschichtlichen Bewußtseins unserer Gesellschaft. Hier liegt die Aufgabe der Geschichtsdidaktik..., die ... nicht primär nach der Art, der Bedeutung und der Wirkung unserer Kenntnisse über den Widerstand, sondern nach der Bedeutung und Wirkung der mit diesen Kenntnissen verbundenen Urteile und Wertungen fragt.«[2]

Die Rezeption des Widerstandes in der Öffentlichkeit, das heißt das Bild, das sie sich von diesem Gegenstand macht, die didaktische Reduktion, die sie vollzieht, spiegelt sich im Unterricht wider. Wenn auch dieser Diskurs zwischen Fachwissenschaft, Fachdidaktik, Öffentlichkeit und Schule in seinen Phasen noch wenig geklärt ist, soll dem Lehrer im Interesse der Transparenz seiner Entscheidungen und zum Verständnis vorliegender unterrichtlicher Modelle eine unvermeidlich noch vorläufige Übersicht alternativer didaktischer Konzeptionen nicht vorenthalten werden. Mit Kosthorst wird man einschränkend feststellen müssen, die durchlaufenden Phasen spiegeln weniger einen diskursiven Prozeß ernsthafter Auseinandersetzung als ein nie wirklich geklärtes, ein schwankendes Bewußtsein. Einige Positionen, wie die alt- und neonazistische, bleiben seit ihrer Entstehung unverändert; andere Konzeptionen, wie die der SU und DDR erfahren gewisse Revisionen[3].

Indiz für das unausdiskutierte Verhältnis der Gesellschaft zum deutschen Widerstand ist der in einer weiter unten vorgeschlagenen Unterrichtssequenz dargestellte Konflikt anläßlich der Feier zum 20. Juli 1944 in Berlin-Plötzensee im Jahre 1978.

Eine gewisse allgemeine Klärung dieser Probleme für die Schule hat die KMK-Empfehlung zum Widerstand in der NS-Zeit im Unterricht (201. Sitzung vom 4. 12. 1980) gebracht. Sie kann allerdings in der gebotenen Kürze nur den Unterrichtsgegenstand als notwendig benennen, thematische Differenzierungen anbieten und die historisch-politische Bedeutung skizzieren:

»Sichtbar ist heute, daß es nicht nur den systematischen und programmatischen Widerstand politischer Gruppen gegeben hat..., sondern auch einen weitverbreiteten Widerstand im Volk... Für die Schule bedeutet dies, daß sie versuchen muß, den Widerstand in den Gesamtzusammenhang der nationalsozialistischen Herrschaft und Politik zu stellen. Hier sind auch die Widerstandsbewegungen außerhalb Deutschlands und die ... Emigranten im Exil zu würdigen...

In den Kräften des Widerstandes ... zeigt sich ein gemeinsamer Wille zur moralischen Selbstbehauptung auch in einer aussichtslosen politischen Lage. In der Vergegenwärtigung des Widerstandes in Unterricht und politischer Bildung liegt daher ein Schlüssel für die Zukunft unserer demokratischen Ordnung.«

Der von der Kultusministerkonferenz gegebene Rahmen schließt mit aller wünschenswerten Deutlichkeit sämtliche neonazistische und rechtsextreme Variationen und pseudohistorische Versionen der Dolchstoß- und Verratsthese aus. Andere Positionen (beispielsweise die personalistische und parteipolitische) bedürfen nach den Kriterien der KMK entscheidender Korrekturen und Ergänzungen.

Die KMK-Empfehlung »Widerstand in der NS-Zeit im Unterricht« hat folgenden Wortlaut:

»Die Kultusminister und -senatoren der Länder bekräftigen die Notwendigkeit, im Geschichtsunterricht sowie in der politischen Bildung grundlegende Kenntnisse und Einsichten über die nationalsozialistische Gewaltherrschaft zu vermitteln.

Für die Auseinandersetzungen mit dem Nationalsozialismus, den Ursachen und Wirkungen seiner Herrschaft hat die zeitgeschichtliche Forschung neue und verbesserte Grundlagen geschaffen. Sie betreffen auch den Widerstand gegen die nationalsozialistische Gewaltherrschaft, dessen vielfältige Erscheinungsformen heute differenzierter und umfassender gesehen und gewürdigt werden können als noch vor Jahren. Sichtbar ist heute, daß es nicht nur den systematischen und programmatischen Widerstand politischer Gruppen gegeben hat (z. B. Goerdeler-Kreis, Kreisauer Kreis, Neubeginnen etc.), sondern auch einen weitverbreiteten Widerstand im Volk, der sich in Formen der Nichtanpassung, der Verweigerung im Einzelfall, oft der passiven Resistenz geäußert hat. Sichtbar ist auch, daß es unterschiedliche weltanschauliche und politische Motive waren, die zum Widerstand geführt haben. Der Widerstand kann nicht auf einen einzigen Nenner gebracht, er darf deswegen auch nicht von einer einzigen Seite betrachtet oder gar vereinnahmt werden. Gemeinsam ist jedoch allen Erscheinungen des Widerstandes der Ausgangspunkt:

- Die Auflehnung gegen den totalen Zugriff der NS-Politik auf das Alltagsleben;
- die moralische Empörung gegen Rechtsbrüche;
- die Parteinahme für Verfolgte;
- der Versuch, in einem total gelenkten Staat ein Minimum an moralischer Verantwortung, sei es auch nur im engsten Kreis von Familie, Gemeinde, Kirche, aufrechtzuerhalten;
- mit zunehmender Kriegsdauer auch das Bewußtwerden der Sinnlosigkeit und des mörderischen Charakters dieses Krieges.

Für die Schule bedeutet dies, daß sie versuchen muß, den Widerstand in den Gesamtzusammenhang der nationalsozialistischen Herrschaft und Politik zu stellen. Hier sind auch die Widerstandsbewegungen außerhalb Deutschlands und die Aktivitäten von Emigranten im Exil zu würdigen. Neben prinzipieller Opposition muß auch die situationsbedingte Teilopposition berücksichtigt werden. Neben die Darstellung führender Figuren des Widerstandes muß die des Alltagslebens im Dritten Reich treten. Zur Behandlung des Widerstandes bietet sich das lokalgeschichtliche und regionalgeschichtliche Umfeld besonders an. Zu zeigen ist, daß die Kapitulation vor der Diktatur oft nicht mit spektakulären Einbrüchen, sondern mit den kleinen Feigheiten des Alltags begonnen hat; daß sich aber auch gerade im Alltag stiller Widerstand findet, ohne die ein Bild des Lebens im Dritten Reich nicht vollständig wäre. Zu zeigen ist aber auch, wie

Angst und Anpassung entstehen konnten und vielen den Mut nahmen, das Unrecht zur Kenntnis zu nehmen oder gar dagegen zu handeln.

Die Behandlung des Widerstandes gegen die nationalsozialistische Gewaltherrschaft in Schule und politischer Bildung hat das Ziel, Erinnerungen wachzuhalten, geschichtliche Grundkenntnisse zu vermitteln und das politische Urteil zu schärfen. Dadurch soll sie bei jungen Menschen demokratische Werthaltungen befestigen und entsprechende Verhaltensweisen aufbauen... In den Kräften des Widerstandes, so verschieden sie waren, zeigt sich ein gemeinsamer Wille zur moralischen Selbstbehauptung auch in einer aussichtslosen politischen Lage. In der Vergegenwärtigung des Widerstandes in Unterricht und politischer Bildung liegt daher ein Schlüssel für die Zukunft unserer demokratischen Ordnung.«

Sucht man die in Büchern und Zeitschriften angebotenen Unterrichtsvorschläge zum deutschen Widerstand didaktisch-methodischen Konzeptionen zuzuordnen, so lassen sich bei allen gebotenen Einschränkungen gegenüber einer generalisierenden Einteilung etwa folgende alternative (teilweise sich überschneidende) Konzeptionen unterscheiden:

- die personalistische Konzeption,
- die idealistische Konzeption,
- die Repräsentanz- und Alternativkonzeption,
- die parteipolitische Konzeption,
- die alt- und neonazistische Konzeption,
- die plural-additive Konzeption.

II.1 Die personalistische Konzeption

Die personalistische Konzeption reduziert den deutschen Widerstand auf einige hervorragende Persönlichkeiten, die zudem vorwiegend Männer sind. Ihre einsamen Entschlüsse bestimmen Leistung und Versagen des Widerstandes. Widerstandsorganisationen, gesellschaftliche Verweigerung bestimmter sozialer Gruppen und Schichten sowie spontane Opposition werden kaum wahrgenommen beziehungsweise als unerheblich angesehen.

Dementsprechend heißt es bei Cäsar Hagener in seinem Unterrichtsmodell »Deutschland unter der Diktatur 1933–1945« zur didaktisch-methodischen Problematik:

»Unser Unterricht konzentriert sich im wesentlchen auf zwei Beispiele. Von den Geschwistern Scholl wird erzählt und von Claus Graf Schenk von Stauffenberg ... Der Unterricht hat weder die Aufgabe, eine Geschichte des Widerstandes zu bieten, noch kann er sich auf moral-theologische und staatsrechtliche Begründungen des Widerstandes gegen die Staatsgewalt einlassen. Wir haben ... von den Taten zu sprechen ...

Wir übergehen die ganze Problematik der herkunftsbedingten Motivationen ... Was den heute Fünfzehnjährigen unmittelbar angeht, ist der einsame Entschluß des einzelnen Menschen, gegen den Unrechtsstaat aktiv zu werden ... Die Programme des Widerstandes gehören heute schon der Geschichte an. Wenn wir in diesem Sinne im Unterricht Distanz wahren, geben wir den Kämpfern das bleibende Ansehen. Wir halten uns damit auch aus dem unnützen Polemisieren gegen jene Gesellschaftsgruppen heraus, die, als Ganzes gesehen, die Hitler-Herrschaft geduldet oder sogar unterstützt haben.«[4]

Die kritische Reflexion und differenzierende Urteile sollen weitgehend unterbleiben, um das Bild des mutigen tatkräftigen Mannes nicht unnötig zu trüben:

»Ein Geschichtsunterricht hat nicht die Aufgabe, über das Versagen der Wehrmachtsführung zu Gericht zu sitzen ... An Männern, die den Mut hatten, Hitler zu töten oder festzunehmen, hat es nicht gefehlt. Von zehn geplanten Attentaten wissen wir mit Sicherheit ... Unter den Männern des Widerstands war Claus Graf Schenk von Stauffenberg der tatkräftigste.«[5]

Obwohl zwischen dem Unterrichtsvorschlag von C. Hagener und dem folgenden von Werner Loch und Alfons Hoffmann zehn Jahre vergangen sind, verzichten sie ebenfalls in ihren didaktisch-methodischen Entscheidungen auf ein komplexeres Verständnis des deutschen Widerstandes. So heißt es in ihrem Buch »Der Nationalsozialismus in Stundenbildern« zusammenfassend:

»Im Mittelpunkt der Ausführungen steht der Komplex des ›20. Juli 1944‹, was auch seiner historischen Bedeutung entspricht ... Die inhaltlichen Schwerpunkte liegen bei der Darstellung der Widerstandsgruppe der ›Weißen Rose‹ und in der Person des Obersten Stauffenberg. Die Auswahl der ›Weißen Rose‹ ... liegt darin begründet, daß die Mitglieder zur Zeit ihres Handelns nur wenige Jahre älter als die ... Schüler waren ...

Die Ereignisse des 20. Juli 1944 sind deshalb ... von besonderer Bedeutung, weil dieses Attentat mit Aussicht auf Erfolg unternommen worden ist. Die Person des Grafen Stauffenberg ist für die Schüler wegen seiner direkten Beteiligung am faszinierendsten.«[6]

Die simplifizierenden didaktischen Entscheidungen der Vertreter einer wesentlich personalistischen Konzeption sind teilweise als Reaktion auf die im Unterricht gegebenen zeitökonomischen und pädagogisch-psychologischen Gegebenheiten zu sehen. Die personalistische Konzeption läßt sich mit Rücksicht auf die bisher vorgelegten Unterrichtsvorschläge etwa in folgenden Thesen zusammenfassen:

- Die didaktische Reduktion bedient sich des personalistischen Ansatzes unter bewußtem Verzicht auf alle sozialgeschichtlichen, politisch-historischen, sozialpsychologischen und soziologischen Aspekte.
- Als Träger des Widerstandes bleiben tatkräftige Männer ohne jeden Kontext mit der Komplexität der Gesellschaft, die einsame Entschlüsse fassen und durchführen.
- Eine Beurteilung handelnder Persönlichkeiten als Vertreter bestimmter sozialer Schichten wird unterbunden.

Der Frankonius Verlag veröffentlichte in seiner Reihe Stundenvorbereitung als Band 18 ein Unterrichtsmodell[7] über den Nationalsozialismus, das in sechs Unterrichtssequenzen gegliedert ist:

1. Machtergreifung und Machterweiterung
2. Führerprinzip und Herrschaftsordnung
3. Rassenlehre und Judenverfolgung
4. Die nationalsozialistische Wirtschaftspolitik
5. Die nationalsozialistische Außenpolitik und der Zweite Weltkrieg
6. Der deutsche Widerstand

Die Autoren vernachlässigen die Ansprüche der Fachdidaktik für den Geschichtsunterricht zugunsten ihrer Vorstellung eines möglichst praxisnahen Unterrichts. Sie rechnen mit Lehrern und Schülern, die recht und schlecht den Unterrichtsalltag überstehen wollen und müssen. Der Erfolg dieses Prinzips ist bei Lehrern, die sich von den zahlreichen fachlichen, didaktischen, methodischen und bürokratischen und institutionellen Anforderungen des Schulbetriebs überfordert fühlen, evident. Inzwischen decken die vorgelegten Unterrichtsvorbereitungen den gesamten historischen und sozialgeschichtlichen Stoff von der Urgeschichte bis zur Gegenwart in einfach-handlicher Form ab. Auf didaktischen Messen läßt sich unschwer erkennen, wie groß der Andrang von Lehrern ist, die dieses fast konkurrenzlose Prinzip akzeptieren. Auch die Rezeption des deutschen Widerstands (in der vorliegenden Stundenvorbereitung ein ansehnliches Sechstel der gesamten Planung) wird bei Lehrern und Schülern wohl stärker von diesen schwach reflektierten Überlegungen bestimmt werden als von weniger leicht konsumierbaren fachdidaktischen Autoren.

Das Thema deutscher Widerstand erfährt seine problemreduzierte Behandlung in folgenden Abschnitten:
1. Groblernziele
2. Stoffliche Information
3. Didaktisch-methodische Hinweise
4. Unterrichtsskizzen

Ohne weitere normative Ansprüche an den Lehrer werden ihm als Groblernziele für den Schüler aufgegeben:
»Die Schüler sollen:
- die wichtigsten Gründe für den Widerstand gegen das NS-Regime kennen;
- wissen, daß der Widerstand aus den verschiedensten gesellschaftlichen und weltanschaulichen Bereichen kam;
- Gründe nennen können, die den Widerstand erheblich erschwerten;
- erkennen, daß Widerstand gegen Unmenschlichkeit sittliche Pflicht ist.«[8]

Die methodische Verwirklichung der Lernziele macht dann die entschiedene Reduktion zugunsten eines wenig aufnahmefähigen Schülers der Sekundarstufe I vollends deutlich. Es ergibt sich folgende Aufteilung in Einzelstunden:
»1. Warum waren viele Menschen gegen Hitler?
2. Warum wurden die Geschwister Scholl getötet?
3. Was geschah am 20. Juli 1944?«[9]

Methodisch recht handhabbare Tafelzeichnungen suchen mit äußersten Vereinfachungen möglichst alle Schüler zu erreichen. Die Frage »Warum waren viele Menschen gegen Hitler?«, etwas mißverständlich, da nicht gemeint, viele Menschen hätten Widerstand geleistet, wird in einem Tafelschema so beantwortet: »Ermordung von Juden, Verfolgung Andersdenkender, Anzettelung eines Krieges, Ermordung von behinderten Menschen, Mißachtung von menschlicher Freiheit und Würde, Beseitigung der Demokratie«.[10]
Im Mittelpunkt der Unterrichtseinheit steht nach eigener Aussage der Autoren »der Komplex des ›20. Juli 1944‹, was auch seiner historischen Bedeutung entspricht«.[11] Stark verkürzt ist die These der Verfasser »Widerspruch gegen die Pläne Hitlers aus militärischen Kreisen erhob sich dann erst wieder, als die Vorbereitungen zum Angriff auf Rußland begannen«[12]. Drei Gründe werden für das Scheitern des Aufstandes genannt: »Eine Ursache ... ist darin zu sehen, daß alle vor dem Attentat ausgearbeiteten Befehle von der Annahme ausgin-

gen, daß Hitler tot sei. Als sich herausstellte, daß ... Hitler den Anschlag ... überlebte, verloren alle Anordnungen ihre Grundlage ... Es muß ferner erwähnt werden, daß die Bevölkerung auf eine Beseitigung der ... Machthaber in keiner Weise vorbereitet war ... Ebenso fehlte es an einer führenden Persönlichkeit, die ... eine integrierende Funktion hätte ausüben können. Diese Persönlichkeit wäre vielleicht Rommel gewesen ...«[13]

II.2 Die idealistische Konzeption

In der idealistischen Konzeption wird der deutsche Widerstand vornehmlich als das Ergebnis einer Empörung des Gewissens verstanden. Der Bezug auf eine überzeitliche Wertordnung aktiviert und legitimiert die Handlungen der vom »Aufstand des Gewissens« erfaßten Persönlichkeiten. Diese Konzeption hat ihren reinsten Ausdruck bei Annedore Leber in ihren Büchern »Das Gewissen steht auf – 64 Lebensbilder aus dem deutschen Widerstand 1933–1945« (Berlin 1956) und »Das Gewissen entscheidet – Bereiche des deutschen Widerstandes von 1933–1945 in Lebensbildern« (Berlin 1960) gefunden.* Beide Werke verweisen bereits in ihrem Titel auf den Schlüsselbegriff »Gewissen« und verweisen im Untertitel auf die biographische Methode als didaktische Entscheidung. Die hohe Auflage der beiden Sammlungen von Lebensbildern der Frau des hingerichteten Widerstandskämpfers Dr. Julius Leber (1881–1945) und die weite Verbreitung dieser Bücher an den meisten Schulen in den vergangenen Jahrzehnten deuten darauf hin, daß der Unterricht vielfach unter dem Einfluß der idealistischen Konzeption stand. Formalisierte veröffentlichte Unterrichtsmodelle erübrigten sich, da das Lebensbild als Vorbild bereits alle weiteren didaktisch-methodischen Entscheidungen in sich trägt. Sensible Vermittlung idealer Bestrebungen von Menschen aller Schichten durch den Lehrer und nachempfindender Bericht der Schüler genügten. Gewissensentscheidungen »suchende(r), hoffende(r), irrende(r), kämpfende(r), leidende(r) Menschen«[14] in Lernziele, Lernorganisation und Lernkontrolle zu rastern, verbot sich von selbst, war zudem in den Jahren nach 1956 noch kein didaktisch-methodisches Bezugssystem späteren Perfektionsanspruchs.

Annedore Leber begründet ihre Absichten und Motive noch ganz aus der inzwischen fast abgerissenen lebendigen Erinnerung:

* Neuauflage Forschungsgemeinschaft 20. Juli – Das Gewissen steht auf, 1984. Beide Bände in einem Band vereinigt.

»Der erste Gedanke zu diesem Buch liegt Jahre zurück. Den Anstoß gaben Bilder aus der Zeit der nationalsozialistischen Gerichtsbarkeit. Sie wurden in dem Verhandlungsraum des Volksgerichtshofes ... während der Prozesse ... aufgenommen ... Schon unter dem ersten Eindruck meinte ich, daß niemals Worte das Geschehen unter der modernen totalen Diktatur eindringlicher vermitteln könnten als diese Bilder. Aus ihnen tritt uns der einzelne Mensch in seinem Schicksal entgegen. Er ... legt sein persönliches Zeugnis ab. Wir sehen uns seinem Mut, seinen Leiden und seiner seelischen Größe gegenübergestellt. Ein einzelner hält uns fest und fragt uns, ob wir begreifen oder ob wir ausweichen wollen.«[15]

Bereits die Kapitelüberschriften verweisen auf ein ethisch-religiöses System von Begriffen, denen Motive und Ziele des Widerstandes untergeordnet werden:

I. Bekenntnis der Jugend (Helmuth Hübener u. a.)
II. Gelebte Lehre (Carl von Ossietzky u. a.)
III. Arbeit und Opfer für Andere (Johanna Kirchner u. a.)
IV. Der Staat und das Recht (Graf von Stauffenberg u. a.)
V. Sinn und Tradition (Hans Oster u. a.)
VI. In christlichem Geist (Alfred Delp u. a.)
VII. Freiheit und Ordnung (Julius Leber)

Jedem dieser Kapitel sind Lebensbeschreibungen und Porträts zugeordnet. Das Bild der einzelnen Persönlichkeiten dominiert durch Format und Ausdruck. Ein kurzer Lebenslauf und eine Auswahl von persönlichen Zeugnissen von oder über den betreffenden Widerstandskämpfer ergänzen das Bild. Männer und Frauen des deutschen Widerstandes werden gleichermaßen gewürdigt. So heißt es beispielsweise über Edith Stein (1891–1942), Nonne im Karmeliterkloster in Köln-Lindenthal:

»Die meisten vertraten den Standpunkt, daß es gleichgültig sei, ob man Ja oder Nein stimme. Das Wahlergebnis sei schon eine von der Partei vorher abgemachte Sache ... Aber gegen diese Auffassung erhob Schwester Benedicta (das ist E. Stein) mit großem Eifer ihre Stimme. Die sonst so Sanfte und Nachgiebige war nicht mehr zu erkennen. Immer wieder beschwor sie die Schwestern, Hitler nicht zu wählen, ganz gleich, welche Folgen für den einzelnen oder die Gemeinschaft daraus entstünden. Er sei ein Feind Gottes und werde Deutschland mit ins Verderben reißen.«[16]

Die innere Einstellung als dominierendes Kriterium für den Wert des Menschen macht ihn von den äußeren Zwängen und Ereignissen des Lebens unter dem NS-Regime weitgehend frei.So kann selbst die Teilnahme am nationalsozialistischen Eroberungskrieg die echten Werte bestätigen und vertiefen:

»Das Fronterlebnis bedeutete jedoch für viele auch ein ernstes und beständiges Suchen nach tieferen Lebensgrundlagen. Wo die Welt aus den Fugen geraten war, suchte der beste Teil der Jugend Zuflucht bei den Grundimpulsen der Liebe und Treue, der Kameradschaft und Verläßlichkeit. Die Macht der übermütigen Menschenverächter zerbrach, die einfachen Dinge und die echten Werte blieben trotzdem bestehen.

Wir begegnen diesen echten Werten, wenn wir etwa die ›Kriegsbriefe gefallener deutscher Studenten 1939–1945‹ ... lesen. Darin klingt manche Stimme eines verzweifelnden Gewissens an ... Die jungen Männer ... wüßten nicht mehr, um was sie kämpften: ›Aber wir harren auf unserem Posten aus, und wenn es so ist: auf dem verlorenen.‹ ... Hier stand der Soldat, der mit gutem Gewissen sein Vaterland zu verteidigen glaubte. Dort stand nur in scheinbarem Gegensatz zu ihm sein Kamerad, der mithelfen wollte, der nationalsozialistischen Herrschaft so bald wie möglich ein Ende zu bereiten. Diese jungen Menschen ... folgten der Stimme ihres Gewissens.«[17]

Das Gewissen ist der letzte Maßstab. Die Gewissensentscheidung vieler, die den richtigen Weg wählen, ohne Rücksicht, ob die Opfer zum erstrebten Ziel führen, bestätigen die überlieferte Wertordnung. Ehrfurcht und Verantwortung vor den bewährten Formen menschlichen Zusammenlebens erweisen sich letztlich stärker als der Unrechtsstaat:

»Männer und Frauen, Junge und Alte aus allen Schichten des Volkes und allen Gebieten des Landes fanden sich nicht mit dem Unrecht ab ... Eine wachsende geistige Rebellion ließ schließlich Menschen der verschiedensten Kreise zueinander finden ... Zuletzt brach sich in dem Aufstand vom 20. Juli 1944 ihre Gewissensempörung gemeinsam Bahn.«[18]

Das Vertrauen auf die Werte der gesitteten Menschheit bestimmt den Optimismus Annedore Lebers:

»Gewiß bleibt es wahr, daß der Nationalsozialismus durch die aktive Mitwirkung einer großen Zahl junger Menschen an die Macht gelangte ... Wahr bleibt aber auch, daß ... aus Tradition, Glauben und freier geistiger Entscheidung, aus dem Erlebnis des Krieges und aus Rebellion gegen das schlechthin Böse – immer wieder einzelne junge Menschen und Gruppen aufgestanden sind, um sich mutig und selbstlos zu den unveräußerlichen Werten der gesitteten Menschheit zu bekennen ... Die Jugend ... wird auf das Wachhalten der

Erinnerung an die Opfer des deutschen Widerstandes gegen dämonische Mächte nicht verzichten können.«[19]

Als wesentliche Merkmale der idealistischen Konzeption lassen sich in thesenhaft vereinfachter und verkürzter Form zusammenfassen:

- Es existiert unabhängig von den jeweiligen politisch-historischen Verhältnissen eine ewige Wertordnung, die allen Menschen vorgegeben ist.
- Das Gewissen des Menschen sagt ihm, in welcher Beziehung er zu dieser Weltordnung steht.
- Zentrale ewige Werte sind Liebe, Treue, Kameradschaft, Verläßlichkeit, Einfachheit, Gewissen, Pflichtgefühl (Ausharren auch auf einem verlorenen Posten), Ehre, Recht, Kultur, Tapferkeit, Güte.
- Die menschliche Gesellschaft wird von der Antinomie Gut und Böse, dem Kampf des Guten gegen das Böse, beherrscht.
- Politische Handlungen müssen an den überzeitlichen Werten gemessen werden; entscheidend ist deshalb nicht der Erfolg, sondern die sittliche Handlung (z. B. als Opfer).
- Widerstand ist die ultima ratio; der symbolische Widerstand gibt innere Freiheit und Würde und ist Sühne und Opfer zur Bezeugung der überzeitlichen Wertordnung. Auch Verzweiflungstaten der Widerstandskämpfer werden somit sinnvoll (Selbstmord; Verzicht auf Flucht wegen der Gefährdung anderer Menschen; selbstmörderische Notwehr; sich der Polizei stellen; »an die Front gehen«).
- Der politische Erfolg, die Organisation, der langfristige Plan treten zurück hinter der Rechtfertigung des Gewissens, dem Opfer, der Haltung (etwa beim Gang zur Hinrichtung).
- Verzicht auf die politisch-historische Analyse des Nationalsozialismus, der sich als das schlechthin Böse und Dämonische rationalen Beurteilungskriterien letztlich entzieht.

II.3 Die Repräsentanz- und Alternativkonzeption

Ein in der öffentlichen Diskussion über die Zeit des Nationalsozialismus verwendeter Begriff ist der vom »Anderen Deutschland«. Der NS-Führungsschicht und seinen Anhängern in der deutschen Bevölkerung wird als Hoffnung (manchmal vielleicht auch als Alibi) das Bild vom anderen, besseren Deutschland, dem Deutschland des Widerstands und der Verweigerung gegenübergestellt. Entsprechend verweist die didaktisch-methodische Legitimation der Behandlung des Widerstands auf das »Andere Deutschland« und lehnt eine undifferenzierte Kollektivschuldthese ab. Bereits Thomas Mann sucht in seinen BBC-Sendungen im 2. Weltkrieg an deutsche Hörer seine allgemeine Kritik an der Haltung aller Deutschen immer wieder zu mäßigen, zu differenzieren und zu unterscheiden zwischen einem nationalsozialistischen Deutschland und einem Deutschland der Humanität und des Widerstands.

Die These vom »Anderen Deutschland«, die als Metapher und Argumentationsfigur auch anderen Konzeptionen eigen ist, wird hier gesondert beschrieben, weil sie durch ihre Unbestimmtheit und Allgemeinheit eine Rezeption aller Richtungen des Widerstands ermöglicht und flexibler und umfassender als die personalistische und idealistische Konzeption ist. Vor allem der kommunistische Widerstand, häufig im Zusammenhang mit einem undifferenzierten Antikommunismus verdrängt und verschwiegen, läßt sich unter die allgemeine Formel des »Anderen Deutschlands« leichter subsumieren.

Günther van Norden beschreibt die Merkmale der Repräsentanz und Alternativkonzeption in seinem Unterrichtsmodell über »Das Dritte Reich im Unterricht«:

»So wie Judenausrottung und Konzentrationslager die äußersten Markierungen des Verbrechens sind, das im Namen Deutschlands begangen wurde, so ist der deutsche Widerstand auch in seiner Erfolglosigkeit und in seinem Untergang der letzte Triumph der Moral über die Unmenschlichkeit. Es muß ganz deutlich gemacht werden, daß es dieses »Andere Deutschland« gab, ein Deutschland, das im Terror der nationalsozialistischen Diktatur oft schwach, feige und mutlos war, das aber durch seinen Widerstand bewies und noch heute beweist: Der Repräsentant Deutschlands ist in jenen dunkelsten Tagen seiner Geschichte nicht nur die überwältigend große Anzahl der Mitläufer und Mithelfer Hitlers gewesen, sondern auch die kleine Zahl derer, die NEIN sagten, ob es nun der Kommunist war, der nachts antifaschistische Parolen an die Wände malte, oder die einfache Frau, die ein ›jüdisches‹ Kind versteckte, oder Sophie Scholl, Graf Stauffenberg, Goerdeler. Der Widerstand beweist, daß der Nationalsozialismus n i c h t die zwingende Konsequenz aus der deutschen Geschichte war, wie das ein Vorurteil meint.«[20]

Eine Beschreibung der Repäsentanz- und Alternativkonzeption ergibt mithin folgende Thesen:

- Es gab nicht nur ein Deutschland der nationalsozialistischen Unmenschlichkeit, es gab auch ein »Anderes Deutschland«.

- Das »Andere Deutschland« ist der eigentliche Repräsentant in der Zeit des NS-Regimes.
- Deutschland wird nicht repräsentiert durch die Mitläufer und Täter, sondern durch die kleine Zahl derer, die schließlich Widerstand leisteten, auch wenn sie oft aus Feigheit oder Mutlosigkeit versagten.
- Zum anderen Deutschland zählen alle – einfache Männer und Frauen, prominente Politiker und Militärs, Christen und Kommunisten –, die »Nein« sagten zur nationalsozialistischen Unmoral.
- Mit dem Widerstand liegt der Beweis vor, daß der Nationalsozialismus nicht die einzig mögliche Konsequenz der deutschen Geschichte war.
- Die Repräsentanz- und Alternativkonzeption kann in der öffentlichen Rezeption leicht zum Alibi für die Beteiligung großer Teile des deutschen Volkes am NS-Regime tendieren, zumal sie einesteils mit einer vagen Begriffsbildung eine Definition politischen Widerstands erschwert, zum anderen eine simplifizierende statische Aufteilung der Bevölkerung in gute und schlechte Deutsche, in das eine und das andere Deutschland vornimmt.

In der Reihe Geschichte/Politik – Unterrichtseinheiten für ein Curriculum legte Erich Kosthorst 1980/81 einen Unterrichtsvorschlag zum Thema Nationalsozialismus vor, der für den historisch-politischen Unterricht in den Abschlußklassen der Sekundarstufe I (9. bzw. 10. Schuljahr der Hauptschulen, Realschulen und Gymnasien) als auch für die Verwendung in Grundkursen der Sekundarstufe II entworfen wurde[21]. Für die Sekundarstufe I ist an ein Minimum von etwa 16 Stunden, für die Sekundarstufe II an eine Mindestzahl von 20 bis 25 Stunden gedacht. Das Arbeitsheft soll vor allem in der Sekundarstufe I eingesetzt werden. Kosthorst versteht seinen Vorschlag als ein »Modell im idealtypischen Sinne«[22].

Unter besonderer Berücksichtigung sozialpsychologischer Aspekte schlägt der Autor folgende Themen und Unterthemen für den Unterricht vor:

1. Die sozialpolitischen »Maßnahmen« des NS-Regimes und ihre Wirkung
   I. Die psychologisch-politische Wirkung der »Arbeitsbeschaffung«
   II. »Ausschaltung« und »Gleichschaltung«
2. Propaganda und Terror als Instrumente der NS-Herrschaft
   I. Die Erzeugung von Mitläufereffekten und Konformismus durch die Propaganda
   II. Die Organisation des Terrors
3. Friedens- und Revisionspolitik oder Kriegsvorbereitung?

I. Friedensreden und Kriegsvorbereitung
II. Das NS-Herrschaftssytem in Polen und Rußland

4. Nationalsozialismus und Judentum: die »Endlösung«
   I. Der »Holocaust« als didaktisches Problem
   II. Die Ausführenden und der Führer

Zusatzteil
Die deutsche Widerstandsbewegung und die Massenmorde

Kosthorst, der sich in seiner Publikation »Zeitgeschichte und Zeitperspektive« ausführlich mit den fachwissenschaftlichen und fachdidaktischen Problemen des Widerstandes befaßt hat, verzichtet aus explizit geäußerten Gründen der Schwerpunktsetzung und der Zeitökonomie fast völlig auf die Darstellung des deutschen Widerstandes innerhalb der Geschichte des Nationalsozialismus:

»Da die zur Verfügung stehende Zeit keine zureichende Beschäftigung mit dem deutschen Widerstand zuläßt, sind im Schlußteil des MH (Materialheft) einige Dokumente aufgenommen...«[23]

Die sechs im Materialheft zusammengestellten Dokumente beschränken sich auf den Widerstandskreis »Die Weiße Rose« und militärisch-zivile Opposition des 20. Juli 1944:
1. Helmuth J. Graf von Moltke, Brief vom 21. 10. 1941
2. Zweites Flugblatt der »Weißen Rose«, September 1942
3. Goerdeler-Denkschrift, Auszug
4. Kaltenbrunner an Bormann, 28. 10. 1944
5. York von Wartenburg vor dem Volksgerichtshof, 7. 8. 1944
6. Schwerin von Schwanenfeld vor dem Volksgerichtshof, 8. 9. 1944

Die Verweisung des Themas deutscher Widerstand in einen nur marginalen Zusatzteil in Verbindung mit dem Thema Massenmord, die zeitliche Beschränkung auf den Krieg und die exemplarisch schwer zu legitimierende Reduktion des Widerstands auf nur zwei politische Richtungen sind bei allem Verständnis für unvermeidliche didaktische Verkürzungen nicht recht nachvollziehbar.

In der Neuauflage seines Unterrichtsmodells »Das Dritte Reich im Unterricht«[24] (die Auflage von 1970 kann hier vernachlässigt werden) schlägt Günther van Norden in seiner Gesamtplanung neun Unterrichtseinheiten vor:
1. Das Ermächtigungsgesetz
2. Die Errichtung der Diktatur

3. Nationalsozialistische Innenpolitik nach der Konsolidierung
4. Nationalsozialistische Außenpolitik
5. Der Krieg
6. Nationalsozialismus und Christentum
7. Judenverfolgung und Konzentrationslager
8. Die Widerstandsbewegung
9. Der Zusammenbruch

Der Autor legitimiert sein nicht als Rezept gemeintes Unterrichtsmodell zu Recht mit der Feststellung, daß »Unterrichtsmodelle, die sich auf die Gesamtheit des Dritten Reiches beziehen ... nur noch ein Rinnsal nach der Flut kluger didaktischer Ratschläge, wie man es machen soll«, bildeten.

Im Unterschied zu Kosthorst beschäftigt er sich in einer vollständigen Unterrichtseinheit mit dem deutschen Widerstand. Um dem Dilemma der Stoffülle zu entgehen, wählt van Norden ähnlich wie Größl/Herrmann den Ausweg der Gruppenarbeit. Es wird eine Einteilung der Klasse in sechs Gruppen vorgeschlagen, die in häuslicher Vorbereitung jeweils einen Sektor des deutschen Widerstandes bearbeiten:

1. Gruppe: Der kommunistische Widerstand
2. Gruppe: Der sozialdemokratische Widerstand
3. Gruppe: Der »bürgerliche Widerstand«
4. Gruppe: Der militärische Widerstand
5. Gruppe: Der Widerstand der »Weißen Rose«
6. Gruppe: Der Widerstand des Kreisauer Kreises

Als reduktionistische Alternative wird eine Schwerpunktsetzung empfohlen, die nur die Aktion »Weiße Rose« oder den 20. Juli 1944 behandelt.

Die Gruppenarbeit befaßt sich jeweils mit Texten der genannten Widerstandskreise:

zu 1.: Auszug aus dem Politischen Testament von Anton Saefkow vom September 1944

zu 2.: Auszug aus einer Flugschrift des Exilvorstandes der SPD in Prag vom Ende Juni/Anfang Juli 1933

zu 3.: Auszug aus der Regierungserklärung, die nach dem Aufstand vom 20. Juli 1944 über den Rundfunk verlesen werden sollte

zu 4.: »Aufruf an die Wehrmacht«, der am 20. Juli 1944 verbreitet werden sollte nach dem Gelingen des Putsches

zu 5.: »Aufruf an die Wehrmacht«, der am 20. Juli 1944 verbreitet werden sollte, nach dem Gelingen des Putsches zu 6.: Grundsätze für die Neuordnung Deutschlands, die in einem Entwurf vom 9. August 1943 vorliegen.

Zweifellos läßt sich die reduzierte Alternative mit ihren Schwerpunkten »Weiße Rose« und/oder »20. Juli 1944« widerspruchsfreier der Repräsentanz- und Alternativkonzeption zuordnen als die didaktisch plural entworfene Gruppenarbeit, die unterschiedliche politische und soziale Widerstandskreise nebeneinanderstellt.

Die Vermittlung des Themas deutscher Widerstand ist unter den Aspekten Lernziele, Lernorganisation und Lernkontrolle wie alle anderen unterrichtlichen Vorgänge in einen institutionellen Rahmen gespannt. Rump[25] stellt in seinem aus der Unterrichtspraxis entstandenen Kompendium einen Leitfaden für die Wiederholung des erarbeiteten Stoffes im Hinblick auf die schriftliche oder mündliche Abiturprüfung, zur Vorbereitung auf das Colloquium oder Klausuren zusammen. »Die Auswahl des Stoffes hält sich an den ›Curricularen Lehrplan für Geschichte‹ der gymnasialen Oberstufe in Bayern, orientiert sich aber auch an den bisher gestellten Abituraufgaben. Da die Einteilung ... nach Themenbereichen und nicht nach Kurshalbjahren erfolgt, kann das Kompendium bei entsprechendem Kursangebot ebenso in der Sekundarstufe II anderer Bundesländer verwendet werden.«[26]

Unter Verzicht auf eine rein chronologisch-ereignisgeschichtliche Gliederung wird eine problemorientierte Einsicht in die behandelten Themenbereiche, eine Anordnung nach Zusammenhängen und Beziehungen angestrebt.

Den Nationalsozialismus erfaßt Rump unter folgenden thematischen Gesichtspunkten«:

1. Elemente der NS-Ideologie
2. »Deutsche Revolution«
3. »Organisationsformen der nationalsozialistischen Bewegung«
4. Merkmale totalitärer Herrschaft
5. Nationalsozialismus und Industrie
6. Nationalsozialistische Kultur- und Kirchenpolitik
7. Nationalsozialistische Außenpolitik
8. Nationalsozialismus und Krieg
9. Der deutsche Widerstand

Die Synopse der institutionellen Rahmenbedingungen ergibt für Rump im Kontext der Darstellung des Nationalsozialismus folglich ein gesondertes

Thema Widerstand. In sieben Aspekten wird das wünschenswerte Wissen über den deutschen Widerstand stichwortartig erfaßt. Da dieses Repetitorium die Unterrichtsplanung im Blick auf die unumgänglichen Lernkontrollen wesentlich erleichtern kann, soll es hier ungekürzt wiedergegeben werden[27]:

Der deutsche Widerstand

Ursachen
- fortschreitender Ausbau der Diktatur Hitlers
- Machtanspruch der NSDAP
- Verfolgung und Vernichtung der Juden
- Euthanasieprogramm
- Vorgehen gegen die Kirchen

Ziele
- Sturz Hitlers
- Beseitigung der NSDAP
- Beendigung des Krieges
- »Wiederherstellung der Ehre« Deutschlands
- Wiederherstellung eines Rechtsstaates
- Wiederherstellung der geistigen Freiheit

Gruppierungen
- spontaner Widerstand
- Widerstand in kirchlichen Kreisen
- organisierter Widerstand kleiner Gruppen
- Zusammenarbeit zwischen Politikern und Militärs

Spontaner Widerstand
- Versuch der verbotenen und verfolgten politischen Gegner, im Untergrund weiterzuarbeiten
- illegale Organisation von Sozialdemokraten, Gewerkschaftsmitgliedern und Kommunisten
- Flugblattaktionen
- Zerschlagung solcher Widerstandsgruppen durch die Gestapo bereits 1935
- Aburteilung ihrer Mitglieder in Massenprozessen

Widerstand in kirchlichen Kreisen
- seit 1934 zunehmender Widerstand in den Reihen der Christen beider Konfessionen nach Verstärkung des Druckes auf die Kirchen
- Hirtenbriefe, Verkündigungen von der Kanzel, Einzelaktionen

Organisierter Widerstand kleiner Gruppen
- von 1938 an bessere Organisation der politischen Gegner des Hitler-Regimes
- Zusammenschluß von Widerstandskämpfern gleicher und unterschiedlicher politischer Anschauungen:
  Kreisauer Kreis, Freiburger Kreis, Solf-Kreis, Weiße Rose, Rote Kapelle

Zusammenarbeit zwischen Politikern und Militärs
- Scheitern von Staatsstreichplänen
- erfolglose Attentatsversuche
- Versuche der Widerstandskämpfer, mit den Alliierten Verbindung aufzunehmen
- Stauffenberg-Kreis
- gescheitertes Attentat vom 20. Juli 1944: Verfolgung und Festnahme der Attentäter, Prozesse vor dem Volksgerichtshof, Hinrichtung der am Attentat Beteiligten, Sippenhaft für Familienangehörige

Zur Diskussion
- Faschismus – gestern und heute
- Widerstand als moralisch-ethisches Problem

II.4 Die parteipolitische Konzeption

Im Unterschied zu den bisher beschriebenen Konzeptionen (personalistische, idealistische und Repräsentanzkonzeption) und der weiter unten skizzierten plural-additiven Konzeption läßt sich die vorliegende Konzeption parteipolitisch, ideologisch und organisatorisch präziser zuordnen. Mit gewissen Zugeständnissen an die Verfassung der Bundesrepublik Deutschland handelt es sich um die Rezeption des staatslegitimierenden Geschichtsbildes der DDR durch die VVN (Vereinigung Verfolgter des Naziregimes) und bestimmte von der DDR beeinflußte kommunistische Parteigruppierungen (KPD bis zum Verbot von 1956, DKP seit der Neugründung 1968, SEW unter anderem). Diese Position findet sich in einem Teil der pädagogischen Publikationen des Pahl-Rugenstein-Verlags, Köln[28] sowie der Veröffentlichungen des Röderberg-Verlags, Frankfurt am Main. Die Merkmale dieses Geschichtsbildes interessieren hier nur, soweit sie sich auf den deutschen Widerstand beziehen.

Grundlage dieser Geschichtsinterpretation ist mit nur marginalen Einschränkungen der faktische Anspruch der KPD auf Unfehlbarkeit ihrer Politik zwischen 1918 und 1945. Die Behauptung fordert gerade bei der leid- und wechselvollen Geschichte dieser Partei zum Widerspruch heraus. Historische Analysen, die die These der KPD als zutreffend unterstellen, müssen eine fehlerhafte antifaschistische Politik geradezu programmieren und ihre Glaubwürdigkeit beeinträchtigen.

In der Reihe Demokratische Lehrinhalte des Röderberg Verlages erschien 1977 von Otto Gertzen eine Unterrichtseinheit für zwölf Stunden über den deutschen Widerstand[29]. Die thematische Gliederung der Unterrichtssequenzen sieht folgende Phasen vor:

1./2. Stunde
Einführung: Umfang und Bedeutung des Widerstands
3. Stunde
Formen, Etappen und Gefahren des Widerstands
4./5. Stunde
Träger und Beweggründe des Widerstands
6. Stunde
Gemeinsamkeiten und Differenzen innerhalb des Widerstands
7./8. Stunde
Ziele des Widerstands
9. Stunde
Die Legitimation des Widerstands
10./11. Stunde
Das Grundgesetz in der antifaschistischen Tradition
12. Stunde
Der Kampf um die Erhaltung und den Ausbau der demokratischen Rechte und Freiheiten als Vermächtnis des Widerstands

Gertzen bietet eine Reihe von didaktisch-methodischen Anregungen und stellt interessante Texte und Bilder zusammen. Die politische Position des Verfassers wird man in der von der DKP dominierten VVN suchen müssen. Der Röderberg Verlag selbst ist der Hausverlag des VVN. Aus diesem politischen Standort erklären sich eine Reihe von didaktischen Entscheidungen und Gewichtungen, die auf Widerspruch gestoßen sind.

Albrecht Lein hat sich in seinem Aufsatz »Kritik einer Unterrichtseinheit der VVN« mit der parteipolitischen Position auseinandergesetzt[30], die die konzeptionelle Grundlage des Unterrichtsmodells von Otto Gertzen »Antifaschistischer Widerstand«[31] darstellt:

»Nicht erst seit heute wird der Antifaschismus dem politischen Kalkül der sowjetischen Führung untergeordnet... In der Sachanalyse wird zum einen die Rolle der KPD verfälscht, wodurch sie einen Schein von Unfehlbarkeit erhält und andererseits werden maßgebliche Kreise des antifaschistischen Widerstandes einfach ›vergessen‹. Die KPD wird als die weitsichtigste, konsequenteste und nahezu fehlerlose antifaschistische Kraft dargestellt. Nur einmal dringt die Andeutung einer Kritik durch: ›Beide Seiten, SPD und KPD, hatten in der Zeit bis 1932 die trennenden Momente in den Vordergrund gestellt und einander politisch bekämpft, statt ihre gemeinsame Haltung zu Hitler zur Basis einer fortschreitenden Vereinheitlichung ihres Vorgehens zu machen.‹ ... Sicherlich gehörten KPD-Mitglieder und -Sympathisanten zum Kern des antifaschistischen Arbeiterwiderstandes und trugen einen wesentlichen Teil des Kampfes. Dennoch bleibt die Tatsache, daß die KPD-Führung bis 1932 in der SPD und keineswegs in der NSDAP aufgrund der berüchtigten ›Sozialfaschismusthese‹ Stalins ihren Hauptgegner sah... Will man aber beim Schüler kritisches Engagement und die Selbständigkeit des politischen Urteils fördern, dann muß gerade die damalige komplexe Lage in der Arbeiterbewegung dargestellt, und es müssen die möglichen Handlungsalternativen aufgezeigt werden...

Um die Position der KPD als Partei herauszustellen, verschweigt der Verfasser auch die Aktivitäten der linkssozialistischen Gruppen wie SAP, KPO und ISK. Der antifaschistische Kampf dieser Gruppen vor '33 war in vieler Hinsicht dem der KPD und der SPD überlegen. Das zeigte sich besonders daran, daß diese Gruppen die einzigen waren, die vor der Machtübernahme Hitlers das Problem des deutschen Faschismus theoretisch mehr oder weniger durchdrungen hatten.«[32]

Lein konstatiert bei Gertzen politische Einseitigkeit und historische Betrachtungsweise:

»Die scheinbare Systematik Gertzens... stärkt im Verein mit weiteren Tatsachenunterschlagungen den Unfehlbarkeitsanschein der KPD. Seine Systematik ›lebt‹ von der Annahme einer durchgängig konsequenten antifaschistischen Politik der KPD...

Insbesondere in der Zeit des Hitler-Stalin-Paktes kann man nicht von einer Politik der KPD-Führung sprechen, die auf die größtmögliche antifaschistische Einheit gerichtet war...

Ich kritisiere hier ... nicht, daß es Schwankungen in der Politik der KPD-Führung gegeben hat, sondern daß so getan wird, als ob es keine Schwankungen gegeben hätte. So wird ein idealistisches, beinahe idyllisches Bild vermittelt, das politisches Lernen für zukünftiges Handeln nicht bedenken kann und so hilflos macht.«[33]

Dabei übersieht Albrecht Lein keineswegs die eklatanten Verzerrungen und Versäumnisse in der Rezeption des deutschen Widerstands in der Bundesrepublik Deutschland:

»Jahrelang hatte die Auseinandersetzung mit dem deutschen Faschismus und insbesondere die Behandlung des deutschen antifaschistischen Widerstandes im Unterricht darunter gelitten, daß sie einseitig war und vor allem dem Kampf gegen den Kommunismus dienen sollte...

Die Gleichsetzung von Faschismus und Kommunismus in der Totalitarismusthese, die Schulbüchern, Medien und Richtlinien zugrunde lag und liegt, führte dazu, den kommunistischen und Arbeiterwiderstand gegen den Faschismus aus der Behandlung im Unterricht vollkommen auszublenden. Die des Kommunismus unverdächtigen Offiziere des 20. Juli 1944 wurden daher zu *den* Helden des antifaschistischen Widerstandes in Westdeutschland. *Ihnen* gilt der staatliche Gedenktag, die staatlich geförderte Widerstandsforschung und der Unterricht in der Bundeswehr zu diesem Thema... Diese Kontinuität ist ungebrochen. So wird man heute vergeblich nach Bundeswehrkasernen suchen, die den Namen von Reichpietsch oder von Köbis tragen, aber bald eine Kaserne finden, die es sich als Ehre zurechnet, mit dem Namen des Sachwalters des deutschen Imperialismus und politischen Bankrotteurs der Weimarer Republik, von Hindenburg, geschmückt zu sein.«[34]

Albrecht Lein hat in dem Aufsatz »Kritik einer Unterrichtseinheit der VVN« schwerwiegende Einwände vorgebracht. Diese münden in der These, letztlich behindere die Unterrichtseinheit antifaschistisches Engagement und führe zur antifaschistischen Hilflosigkeit, da der Antifaschismus der Führung der VVN sich dem politischen Kalkül der sowjetischen Führung und ihren jeweiligen Kampagnen unterordne. Tatsächlich lassen sich in der Unterrichtseinheit unschwer dort gravierende Mängel entdecken, wo tagespolitische Interessen dominieren. Besonders deutlich werden diese Tendenzen, wenn Lehren für den heutigen Kampf gegen den Neonazismus diskutiert werden. Albrecht Lein kommentiert:

»Die zentrale Lehre ist, so erklärt Gertzen auf Seite 17, daß die Berufsverbote zeigten, daß der antifaschistische Widerstand keineswegs als beendet gelten könne. Da kann man nur staunen! Ob es am mangelnden Kampf der Arbeiterbewegung in der Weimarer Republik gegen die damals schon bestehenden Berufsverbote lag, daß die Nazis zur Macht kamen?... Gerade weil der Kampf gegen die Berufsverbote von DKP-Mitgliedern und -Sympathisanten eine so zentrale Rolle in der heutigen DKP-Arbeit spielen, ist es kein Wunder, daß in dieser Unterrichtseinheit über den antifaschistischen Widerstand ein Viertel der 12 Unterrichtsstunden in der Jahrgangsstufe 9 der Sekundarstufe I dem Studium des Grundgesetzes für die Bundesrepublik Deutschland und den Richtlinien für die politische Überprüfung von Lehramtsbewerbern gewidmet werden. Die von autoritärer, reaktionärer und/oder neofaschistischer Politik heute ... drohenden Gefahren auf das Problem der Berufsverbote für DKP-Anhänger zu begrenzen, zeugt zumindest von politischer Blindheit und ist ... dem Gegenstand der Unterrichtseinheit nicht angemessen.«[35]

So begrenzt die kritiklose Identifikation mit der Position der KPD, der Verzicht auf die Darstellung der komplexen Lage der Arbeiterbewegung in der NS-Zeit, die Auslassung der Aktivitäten der linkssozialistischen Gruppen (SAP, KPO, ISK u. a.), kurz die politische Einseitigkeit, den Wert der Unterrichtsvorschläge.

Das ist vor allem deshalb so bedauerlich, weil unseres Wissens bisher in vergleichbarem Umfang keine didaktisch-methodischen Vorschläge für die unterrichtliche Behandlung des deutschen Widerstands vorliegen. Die Gefahr einer zu wenig kritischen Rezeption dieser Unterrichtseinheit aus Mangel an alternativen, ergänzenden und konkurrierenden Vorschlägen ist dementsprechend groß.

Die wesentlichen Merkmale der parteipolitischen Konzeption lassen sich in folgenden Thesen vereinfacht zusammenfassen:

- o Die Politik der Sowjetunion ist per se immer antifaschistisch und demokratisch gewesen; die Unterstützung aller innen- und außenpolitischen Aktivitäten der Sowjetunion stärken gleichzeitig den antifaschistischen Widerstand. Jede Kritik an der Außen- oder Innenpolitik der Sowjetunion schwächt letztlich den antifaschistischen Widerstand und unterstützt direkt oder indirekt den Faschismus, ist antikommunistisch und friedensfeindlich.
- o Nur die deutsche (vor allem kommunistische) Widerstandsbewegung kann die historisch-politische Legitimationsgrundlage der Demokratie der Bundesrepublik Deutschland darstellen.
- o Die stärkste und aktivste Kraft des deutschen Widerstands war die KPD (Kommunistische Partei Deutschlands).
- o Die KPD verfolgte seit der Entstehung des Faschismus und Nationalsozialismus am Beginn der Weimarer Republik eine kontinuierliche und konsequente antifaschistische Politik.

- Die KPD erlitt die meisten Opfer und wurde am schärfsten und erbarmungslosesten verfolgt.
- Eine einheitliche Arbeiterbewegung, die die KPD durch immer erneute Einheitsfrontangebote an die SPD zu erreichen suchte, hätte die Machtübernahme der NSDAP verhindern können.
- Die Erfahrungen des Widerstandskampfes von 1918 bis 1945 bezeugen die Notwendigkeit einer Einheitsfrontpolitik in der Bundesrepublik Deutschland, um eine erneute Renaissance des Nationalsozialismus zu verhindern.

II.5 Die alt- und neonazistische Konzeption

»Der Verrat des deutschen Widerstandes war schuld an unserer militärischen Niederlage im Zweiten Weltkrieg.

– völlig richtig	7%
– Teilweise richtig	18%
– Eher falsch	40%
– Keine Angabe	13%«[36]

»Die Verteufelung der Zeit des Dritten Reiches hat fast grenzenlose Ausmaße erreicht. In den Verrätern und Widerständlern fanden unsere Gegner hier hilfreiche Kräfte... Die Frage, sie stellt sich, ob Verrat und Widerstand die Niederlage Deutschlands verschuldet haben... Daß Verrat und Widerstand am Ausbruch des Krieges große Schuld tragen, kann heute nicht mehr abgestritten werden. Verrat und Widerstand luden den Gegner ein, diesen Waffengang zu wagen.«[37]

Die Fragestellung der Sinus-Studie »Der Verrat des deutschen Widerstandes war schuld an unserer militärischen Niederlage im Zweiten Weltkrieg« reduziert unausgesprochen den deutschen Widerstand vor allem auf die Opposition um den 20. Juli 1944. Leider wird man mit den Verfassern der Sinus-Studie vermuten müssen, daß im kollektiven Erinnerungsvermögen eines immer größer werdenden Teiles der Bevölkerung unter dem Begriff deutscher Widerstand tatsächlich nur der 20. Juli 1944, allenfalls noch die Geschwister Scholl, verstanden werden. Über die zahlreichen religiösen und politischen zivilen Widerstandsgruppen wird man nur sehr begrenzte Kenntnisse in der Öffentlichkeit voraussetzen dürfen, obwohl in den letzten Jahren in bestimmten Gruppen (Jugendliche) durch Unterricht in der Schule und heimatkundliche Forschungen und Fahrten eine gewisse Wandlung eingetreten ist.

Die historisch-politische Beurteilung des deutschen Widerstandes ist vor allem in der Öffentlichkeit kontrovers. Diese These ist durch die »Sinus-Studie über rechtsextremistische Einstellungen bei den Deutschen« erneut bestätigt worden. Die Schlußfolgerung, daß zumindest 25% der Wahlbevölkerung den deutschen Widerstand mit der militärischen Niederlage im Zweiten Weltkrieg in Verbindung bringen, ist naheliegend; zumal die Feststellung »Eher falsch« ebenfalls ein leider unpräzis ermitteltes schwankendes Urteil von 40% erbringt. Diese öffentlichen Urteile stehen im völligen Gegensatz zu den Ergebnissen der historischen Forschung, die zweifelsfrei erwiesen hat, die Niederlage Deutschlands im II. Weltkrieg steht in keinem Zusammenhang mit dem sehr begrenzten Umfang, Ausmaß und Einfluß der deutschen Widerstandsbewegung. Gegensätzliche Auffassungen werden in der apologetischen neonazistischen deutschen und außerdeutschen Publizistik vertreten. Daß der Anspruch nationalsozialistischer und verwandter rechtsextremer Vertreter, sie verträten wissenschaftlich begründete Thesen, falsch ist, hat erst kürzlich Hermann Graml in einem Aufsatz »Alte und neue Apologeten Hitlers«[38] in zahlreichen Beispielen bewiesen und illustriert. Graml, wissenschaftlicher Mitarbeiter des Instituts für Zeitgeschichte in München, Verfasser zahlreicher Veröffentlichungen über die NS-Außenpolitik und den Widerstand im Dritten Reich, ermittelte an einprägsamen Beispielen die apologetischen Arbeitsmethoden nationalsozialistischer und rechtsextremer Publizistik:

- Bagatellisierung oder gänzliche Leugnung der Kriegsschuld Deutschlands und des Massenmords unter anderem an der jüdischen, polnischen und russischen Bevölkerung;
- Vernebelung der Realität der NS-Politik durch den Gebrauch schönfärberischer Begriffe (zum Beispiel »Anerkennung von Lebensrechten« statt Eroberungs- und Raubkrieg);
- Umdeutung Hitlers zu einem Staatsmann mit politischem Weitblick voller Weisheit und Menschlichkeit, zu einem Vater des Vaterlandes, ja zu einem pazifistischen Humanisten, dem neben einigen berechtigten deutschen Ansprüchen nur die Erhaltung des Friedens am Herzen lag;
- Ignorierung von Quellen und wissenschaftlicher Literatur;
- Vortäuschung wissenschaftlicher Arbeitsmethoden durch umfangreiche direkte oder indirekte Zitate, zahlreiche Anmerkungen und ein voluminöses Quellen- und Literaturverzeichnis;
- Schiefe, unhaltbare und verfälschende Interpretation von Quellentexten[39]
- Verfälschung direkt und indirekt zitierter Quellen;
- Ausgabe von unbelegten Behauptungen und Spekulationen als bewiesene Tatsachen.

Zur nationalsozialistischen und neonazistischen Verrats- und Sabotagethese bemerkt Graml:

Giesler erklärt »die militärischen Mißerfolge seit dem Winter 1941/42 mit den Fehlern unfähiger oder ungehorsamer Generäle und vor allem mit Sabotage und Verrat: beides lastet er vornehmlich den am 20. Juli 1944 beteiligten Soldaten an. Hier wird einerseits eine durchsichtige Selbstrechtfertigung Hitlers, andererseits abermals eine billige Propagandathese des Regimes zum historischen Faktum gestempelt, und zwar ebenfalls in klarem Gegensatz zu den Resultaten der Forschung: abgesehen von der Übermittlung der Termine für den Angriff auf Dänemark/Norwegen und für den Westfeldzug durch den damaligen Chef der Zentralabteilung der Abwehr, Hans Oster, die aber militärisch folgenlos blieb, ist kein Fall von Sabotage oder Verrat durch Angehörige der Militäropposition bekannt geworden. Wenn Giesler sich dabei nicht zuletzt auf Kenntnisse beruft, die er schon 1944 durch die Lektüre der sog. ›Kaltenbrunner-Berichte‹ erworben habe, so muß das als Trick zur Täuschung der Leser bezeichnet werden... Handlungen, die ›Hunderttausenden von Soldaten den Tod brachten‹, wie Giesler behauptet (S. 432), sind mit den Kaltenbrunner-Berichten gerade nicht zu belegen, weil die Beamten des Reichssicherheitshauptamtes eben nichts dergleichen festzustellen vermochten...«[40]

Die alt- und neonazistische Propaganda wiederholt seit Jahrzehnten in teilweise umfangreichen Publikationen ihre kaum variierten Verratsthesen.

Helmut Sündermann, ehemaliger Mitarbeiter des NS-Reichspressechefs Dr. Dietrich, veröffentlichte 1959 eine Kompilation von Texten unter dem Titel »Das Dritte Reich – Eine Richtigstellung in Umrissen«[41]. Ein Brief Sündermanns an den damaligen Bundesverteidigungsminister Kai Uwe von Hassel vom 2. August 1963, eine Leserzuschrift an den Münchner Merkur vom 7. September 1957 und die Rezension eines Buches von Walter Görlitz über Generalfeldmarschall Keitel (Wilhelm Keitel: geboren 1882, als Kriegsverbrecher in Nürnberg hingerichtet 1946) sollen in vorgetäuschter Objektivität die Verschwörer vom 20. Juli diskriminieren:

»In Ihrem Artikel bezeichnen Sie, Herr Minister, die ›Empörer gegen Hitler‹ unterschiedslos als ›Vorbilder für die Bundeswehr... Ich fürchte, mit einer so allgemeinen, uneingeschränkten, jegliche gegen das Dritte Reich tätige Persönlichkeit einschließenden Formulierung wird gerade den Soldaten, die in die Verschwörung aus selbstlosen und nationalen Motiven verwickelt waren, kein glücklicher Dienst erwiesen... Wie immer man das von Graf Kielmannsegg untersuchte Widerstandsrecht auslegen mag: einen Freibrief für Landes- und Kameradenverrat bietet es nicht...

Wenn ich es richtig verstehe, lautet ihr Argument... Der Eid binde beide Seiten; Hitler habe seinerseits die Eidverpflichtung zerbrochen, infolgedessen sei auch der Soldat ... seines Eides entbunden gewesen ... von seinem Amtseid auf die formelle Einhaltung der Weimarer Verfassung war er [Hitler]... bereits im März 1933 durch das Ermächtigungsgesetz ... nahezu völlig befreit... Das von Hitler stets verkündete politische Ziel der nationalen Unabhängigkeit und staatlichen Einheit aller Deutschen hat er nie aufgegeben, mit dem Feinde nicht konspiriert – wo wäre ein erkennbarer Eidbruch festzustellen gewesen?«[42]

Mit dem Anspruch auf höchstes wissenschaftliches Niveau sucht auch Karl Balzer in seinem Buch »Der 20. Juli und der Landesverrat – Eine Dokumentation über Verratshandlungen im deutschen Widerstand«[43] seine Leser zu düpieren. So heißt es in der Verlagsankündigung: »Der Autor hat in seiner umfassenden Studie alle erreichbaren Publikationen und Dokumente über den deutschen Widerstand des In- und Auslandes sorgsam durchforscht und gibt in seinem Werk eine wahrhaft atemberaubende Übersicht über den heute sichtbar gewordenen Landesverrat, die Sabotage, die Informationen an das Ausland, ja sogar an den Landesfeind, durch Angehörige des Widerstandes... Deutschland war vom ersten Tag des Zweiten Weltkrieges an im wahrsten Sinne des Wortes verraten und verkauft. Karl Balzers Studie ist eine überaus mutige Fortsetzung der Dokumentation von Erich Kern »Verrat an Deutschland!«[44] Der vom Verlag genannte Autor Erich Kern unterstützt im Vorwort zum Buch Balzers diese Auffassung:
»Völlig wird der ganze Umfang des Landesverrates innerhalb des 20. Juli vielleicht nie aufgedeckt werden können. Allzu viele Tatzeugen sind tot, allzu viele historische Dokumente wurden vernichtet, allzu viele aber sind unterschlagen worden oder befinden sich noch heute in den Staatsarchiven von Moskau und Washington... Doch nach der Dokumentation von Karl Balzer sind erschütternde und ... beschämende Konturen sichtbar geworden...«[45]

Das Buch Balzers ist keine Dokumentation, wie der Untertitel erwarten läßt, sondern eine Mischung von Darstellung, Urteilen, Kommentaren und eingestreuten Quellenauszügen. Die Überschriften der meisten Kapitel sprechen die angestrebten Bewertungen bereits deutlich aus: »Der Landesverrat der Schwarzen Kapelle«, »Landesverräterische Konspiration«, »Sowjetisches Spionagezentrum Schweiz«, »Der Landesverrat und die Sabotageakte der österreichischen Widerstandsgruppen«, »Das Strafgesetzbuch über den Landesverrat«.

Die Rachejustiz Hitlers gegen die Verschwörer wird nicht nur in Balzers Urteil als gnadenlos, aber gerecht hingestellt, sondern auch als Auffassung, die sich die Widerstandskämpfer zu eigen gemacht hätten:

»Leonrod: ›Ich bin nicht wert gewesen, ein Leonrod zu sein... Hoffentlich werde ich in die Familiengeschichte nicht aufgenommen, denn für diese bin ich ein Schandfleck...‹ Auch soweit die Verurteilten nicht zum engsten Kreis der Täter gehörten, bekennen sie sich in den Abschiedsbriefen als schuldig und sehen das Urteil als gerecht an.«[46]

Der Charakter des NS-Regimes als Unrechtsstaat hat für Balzer keinen Erkenntniswert bei der Beurteilung des deutschen Widerstandes: »Von einem Teil der Verschwörer und ihrer Fürsprecher ist die Grenze zwischen Landes- und Hochverrat immer wieder... verwischt worden mit der Erklärung, daß das Dritte Reich ein Unrechtsstaat gewesen sei. Will man diese Motivierung des Widerstandes gelten lassen, so bedeutet dies die Bejahung völliger Anarchie.«[47]

Einen gewissen Höhepunkt der alt- und neonazistischen Bestrebungen zur Diskriminierung des deutschen Widerstandes war der Kongress der Gesellschaft für Freie Publizistik vom 26. bis 28. Mai 1978 in Kassel zum Thema »Verrat und Widerstand im Dritten Reich«. Die Referate und Arbeitsergebnisse wurden in einer Broschüre veröffentlicht, die im Nation Europa Verlag Coburg 1978 erschien. Ehemalige nationalsozialistische Politiker und Historiker (z. B. der NS-Diplomat Karl Otto Braun, der Historiker Georg Franz-Willing), aber auch neonazistische Historiker, wie Gert Sudholt (Jahrgang 1943, Vorsitzender der Gesellschaft für Freie Publizistik) verurteilten den deutschen Widerstand in der bekannten pseudowissenschaftlichen Diktion:

»Die Niederlage des Zweiten Weltkrieges... hatte allen anständigen führerlos gewordenen Deutschen die Stimme verschlagen. Es sprachen nur mehr diejenigen, die niederen Verrat in hohes Heldentum verfälschten und sich dessen brüsteten.

Die Zentralfigur in der neudeutschen Walhalla ist Oberst Graf Stauffenberg, früher Anhänger Hitlers, dann Gegner. Zweifellos hatte er eine idealistische Ader... Stauffenberg hat... genauso wie bei seiner voreiligen Meldung, das Attentat sei geglückt, extrem fährlässig gehandelt. Dem schlichtesten jugoslawischen Gastarbeiter wäre niemals eingefallen, zur Konspiration laufend militärische Dienstwagen zu benutzen. Damit hat sich Stauffenberg am Tode vieler seiner Kameraden schuldig gemacht...

Mußten ... die eigenen Soldaten in den Tod geschickt werden, statt gegen den Diktator Auge in Auge vorzugehen und sich selbst zu opfern?... Leider hat diese landesverräterische Heimtücke des indirekten Angriffs auf die Person Hitlers von Anfang an die Geister des deutschen Widerstandes zersetzt. Sie verachteten kalt die damals enthusiastisch breite Zustimmung des Volkes und fielen Hitler bereits bewußt in den Rücken, als er begann, gegen das Unrecht von Versailles anzukämpfen... Dabei verbanden sich schon im Frieden skrupellos Hochverrat mit Landesverrat.«[48]

Der bereits erwähnte Dr. Georg Franz-Willing referierte über »Verrat und Widerstand aus ethischer und theologischer Sicht«. Willing definiert zunächst Verrat: »der Verrat bedroht und zerstört durch Treu- und Eidbruch die sittlichen Grundlagen jeder Gemeinschaft, ähnlich wie Meuterei, Fahnenflucht, Feigheit vor dem Feind, deren Wurzel der Verrat an der eingegangenen Bindung gegenüber der Gemeinschaft ist.«[49]

In einem zweiten Schritt wird der so beschriebene Verrat ohne jeden historisch-politischen Kontext mit dem deutschen Widerstand gleichgesetzt, als geistige Grundlage der Bundesrepublik Deutschland postuliert und in einem dritten Schritt als jüdisch-alliierte Weltanschauung des »westdeutschen Staatsgebildes« ausgegeben: »So wird... der laufende Landesverrat und militärische Verrat, der mit dem Hochverrat verbunden war, als ›Widerstand‹ beschönigt und verherrlicht, ja, die ›Widerstandsidee‹ wurde zur geistigen Grundlage der Bundesrepublik Deutschland gemacht... Im Jahre 1948 erschien aus der Feder eines jüdischen Emigranten, Professor Hans Rothfels, in den Vereinigten Staaten von Nordamerika ein Buch mit dem Titel: »The German Opposition to Hitler«. Pünktlich zur Gründung der Bundesrepublik Deutschland unter amerikanischer Patronanz kam im Jahre 1949 die deutsche Übersetzung dieses Buches heraus. Damit wurde die weltanschauliche Grundlage für das von den westlichen Alliierten errichtete westdeutsche Staatsgebilde geschaffen. Der summarische Buchtitel faßt alles zusammen, was aus irgendeinem Grunde, zu irgendeiner Zeit vor und während des Dritten Reiches sich als Gegner Hitlers und des Nationalsozialismus bekannte.«[50]

Auf der Grundlage dieser raffiniert-einfältigen historisch-politischen Konstruktion wird Hitler zum legalen Staatsmann, erfolgreichen Politiker und bedauernswerten Märtyrer erklärt:

»Nun steht fest, daß Hitler legal ... zur Macht gekommen ist, es steht aber auch fest, daß seine Machtausübung dem inneren Sinn der Staatsgewalt entsprechend legitim war, weil er das Gemeinwohl förderte in einem Maße, daß seine inneren und äußeren Feinde aus Neid und Eifersucht ob seiner beispielslosen Erfolge seinen Sturz mit allen Mitteln, auch dem des Krieges anstrebten.«[51]

Auf dem Hintergrund eines so gezeichneten Hitlerporträts, das sämtliche Quellen und Darstellungen der historischen Forschung stillschweigend übergeht, erscheint der Widerstand in den schwärzesten Farben. Emotionale Appelle ersetzen jede kritische Analyse:

»Während das deutsche Volk einen Existenzkampf durchfocht und aus tausend Wunden blutete, während täglich Tausende von deutschen Soldaten ihr Leben opferten, um Volk und Reich zu schützen, hielten die Widerständler es für richtig, diese Opfer sinnlos zu machen, indem sie für die Feinde Deutschlands arbeiteten...«[52]

Mit dem Verweis auf die dubiosen Darstellungen von David Hoggan (»Der erzwungene Krieg«), Bolko Freiherr von Richthofen (»Kriegsschuld 1939–1941«) und anderen wird Hitler und der Nationalsozialismus von der Schuld am II. Weltkrieg entlastet, wobei die gesamte umfangreiche kritische ausländische und deutsche Forschung nicht einmal Erwähnung findet:

»Waren die Widerständler legitimiert, gegen die bestehende Staatsgewalt vorzugehen als die wahren Vertreter der Interessen von Volk und Reich? Sie wären nicht einmal legitimiert gewesen, wenn die Behauptung, Hitler habe bewußt den Krieg vom Zaun gebrochen, stimmen würde. Diese Behauptung ist aber eine reine Unterstellung... Auf der falschen Behauptung von der Alleinschuld Hitlers am Ausbruch des Zweiten Weltkrieges beruht das ganze fragwürdige Gebäude des ›Widerstandes‹, aus ihr folgert erst der zweite Grund: nämlich die Kriegsverbrechen... Das Ausmaß der alliierten Kriegsverbrechen nach der totalen Kapitulation der Wehrmacht am wehrlosen deutschen Volk übertrifft allerdings alles, was während des Krieges auf beiden Seiten an Kriegsverbrechen verübt wurde.«[53]

Franz-Willing spricht dem deutschen Widerstand als Konsequenz seiner Geschichtsklitterung aus nationalsozialistischen Propagandathesen jede Legitimation ab:

»Für Verrat als Mittel des Widerstandes gibt es aus den geschilderten Gründen weder eine ethische noch eine theologische Rechtfertigung, denn der Verrat zerstört die sittlichen und religiösen Grundlagen der Gemeinschaft.«[54]

Die Darlegungen des nationalsozialistischen Historikers wurden hier aus folgenden Gründen relativ ausführlich wiedergegeben:

- o Die gegenwärtige massive Diskriminierungskampagne gegen den deutschen Widerstand durch alt- und neonazistische Historiker und Journalisten ist weitgehend unbekannt in der Öffentlichkeit.
- o Die extreme Abbildung des nationalsozialistischen Geschichtsbildes bei Franz-Willing im Hinblick auf den deutschen Widerstand zeigt am deutlichsten die alt- und neonazistische Konzeption.
- o Die Anhänger einer »gemäßigteren« Form der Verratsthese in einer größeren Öffentlichkeit (siehe Sinus-Studie) müssen wissen, welche Funktion und Konsequenz die Verratsthese im Zusammenhang der nationalsozialistischen Propaganda besitzt.
- o Eine Widerlegung der Verratsthese ist nur möglich, wenn die Argumentationsschritte der NS-Ideologen dem in der historisch-politischen Bildung Tätigen bekannt sind.

Da der Kongreß der Gesellschaft für Freie Publizistik in Kassel – aus verständlichen Gründen – von der demokratischen Öffentlichkeit kaum zur Kenntnis genommen wurde, fehlen bis auf wenige Ausnahmen (siehe Hermann Graml) offensive Auseinandersetzungen mit deren Thesen; häufig schon deshalb, weil man solche Geschichtsklitterungen einer ernsthaften Auseinandersetzung nicht für angemessen erachtet. Ohne der alt- und neonazistischen Konzeption einesteils übertriebene Publizität zu verschaffen, darf aber andererseits einer kontinuierlichen unwidersprochenen Verbreitung dieser Auffassungen nicht tatenlos und indigniert zugesehen werden.

Eine zusammenfassende Übersicht über die Behauptungen der alt- und neoanzistischen Konzeption, denen hier nicht im einzelnen nachgegangen werden kann, ergibt folgende Thesen:

- o In der Bundesrepublik Deutschland wird bedenkenlos und fortgesetzt Landes- und Hochverrat der Zeit von 1933–1945 als Widerstand verherrlicht.
- o Die Rechtfertigung des Verrates der Vergangenheit untergräbt ständig die Sicherheit der Bundesrepublik Deutschland in der Gegenwart und macht sie für unausgesetzten Verrat anfällig.
- o Der Verrat bedroht und zerstört durch Treu- und Eidbruch die sittlichen Grundlagen der Gemeinschaft, ähnlich wie Meuterei, Fahnenflucht, Feigheit vor dem Feind.
- o Die »Widerstandsidee« wurde zur geistigen Grundlage der Bundesrepublik Deutschland gemacht.

- Landesverrat kann niemals nützen, sondern dem Gemeinwohl nur schaden.
- Widerstand gegen Hitler war illegal, da er legal zur Macht gekommen ist. Seine Machtübernahme war legitim, da er das Gemeinwohl förderte.
- Der Widerstand wäre nicht einmal legitim gewesen, wenn Hitler den Krieg angefangen hätte. Diese Behauptung ist aber eine reine Unterstellung.
- Der Verrat der Widerständler verursachte entscheidend die totale Niederlage, den Verlust der nationalen Unabhängigkeit und der staatlichen Einheit.
- Der Attentäter hat die Verpflichtung zum Selbstopfer als Sühne für die Ermordung des Eidträgers.
- Verrat ist Mord an der Bevölkerung der Heimat und den Soldaten an der Front.
- Das Attentat vom 20. Juli 1944 zerbrach Hitler innerlich. Es fehlte ihm seitdem das Vertrauen in seine nächste Umgebung und politische »fortune«.
- Treue und Untreue kennzeichnen die deutsche Geschichte. Die Treue zu Hitler siegte am 20. Juli. Entscheidend sind nicht die Eidbrüchigen, sondern die Eidtreuen an der Front und in der Heimat. Die Treue muß ethischer Hochwert als Grundlage der Wehrkraft bleiben.
- Zum Widerstand mit metaphysischer Verantwortung ist nur der oberste militärische Führer befähigt, berechtigt und verpflichtet. Der einzelne Soldat und Offizier besitzt solch hohe Einsichten nicht.
- Viele Opportunisten schlugen sich nach dem Krieg auf die Seite der Widerständler, gemeine Verräter gaben sich als Widerständler aus, viele Saboteure und Agenten waren Handlanger des Antigermanismus.

II.6 Die plural-additive Konzeption

Der 156. Band der Schriftenreihe der Bundeszentrale für politische Bildung[55] enthält die Materialien der vom 7. bis 10. 11. 1978 in Berlin veranstalteten Fachtagung »Zur Behandlung von Nationalsozialismus und Widerstand im Schulunterricht«, die von der Bundeszentrale gemeinsam mit der Forschungsgemeinschaft 20. Juli veranstaltet wurde. Anregungen zu dieser didaktischen Fachtagung kamen von der Ständigen Konferenz der Kultusminister der Länder und des Senats für Schulwesen in Berlin. Der erste Teil widmet sich einer kritischen Bestandsaufnahme der Thematik im Geschichtsunterricht, in der historisch-politischen Bildung seit 1945 und in Richtlinien und Lehrplänen der Bundesländer. Ziel der kritischen Reflexion ist, eine Grundlage für den 2. Teil, Anregungen für den Unterricht, zu schaffen. Während H. Mommsen, D. Peukert, A. Krink vor allem die fachwissenschaftlichen und allgemeinen didaktischen Probleme behandeln, schließen zwei Unterrichtseinheiten von J. Markmann (I. David Rubinowicz – Die Verfolgung einer jüdischen Familie in Polen; II. die »Edelweißpiraten« – Jugendopposition in Deutschland) den unterrichtspraktischen Teil ab. In einem 3. Teil werden die Ergebnisse der Gruppenarbeit dokumentiert; für das Thema Widerstand sind besonders die Ergebnisse der Gruppe C interessant:

I. Allgemeine und methodische Grundsätze für die Behandlung des deutschen Widerstands im Unterricht
II. Inhaltliche Schwerpunkte und Problembereiche, die bei einer Neufassung von Schulbüchern und Unterrichtsmaterialien berücksichtigt werden sollten
III. Anregungen zur praktischen Umsetzung

Da die allgemeinen Grundsätze des 3. Teils der Publikation weitgehend einen institutionellen, fachwissenschaftlichen und fachdidaktischen Konsens darstellen, der sich wohl auch in dem späteren KMK-Beschluß über die Behandlung des deutschen Widerstandes gegen den Nationalsozialismus abbildet, seien hier stark verkürzt einige Thesen wiedergegeben:

I. Allgemeine und methodische Grundsätze

1. Deutscher Widerstand und nonkonformes Verhalten im Dritten Reich lassen sich nur im Kontext mit der Entwicklung der NS-Herrschaft darstellen.
2. Die Arten des Widerstandes und nonkonformen Verhaltens bilden sich in Lernprozessen heraus, die sich in drei Konstellationen markieren:
   - 1933–1935: Nachfolgewiderstand vornehmlich aus der Arbeiterschaft in traditioneller Form in der Konsolidierungsphase des Regimes
   - 1936–1939: Formierungsanspruch des Regimes und Aufrüstungsboom verengen den Arbeiterwiderstand auf informelle Gruppen, die christlichen Konfessionen verteidigen ihre kulturelle Autonomie und ihre ethischen Maximen
   - 1939–1945: Ausweitung des Krieges internationalisiert den Widerstand, desintegriert die deutschen militärischen und politischen Eliten, führt zur Neuformierung und partiellen Konvergenz des Widerstandes; Kulminationspunkt ist der 20. Juli 1944.
3. Widerstand läßt sich nur in Relation zur Dynamik des NS-Regimes definieren. »Widerstand ... ist dann ein Verhalten, das einmal auf den Sturz des NS-Regimes hinarbeitet, zum anderen, NS-Verbrechen zu verhindern trachtet.«[56]

4. Die Darstellung des Widerstands und nonkonformen Verhaltens zielt auf:
   - Die Genesis von Alternativkonzepten zum NS-Staat
   - die differenzierte Abbildung der Realität sozialen Verhaltens vom Mitläufertum bis zum aktiven Widerstand
   - die Chance zur positiven Identifikation mit Personen und Beispielen einer demokratischen Traditionslinie
   - eine historisch-kritische Urteilsbildung über den Widerstand
   - die Rezeption des Widerstands für die Nachkriegsverfassung der späteren Bundesrepublik Deutschland
5. Die Reduktion der didaktischen Umsetzung sollte unberührt lassen:
   - die Vielfalt der politisch-ideellen Komponenten des Widerstands,
   - die moralisch-ethischen Anstöße,
   - die soziale Zusammensetzung,
   - die Entwicklung auf einen Grundkonsens in der Verteidigung der Menschenrechte,
   - die Rolle des Arbeiterwiderstands in seinen verschiedenen politischen Strömungen,
   - den Anteil der Ausländer und der KZ-Häftlinge.
6. Darstellung der potentiellen Offenheit der Entscheidungssituation einschließlich Eid- und Verratsproblematik
7. Der Schüler soll verschiedene Arten des Widerstands und nonkonformen Verhaltens im Dritten Reich und ihre Bedeutung kennenlernen.
8. Die Darstellung des deutschen Widerstands beabsichtigt auch eine Identifikation mit demokratischen Werthaltungen.

Im Anhang der Publikation wurde eine Ausarbeitung der Kommission der Gewerkschaft Erziehung und Wissenschaft und des Zentralrats der Juden in Deutschland zum Thema »Der Nationalsozialismus im Unterricht« aufgenommen, die eine Arbeitshilfe zur Unterrichtsplanung in der Sekundarstufe I bieten will. Im Kontext der Darstellung der nationalsozialistischen Diktatur in neun Themenkreisen wird der Widerstand gegen die NS-Diktatur als neuntes Thema unter folgenden Gesichtspunkten gegliedert:
Widerstand in der Arbeiterschaft (SPD, KPD, Gewerkschaften)
Widerstand in den Kirchen (Euthanasieprogramm)
Widerstand in Form von individueller Hilfe und Schutz für Verfolgte
Widerstand in bürgerlichen Kreisen während des Krieges (Weiße Rose, Kreisauer Kreis)
Militärischer Widerstand (20. Juli 1944)

Für die fünf genannten Einzelthemen werden jeweils Quellentexte und AV-Medien angegeben und mit kurzen Anmerkungen versehen.

Im Anhang der Broschüre »Der Nationalsozialismus als didaktisches Problem« findet der Lehrer Literatur zur Unterrichtsplanung: Sachinformationen, didaktisch-methodische Orientierungshilfen, Quellensammlungen, ergänzende Literatur zur Schilderung der Lebensumstände (zeitgenössische Berichte, Sammelbände, Romane, Jugendromane) und ein Verzeichnis der audiovisuellen Medien (Filme, Spielfilme, Tonbänder, Hörspiele, Dia-Reihe).

1981 erschien ein umfassender Unterrichtsvorschlag zum Thema Nationalsozialismus für die Sekundarstufe II.[57] Die sieben Unterrichtsthemen (Ideologie, Massenpsychologie, NS an der Macht, Judenverfolgung, NS-Außenpolitik, deutscher Widerstand, Faschismusproblem) verteilen sich auf 18 Stunden (einschließlich einer Alternativ-Stunde: Die Schule im Dritten Reich), von denen zwei Stunden dem deutschen Widerstand gewidmet sind (16. und 17. Stunde). In der Vorbemerkung zur 16. Stunde: »Der Deutsche Widerstand« wird auf der Grundlage der KMK-Empfehlung zur Behandlung des Widerstandes in der NS-Zeit im Unterricht (28. 1. 1981) das Hauptlernziel folgendermaßen definiert:

»Bei der Behandlung des deutschen Widerstandes gegen die Diktatur des Nationalsozialismus soll der Schüler verschiedene Arten des Widerstands und des nonkonformen Verhaltens kennenlernen, sowie einen Überblick über die Vielfalt der politisch-ideellen Komponenten und Motive der verschiedenen Gruppen erhalten. Dabei soll die Darstellung des deutschen Widerstands nicht nur historische Kenntnisse vermitteln, sondern den Jugendlichen Identifikationsmuster für demokratisches und humanes Handeln liefern; sie sollen also Beispiele für Zivilcourage und Nonkonformität erhalten. Somit werden die Schüler Situationen erfahren, die Illoyalität gegenüber einem Unrechtsregime erforderlich machen. Die Schüler lernen ferner Alternativkonzepte und deren Entstehung kennen und beurteilen.«[58]

Die ausführlich dargelegten einzelnen Lernziele beziehen sich unter anderem auf die Probleme der Definition des Begriffes Widerstand, die Möglichkeiten und Bedingungen des Widerstands, seine Phasen, Motive, Handlungen, Ziele und die Gründe des Scheiterns. Die Verlaufsskizze für die 16. Stunde gliedert sich in folgende Unterrichtsschritte:

1. Probleme des Widerstands
2. Der Widerstandsbegriff
3. Das heutige Widerstandsrecht
4. Bedingungen und Grenzen der Widerstandsgruppen

Der 4. Unterrichtsschritt stellt in einem Lehrervortrag drei historische Phasen des Widerstands im Kontext mit der Entwicklung des NS-Regimes vor:

1. Phase von 1933–35
   Konsolidierung des Systems und Ausbau des Polizeistaates
2. Phase von 1936–39
   Formierungsanspruch des NS-Regimes in allen gesellschaftlichen Regionen; neue systemspezifische Widersprüche durch Aufrüstungsboom; christliche Konfessionen versuchen ethische Maxime zu verteidigen.
3. Phase von 1939–45
   Ausweitung des Krieges – militärischer Widerstand verstärkt sich[59].

Die Verlaufsskizze für die 17. Stunde gliedert sich in vier Unterrichtsschritte. Das bei jeder unterrichtlichen Erarbeitung des deutschen Widerstands entstehende Problem, in angemessener Form der Vielfalt und Uneinheitlichkeit des Widerstands gerecht zu werden, suchen die Autoren durch Vorschläge für Gruppenarbeitsthemen zu lösen:
Unterrichtsschritt 1: Gruppenarbeit
Unterrichtsschritt 2: Vorstellung der Ergebnisse
Unterrichtsschritt 3: Gründe des Scheiterns des Widerstands
Unterrichtsschritt 4: Stellungnahme der Schüler zum deutschen Widerstand

Die Gruppenarbeit der beiden ersten Unterrichtsschritte will bekanntere Widerstandsgruppen (Gruppe 1: »Die Weiße Rose«, Gruppe 3: Der »Kreisauer Kreis«, Gruppe 4: Militärischer Widerstand) berücksichtigen, aber auch unbekanntere (Gruppe 2: »Die Edelweißpiraten«) nicht vernachlässigen. Der Schwerpunkt soll gegebenenfalls auf dem Jugendwiderstand liegen. Eine Rechtfertigung der didaktischen Entscheidungen wird im Forschungsstand und der Eigenart des Jugendwiderstands gesehen. Ein Folienvorschlag (Plan für die Gliederung einer Übergangsregierung nach einer Beseitigung Hitlers) und ein Vorschlag für ein Arbeitsblatt zu Unterrichtsschritt 2 (Übersicht über die ausgewählten Widerstandsgruppen nach Herkunft, politischer Einstellung, Methode des Widerstands und seine Probleme, Folgen ihres Widerstands) ergänzen die Unterrichtsvorschläge.

Die Darstellung von Unterrichtsvorschlägen, die sich der plural-additiven Konzeption am ehesten zuweisen lassen, wäre unvollständig ohne den Hinweis auf ein für den Religionsunterricht der Sekundarstufe II bestimmten Entwurf aus dem Jahre 1982 von Volker Fabricius mit dem Titel »Kirche im Nationalsozialismus – Zwischen Widerstand und Loyalität«[60]. Dem Materialheft ist zur Einführung ein Gespräch zwischen Vater und Sohn vorangestellt, das eine recht eindrucksvolle Aktualisierung des Themas zur Diskussion stellt.

»S: Unser Geschichtslehrer hat ... gefragt, was wir tun würden, wenn die Bundesregierung verfügt, die Zeugen Jehovas müßten Zipfelmützen tragen und statt der Gehsteige die Fahrbahn benutzen... Fast alle waren der Meinung, daß sie nichts tun würden.

V: Du auch?

S: Ich auch.

V: Warum?

S: Weil ich mir nichts vormache... Der einzelne kann da gar nichts ausrichten... Zwei waren der Meinung, wenn die Zeugen Jehovas weiter so gegen das Christentum hetzten, so geschehe es ihnen auch ganz recht...«[61]

Der enge Zusammenhang von christlicher Ethik und Widerstand im Nationalsozialismus ist evident. Konflikt- und Entscheidungssituationen in der Diktatur beinhalten Konfrontationen mit dem christlichen Gewissen. Glaubensweisen und Überzeugungen der Konfessionen müssen sich im Handeln oder Unterlassen legitimieren und bewähren. Zudem ist die Zeit von 1933–1945 nicht zuletzt auch ein wichtiger Abschnitt der Kirchengeschichte. Das Verhältnis von Staat und Kirche erfuhr in theologischer und politischer Hinsicht neue Entscheidungs- und Handlungsdimensionen.

Den didaktisch-methodischen Konsequenzen kann hier nicht ausführlich nachgegangen werden. Das erübrigt sich um so mehr, als ein Unterrichtsmodell[62] zu diesem Thema vorliegt, das in fachwissenschaftlich und fachdidaktisch angemessener Weise das Verhältnis von Widerstand und Kirchen im Nationalsozialismus behandelt.

In der öffentlichen Diskussion über die Zeit der NS-Diktatur werden unter anderem häufig die folgenden Fragen gestellt:

- Wie waren die Konzentrations- und Vernichtungslager möglich?
- Weshalb konnten in einem kulturell hochstehenden christlichen Land die Juden verfolgt und ausgerottet werden?
- Wie haben sich die einzelnen Christen und ihre Kirchen in dieser Zeit verhalten?

Diese Fragestellungen gehören nicht zuletzt in den Religionsunterricht.

»Oft schließen sich weiterführende Fragen an:

Haben die Kirchen versucht, dem Morden Einhalt zu gebieten? Sind sie den Erwartungen vieler Christen, Gewissen des Volkes zu sein, gerecht geworden?

Hat sich das Christentum in dieser schweren Stunde bewährt, hat es den Schwachen den Arm gereicht?«[63]

Volker Fabricius hat unter dem Titel »Kirche und Nationalsozialismus – Zwischen Widerstand und Loyalität« ein Unterrichtsmodell vorgelegt, das diese und ähnliche Fragen beantworten soll.

In den Erläuterungen zu dem Aufbau und zu den Zielen des Kurses werden die didaktischen Schwerpunkte umrissen:

- o Wie war das Verhältnis von Kirche und Nationalsozialismus (Diktatur), von Kirche und Staat?
- o Wie hat sich die Kirche zur Judenverfolgung und zur sogenannten Vernichtung »lebensunwerten« Lebens gestellt?
- o Wie haben sich einzelne Christen verhalten (Beispiel Dietrich Bonhoeffer)?

Die Unterrichtsstruktur ergibt sich aus diesen Schwerpunktsetzungen:

»1. Zur grundlegenden Einführung für alle Kursteilnehmer:
Block A: Die Evangelische Kirche und der Nationalsozialismus

2. Vier Themenbereiche für die Schwerpunktarbeit in Gruppen:
Block B: Die Haltung der Katholischen Kirche in der NS-Zeit
Block C: Die Kirche vor der Judenfrage
Block D: Die Vernichtung »lebensunwerten« Lebens – das Problem der Euthanasie
Block E: Dietrich Bonhoeffer
Die Ergebnisse dieser Gruppenarbeiten können als mündliche oder schriftliche Referate dem Gesamtkurs zugänglich gemacht werden.

3. Gemeinsame Arbeit an den Fragen nach den Konsequenzen der Geschichte:
Block F: Schulderklärung und Schuldverdrängung – Folgerungen und Versäumnisse: Kirche und Politik heute.«[64]

Allerdings hat der Autor die Haltung der Katholischen Kirche nur in einem Kapitel, nicht aber parallel zur Behandlung der Evangelischen Kirche vorgestellt. Für diese Entscheidung macht er persönliche Interessen für die Evangelische Kirche und didaktische Gründe der Schwerpunktsetzung geltend. Abschließend bemerkt er: »Die Beschränkung auf den Weg der Evangelischen Kirche berücksichtigt den Tatbestand, daß die Auseinandersetzung zwischen Evangelischer Kirche und nationalsozialistischem Staat prinzipieller und somit auch anschaulicher für die Schüler verlaufen ist; daß bei differierender Ausgangssituation die Praxis beider Kirchen sich im Endeffekt nicht wesentlich voneinander unterschied, spricht ebenfalls für die gewählte Reduktion im Inhalt.«[65]

Ein Blick auf die von Fabricius vorgelegte Unterrichtsstruktur zeigt, daß wenige thematische Änderungen genügen, um den Zielen des katholischen Religionsunterrichts gerecht zu werden. Das neue Schema sähe dann etwa so aus:

1. Zur grundlegenden Einführung für alle Kursteilnehmer:
   Block A: Die Katholische Kirche und der Nationalsozialismus

2. Vier Themenbereiche für die Schwerpunktarbeit in Gruppen
   Block B: Die Haltung der Katholischen Kirche in der NS-Zeit
   Block C: Die Kirche vor der Judenfrage
   Block D: Die Euthanasie
   Block E: Beispiel eines katholischen Widerstandskämpfers

3. Gemeinsame Arbeit an den Fragen nach den Konsequenzen der Geschichte:
   Block F: Schuldeinsichten und Schuldverdrängung – Folgerungen und Versäumnisse: Kirche und Politik heute

Für Block E (Beispiel eines katholischen Widerstandskämpfers) kommen eine Reihe von eindrucksvollen Persönlichkeiten in Frage (siehe das entsprechende Kapitel über den christlichen Widerstand). An dieser Stelle sei ergänzend auf einen katholischen Priester hingewiesen, der Auschwitz als äußerste Möglichkeit deutete, seiner Berufung zu entsprechen. Gemeint ist Maximilian Kolbe (1894–1941), der von der katholischen Kirche am 10. Oktober 1982 mit der Heiligsprechung geehrt wurde. In seiner Gestalt lernt der Schüler einen Menschen kennen, der eine kompromißlose Haltung vorlebte. Standhaftigkeit, Geduld und Nächstenliebe bestimmten seine Haltung auch in der entmenschlichenden Hölle von Auschwitz. Bewußt entschließt er sich zum Martyrium und nimmt für einen Mithäftling den Tod im Hungerbunker auf sich: »Ich, ein polnischer Priester, will für ihn sterben, denn er hat Frau und Kinder.«[66]

Das Heft, aus dem das vorangegangene Zitat entnommen wurde, bietet in der Verbindung von Sprache (Gedichte) und Bild (Holzschnitte) eine didaktisch-methodisch überzeugende Darstellung des Leidensweges von Maximilian Kolbe.

M. Kościelniak, der die Holzschnittillustrationen zum Leben und Sterben

Kolbes in Auschwitz schuf, war selbst Zeuge jenes Vorfalls in den letzten Julitagen des Jahres 1941, als Kolbe sein Leben zum Tausch anbot. Folgende Holzschnitte beschreiben den »Kreuzweg des Maximilian Kolbe«:

I. Todesspruch (Kolbe als Häftling)
II. Kreuzeslast (Kolbe mit Schubkarre vor dem Aufseher)
III. Zusammenbruch (Ein Aufseher schlägt Kolbe)
IV. Begegnung (Kolbe spendet das Sakrament)
V. Mittragen (Kolbe trägt mit einem Häftling einen Toten zum Krematorium)
VI. Betroffenheit (Kolbe teilt seine Suppe)
VII. Verlassenheit (Zusammenbruch beim Appell)
VIII. Trostspruch (Kolbe predigt Häftlingen)
IX. Heiligung (Kolbe betet)
X. Stellvertretung (Kolbe opfert sich für einen Häftling)
XI. Martyrium (Hungerbunker)
XII. Todesstunde (Phenolspritze)

II.7 Schlußfolgerungen

Der Stand der fachwissenschaftlichen und vor allem fachdidaktischen Diskussion ließ nur eine noch sehr vorläufige Skizze mehr oder weniger faßbarer didaktischer Konzeptionen zu. In die plural-additive Konzeption sind zahlreiche Erfahrungen und Anregungen der Diskussion um die schulische und außerschulische Vermittlung des deutschen Widerstands eingegangen.

Deutlich ist, daß die alt- und neonazistische Konzeption keinen Beitrag zum Verständnis des deutschen Widerstands leisten kann. Sämtliche Thesen dieser Position stehen im Gegensatz zu dem fachwissenschaftlichen Erkenntnisstand, zum angemessenen Verständnis des deutschen Widerstandes, seiner Leistungen für die deutsche Nachkriegsgesellschaft und seines Vermächtnisses für die politisch-historische Bildung. Personalistische, idealistische und parteipolitische Reduzierungen der Rezeption des Widerstands bleiben mit ihren unvermeidlichen Verkürzungen und Vereinfachungen zumindest teilweise unbefriedigend monokausal. Formeln vom »Anderen Deutschland« und vom »Aufstand des Gewissens« sind notwendige Hinweise auf alternative politische Entscheidungen, aber als moralische Kategorien nur Verweise auf Defizite der historischen Analyse.

Die skizzierten Unterrichtsangebote zum Thema deutscher Widerstand bestätigen die Diskussion mit Lehrern, daß alternative und ergänzende Unterrichtsvorschläge weiterhin notwendig sind. Dabei erweist sich als zeitökonomischer Rahmen ein Minimum von zwei und ein Maximum von zehn Unterrichtsstunden.

Eine ausführlichere Behandlung des Themas wird vor allem dann möglich, wenn eine fachübergreifende oder fächerverbindende Planung gegeben ist. Vor allem die Verbindung von Literatur und Geschichte, aber auch Kunst und Geschichte, Religion und Geschichte sowie andere Kombinationen erlauben eine intensivere und aspektreichere Erarbeitung des Themas. Entsprechende Themenkomplexe sind z. B.:

- der Widerstand aus der Emigration,
- die antifaschistische Literatur,
- die antifaschistische Kunst,
- außerschulische Aktivitäten (Besuch von Museen, Gedenkstätten, »alternative Stadtrundfahrten« u. a.)
- Widerstandsrecht und Widerstandspflicht
- Rezeption und Bewertung des Widerstands in der Bundesrepublik Deutschland,
- der gewerkschaftliche Widerstand,
- der 20. Juli 1944 als Kulmination ziviler und militärischer Opposition.

In der Tabelle »Didaktische Konzeptionen zum deutschen Widerstand gegen den Nationalsozialismus (1933–1945) werden mit den bereits beschriebenen Vorbehalten und Einschränkungen die unterschiedlichen Positionen übersichtlich angeordnet. Die Konzeptionen sind erläutert nach ihrer zentralen These; auf entsprechende Darstellungen, wo möglich, unterrichtliche Entwürfe, wird verwiesen.

Der berechtigten Forderung der Geschichtsdidaktiker nach einem multiperspektivischen, nicht eindimensionalen Unterricht, dürfte die plural-additive Konzeption am ehesten entsprechen.

II.8 Didaktische Konzeptionen zum deutschen Widerstand gegen den Nationalsozialismus (1933–1945)

(Die Positionen sind als tendenziell und vernetzt zu verstehen; das Ausmaß ihres Einflusses auf die Unterrichtswirklichkeit kann nur vermutet werden.)

Didaktische Konzeption	zentrale These	didaktisches Modell
personalistische Konzeption	Einsame Entschlüsse einzelner Männer (vor allem Stauffenberg) führten zum Widerstand gegen den Nationalsozialismus, bzw. es fehlte eine führende Persönlichkeit.	Hagener, Deutschland unter der Diktatur 1933–1945; 1966, S. 168ff. Loch, Der Nationalsozialismus in Unterrichtsbildern; 1977, S. 187ff. Reichert, Der 20. Juli 1944; in: Lebendige Schule 1972/5, S. 193ff.
idealistische Konzeption	Der deutsche Widerstand ist das Ergebnis einer Gewissensempörung, einer ethischen Entscheidung zur überzeitlichen Wertordnung unabhängig von politisch-pragmatischen Überlegungen.	Leber, Das Gewissen steht auf – 64 Lebensbilder aus dem deutschen Widerstand 1933–1945; 1956 Neuauflage 1984 v. Hase & Koehler Verlag Mainz
Repräsentanz- und Alternativkonzeption	Der deutsche Widerstand ist der Repräsentant des »Anderen Deutschlands« und beweist, der Nationalsozialismus war nicht zwingende Konsequenz der deutschen Geschichte; es gab eine Alternative.	van Norden, Das Dritte Reich im Unterricht; 1981 (4. veränderte Auflage), S. 68–87 Position gegenüber 1. Auflage differenzierter
parteipolitische Konzeption	Die VVN/DKP Position sieht in der KPD die stärkste und aktivste Kraft des deutschen Widerstandes, die seit der Weimarer Republik kontinuierlich und kompromißlos durch eine Einheitsfrontpolitik den Faschismus bekämpfte.	Gertzen, Antifaschistischer Widerstand, Unterrichtseinheit für 12 Stunden; 1977

Didaktische Konzeption	zentrale These	didaktisches Modell
alt- und neonazistische Konzeption	Der deutsche Widerstand war moralisch und politisch verwerflicher Landes- und Hochverrat, der mit seiner Tätigkeit im Frieden und Krieg Hitlers Wirksamkeit begrenzte, entscheidend die totale Niederlage, die nationale Unabhängigkeit und den Verlust der staatlichen Einheit verursachte.	Verrat und Widerstand im Dritten Reich, Referate und Arbeitsergebnisse des zeitgeschichtlichen Kongresses der Gesellschaft für Freie Publizistik vom 26.–28. Mai 1978 in Kassel; 1978 Remer, Verschwörung und Verrat um Hitler; Preußisch Oldendorf 1981
plural-additive Konzeption	Der Widerstand ist ein Lernprozeß im Kontext der dynamischen Entwicklung des NS-Herrschaftssystems und muß in seinen unterschiedlichen weltanschaulichen und politischen Formen, Zielen, Gruppen und Personen vom nonkonformen und oppositionellen Verhalten mit dem Ziel einer rationalen und emotionalen Identifikation dargestellt werden.	Beilner, Das Dritte Reich – Unterrichtsmodelle; S. 129–135; in: Köhle, Das Dritte Reich; 1972, Beiträge zur Behandlung des NS-Systems und des deutschen Widerstandes im Unterricht, S. 167–175; 1980 (Bundeszentrale für politische Bildung, Heft 156) KMK Empfehlungen vom 4. 12. 1980 W.-R. Größl/H. Herrmann, Stundenblätter Das Dritte Reich – Sekundarstufe II Stuttgart 1981

Anmerkungen:

1 Erich Kosthorst: Didaktische Probleme der Widerstandsforschung, in: Geschichte in Wissenschaft und Unterricht 1979/9, S. 553
2 Kosthorst, a.a.O., S. 552
3 Melnikow: Der 20. Juli 1944, Hamburg 1968
4 Cäsar Hagener: Deutschland unter der Diktatur 1933–1945, Braunschweig 1966, S. 169ff.
5 Hagener, a.a.O., 174ff.
6 Werner Loch/Alfons Hoffmann: Der Nationalsozialismus in Unterrichtsbildern, Limburg 1977, S. 194
7 Loch/Hoffmann, a.a.O.
8 Loch/Hoffmann, a.a.O., S. 187
9 Loch/Hoffmann, a.a.O., S. 194
10 Loch/Hoffmann, a.a.O., S. 200
11 Loch/Hoffmann, a.a.O., S. 187
12 Loch/Hoffmann, a.a.O., S. 190
13 Loch/Hoffmann, a.a.O., S. 192
14 Annedore Leber: Das Gewissen steht auf – 64 Lebensbilder aus dem deutschen Widerstand 1933–1945, Berlin 1956, S. 6
15 Leber, a.a.O., S. 5
16 Leber, a.a.O., S. 181f.
17 Leber, a.a.O., S. 9f.
18 Leber, a.a.O., S. 5
19 Leber, a.a.O., S. 7
20 Günther van Norden: Das Dritte Reich im Unterricht, Frankfurt am Main 1970 (1. Auflage), S. 92
21 Erich Kosthorst: Das nationalsozialistische Regime, Paderborn 1980/81, Lehrerheft – Arbeitsheft – Materialheft
22 Kosthorst, a.a.O., Lehrerheft, S. 7
23 Kosthorst, a.a.O., Lehrerheft, S. 24
24 Günther van Norden: Das Dritte Reich im Unterricht, Frankfurt am Main 1981 (4., veränderte Auflage, 1. Auflage 1970)
25 Hans-Uwe Rump: Geschichte Abitur – Kollegstufe/Sekundarstufe II – Klausur, München 1980
26 Rump, a.a.O., S. 9
27 Rump, a.a.O., S. 119ff
28 »Demokratische Erziehung«, im 9. Jahrgang; Unterrichtseinheiten für Schule und Jugendbildung
29 Otto Gertzen: Antifaschistischer Widerstand – Unterrichtseinheit für zwölf Stunden, Reihe Demokratische Lehrinhalte, Frankfurt am Main 1977
30 Albrecht Lein: Kritik einer Unterrichtseinheit der VVN, in: Neue Erziehung 2/1978

[31] Gertzen, a.a.O.
[32] Lein, a.a.O., S. 34f.
[33] Lein, a.a.O., S. 35
[34] Lein, a.a.O., S. 34
[35] Lein, a.a.O., S. 34f.
[36] Ergebnisse einer Repräsentativbefragung in Prozent der Wahlbevölkerung (N = 6968); in: »Wir sollten wieder einen Führer haben...« – Sinus-Studie, Hamburg 1981, S. 81
[37] Gert Sudholt: Verrat an Deutschland gestern, heute – und morgen? in: Verrat und Widerstand im Dritten Reich, Referate und Arbeitsergebnisse des zeitgeschichtlichen Kongresses der Gesellschaft für Freie Publizistik vom 26.–28. Mai 1978 in Kassel, Coburg 1978, S. 124
[38] Hermann Graml: Alte und neue Apologeten Hitlers; Benz (Hrsg.): Rechtsradikalismus: Randerscheinung oder Renaissance? Fischer Tb. 4218, Frankfurt am Main 1980, s. 98ff.
[39] Graml, a.a.O., »konstruiertes Blendwerk«, S. 107
[40] Graml, a.a.O., S. 114f.
[41] Helmut Sündermann: Das Dritte Reich – Eine Richtigstellung in Umrissen, erweiterte Neuauflage 1964
[42] Sündermann, a.a.O., S. 219ff
[43] Karl Balzer: Der 20. Juli und der Landesverrat – Eine Dokumentation über Verratshandlungen im deutschen Widerstand, Göttingen 1967
[44] Karl Balzer, a.a.O., Schutzumschlag
[45] Balzer, a.a.O., S. 10
[46] Balzer, a.a.O., S. 124
[47] Balzer, a.a.O., S. 304
[48] Verrat und Widerstand im Dritten Reich; Referate und Arbeitsergebnisse des Zeitgeschichtlichen Kongresses der Gesellschaft für Freie Publizistik vom 26.–28. Mai 1978 in Kassel, Coburg 1978, S. 14ff.
[49] Georg Franz-Willing: Verrat und Widerstand aus ethischer und theologischer Sicht; in: Verrat und Widerstand im Dritten Reich, S. 4
[50] Franz-Willing, a.a.O., S. 4ff.
[51] Franz-Willing, a.a.O., S. 8
[52] Franz-Willing, a.a.O., S. 8
[53] Franz-Willing, a.a.O., S. 9
[54] Franz-Willing, a.a.O., S. 10
[55] Der Nationalsozialismus als didaktisches Problem, Beiträge zur Behandlung des NS-Systems und des deutschen Widerstands im Unterricht, Schriftenreihe der Bundeszentrale für politische Bildung, Band 156, Bonn 1980
[56] Der Nationalsozialismus als didaktisches Problem, a.a.O., S. 168
[57] Wolf Rüdiger Größl/Harald Herrmann: Stundenblätter Das Dritte Reich – Beispiel eines faschistischen Staates; Sekundarstufe II, Klett Schulpraxis, Stuttgart 1981

[58] Größl/Herrmann, a.a.O., S. 132
[59] Größl/Herrmann, a.a.O., S. 134ff.
[60] Arbeitsmaterial Religion – Sekundarstufe II, Volker Fabricius: Kirche im Nationalsozialismus – Zwischen Widerstand und Loyalität, Lehrerhandbuch und Materialband, Diesterweg Verlag, Frankfurt am Main 1982
[61] Fabricius, Materialband, S. 2
[62] Fabricius, a.a.O., S. 1
[63] Fabricius, a.a.O., S. 1
[64] Fabricius, a.a.O., S. 1
[65] Fabricius, a.a.O., S. 1
[66] M. Kościelniak/Th. Mechtenberg: Der Kreuzweg des Maximilian Kolbe; Kevelaer 1982, S. 3

III. UNTERRICHTSVORSCHLÄGE

III.1. Didaktisch-methodische Vorbemerkungen

Während in der Sek. I die Behandlung der wesentlichen Fakten, Daten und Ereignisse des deutschen Widerstandes im Mittelpunkt des Unterrichts stehen wird, kann in der Sek. II die Konzentration auf ausgewählte Problembereiche stärker in den Vordergrund treten.

Wo sich bei schriftlicher beziehungsweise mündlicher Prüfung erweist, daß die Kenntnisse des chronologisch-ereignisgeschichtlichen Rahmens unbefriedigend sind, bieten sich zur Kompensation unter anderem folgende Möglichkeiten an:

- zusammenfassendes Lehrer- oder Schülerreferat;
- erarbeitendes Lehrer-Schülergespräch;
- Erwerbung des fehlenden Wissens durch Exkurse in Verbindung mit der Behandlung des neuen Stoffes;
- Verteilung einer klar gegliederten Übersicht mit den wichtigsten Daten und Fakten, die jeweils bei auftretenden Unklarheiten zu Rate gezogen werden kann.

Im Interesse der historisch-politischen Dimension des Widerstandes sollte aber eine ermüdende und wenig motivierende Überbewertung formaler Kenntnisse vermieden werden. Der sachbezogene Rückgriff auf eine den Schülern vorliegende chronologisch-ereignisgeschichtliche Übersicht, der Übungseffekt durch Wiederholungen bei Klärungen übergeordneter Probleme wird sich langfristig gesehen als effektiver erweisen als eine diese Altersstufe demotivierende neuerliche systematische Vermittlung des Grundwissens.

III.2 Unterrichtsvorschlag: Widerstandskämpfer berichten

III.2.1 Sachinformationen

Filmtitel:	*Widerstand im Dritten Reich – es gab nicht nur den 20. Juli... Menschen an der Basis*
Regisseur:	Paul Karalus

Redaktion:	Jürgen Rühle
Produktion:	Westdeutsches Fernsehen/Bundesrepublik Deutschland
Länge:	35 Min. s/w
Jahr:	1979

Inhalt des Films

Bei dieser von den Landesbildstellen in den Verleih übernommenen Fernsehdokumentation handelt es sich um den 2. und 3. Teil einer vierteiligen Serie des WDR aus dem Jahre 1978.

Der 2. Teil (»Menschen an der Basis«) behandelt exemplarisch folgende Themen:
A. Opposition der evangelischen Kirche
B. Widerstand der SPD in der Illegalität
C. Widerstand des Zentrums
D. Widerstand der Gewerkschaft

A. Opposition der evangelischen Kirche

Neben Gemeindemitgliedern berichten zwei evangelische Pfarrer, Wilhelm Niemöller (Bruder Martin Niemöllers) und Ernst Wilm, die beide zur »Bekennenden Kirche« zählten, über ihren Glaubenswiderstand gegen den Nationalsozialismus und die dem Nationalsozialismus nahestehende »Deutsche Kirche«.

Nicht zuletzt durch seine Tätigkeit in der evangelischen Krankenanstalt Bethel gewann für Ernst Wilm und seine in der Nähe von Bielefeld gelegene Gemeinde der Kampf gegen die von den Nationalsozialisten betriebene Vernichtung ›unwerten Lebens‹ (Euthanasieprogramm) große Bedeutung. Wegen seiner Haltung zum NS-Regime, insbesondere wegen seiner Predigten gegen die Euthanasie, wurde er verhaftet und kam ins KZ Dachau. In Dachau überlebte Ernst Wilm nur durch die Hilfe seiner Gemeinde und der katholischen, evangelischen, kommunistischen und sozialistischen Häftlinge.

B. Widerstand der SPD in der Illegalität

Der Sozialdemokrat Sebastian Dani berichtet über seine illegale Arbeit. Er und viele seiner Parteigenossen verteilten als Brotfahrer getarnt illegale Schriften und Flugblätter der Exil-SPD. Zentrum der Verteilerkette, die bis an den Niederrhein und Koblenz reichte, war die Brotfabrik ›Germania‹ in Duisburg.

C. Widerstand aus dem Zentrum

Das Schicksal des Zentrums-Abgeordneten Otto Gerig wird von seiner Witwe geschildert.

Gerig war eng befreundet mit Männern des 20. Juli. Nach dem Fehlschlag des Attentats wurde er im August 1944 verhaftet. Er starb im Oktober 1944 im KZ-Buchenwald.

D. Widerstand aus der Gewerkschaft

Am Ende des Films stehen die Erinnerungen des heute 80jährigen Sozialdemokraten Dr. Jakob Schiefer, der als Gewerkschafter im Widerstand arbeitete. Nach Gestapo-Haft, Folterungen und Zuchthaus wird er zu einem energischen Kritiker des Widerstands: Ohne Waffen und nur mit Flugblättern sei der Widerstand gegen den Nationalsozialismus von vornherein zum Scheitern verurteilt. Notwendig für einen erfolgreichen Kampf seien Panzer und Flugzeuge. Aussicht auf einen erfolgreichen Widerstand habe deshalb nur das Militär.

III.2.2 Didaktisch-methodische Vorschläge

Der außerordentliche Wert des Films besteht vor allem darin, daß noch lebende Zeugen des christlichen Widerstandes und des Widerstandes der SPD und Gewerkschaft über ihre antinationalsozialistische Tätigkeit berichten und über die Bedeutung dieser Arbeit reflektieren. Es wird deutlich, daß hier historisch-politische Versäumnisse fast in letzter Minute nachgeholt werden sollen. Viele Zeugen sind fast vier Jahrzehnte nach der Kapitulation gestorben oder zu alt und zu mißtrauisch, um noch berichten zu können oder zu wollen.

Neben den eindrucksvollen Zeugenberichten veranschaulichen zahlreiche zeitgenössische Dokumente (Reden, Lieder, Fotos, Zeitungsberichte, Buchtitel u. a.) den historischen Hintergrund des Widerstandskampfes. Der Schüler gewinnt zumindest einen partiellen Eindruck von dem Archiv der Friedrich-Ebert-Stiftung. Es empfiehlt sich im Sinne eines wissenschaftspropädeutischen und quellenkritischen Unterrichts, die Schüler auf die im Abspann angegebenen anderen Archive (Bundesarchiv Koblenz u. a.) und ihre Bedeutung für Wissenschaft und Forschung hinzuweisen.

Die ausgewählten Personen und ihre Schicksale überzeugen durch Exemplarität. Leider werden die Namen der Zeugen, Ortsangaben und andere Fakten nicht untertitelt. Der Lehrer wird mit Rücksicht auf schwer verständliche

Passagen deshalb vor dem Abspielen des Films diese Angaben auf der Tafel festhalten müssen. Sie lassen sich aus der vorangegangenen Inhaltsangabe unschwer entnehmen.

Vorschläge zur Diskussion:

1. Welche Gruppierungen des deutschen Widerstandes dokumentiert der Film?
2. Aus welchen unterschiedlichen Motiven und mit welchen unterschiedlichen Mitteln wird der Widerstand geführt?
3. Welche Verfolgungen erleiden die im Film geschilderten Personen?
4. Welche Rolle spielen die Frauen der verfolgten Widerstandskämpfer?
5. Weshalb werden die im Film gezeigten Traditionen deutschen Widerstandes erst eine Generation nach der Kapitulation dokumentiert?

III.3 Unterrichtsvorschlag: Widerstand aus dem nordamerikanischen Exil – Die Rundfunksendungen Thomas Manns »Deutsche Hörer« über BBC von Oktober 1940 bis 10. Mai 1945

III.3.1 Sachinformationen

Die USA-Einwanderungspolitik von 1933–1945

»Wohin ich komme, hör ich: Spell your name!
Ach, dieser ›name‹ gehörte zu den großen!«
B. Brecht, Sonett in der Emigration

Die Einwanderungspolitik der USA, aber auch die weite geographische und kulturelle Distanz von Deutschland übten in den Jahren vor dem Krieg wenig Anziehungskraft auf die Exilanten aus. Von den zwischen 1933 bis 1944 etwa 300000 Einwanderern aus Europa waren ca. 150000 aus Deutschland und Österreich. Ungefähr 7500 Emigranten kamen nach USA aus Opposition gegen den Nationalsozialismus; der andere größere Teil aus Gründen der religiösen und rassischen Verfolgung.

Ziel der offiziellen Einwanderungspolitik der USA war die strenge Begrenzung der Einwanderungszahlen. Das Limitierungssystem, die ›Immigration Act‹

von 1924, die eine Quotierung der Visa einführte, blieb bis Ende des Zweiten Weltkrieges unmodifiziert. Für das ›Immigrant Visa‹ mußten an Unterlagen unabhängig von den realen Fluchtbedingungen aus Deutschland vorgelegt werden: Paß, Geburtsurkunde, Heirats- bzw. Scheidungsurkunde, polizeiliches Führungszeugnis, Armeezeugnis, Vermögensbescheinigung. Fehlten Dokumente, konnte nach Ermessen des Konsuls nur ein ›Visitors Visa‹ erteilt werden, dessen regelmäßige Verlängerung große Schwierigkeiten mit sich brachte. Auch nach der nationalsozialistischen Machtergreifung blieb unter diesen Umständen die Länderquote Deutschland/Österreich immer unausgeschöpft, obwohl in den europäischen Konsulaten der USA die Emigranten verzweifelt um ein Visum kämpften, wie etwa Klaus Mann und Anna Seghers in ihren Romanen anschaulich schilderten. So berichtet der Schriftsteller Carl Zuckmayer (1896–1977), Verfasser des Dramas »Des Teufels General«, von seinen Erfahrungen auf dem Schweizer Konsulat der USA in »Als wär's ein Stück von mir« »Wir kannten noch nicht den absoluten Legalismus des amerikanischen Beamten, dem nichts als der Buchstabe des Gesetzes gilt... Wir fanden es komisch, daß wir auf den behördlichen Fragebogen eidesstattlich versichern mußten, wir seien weder geisteskrank, leprös, syphilitisch, noch lebten wir von der Prostitution... Verständnis hatten wir von den ›Immigration Officers‹ ... nicht zu erwarten.«[1]

1940 unternahm Roosevelt den Versuch einer Lockerung der Einwanderungsgesetze, die auch nach der Reichsprogromnacht 1938 in Deutschland unverändert geblieben waren. Ein Beirat, das »Emergency Rescue Committee«, sollte sogenannte »Emergency Visa« (Gefahrenvisa) für hervorragende Europäer dem State Department vorschlagen. Von etwa 4000 Vorschlägen des Komitees wurden nur ca. 2000 genehmigt, obwohl das Komitee energisch auf die baldige Schließung des letzten Fluchtweges, des Hafens von Lissabon, hinwies. Eleanor Roosevelt, der Frau des Präsidenten, gelang nur in wenigen Fällen die Durchsetzung einer Ausnahme. Anfang 1944 erreichte das »War Refugee Board« Lockerungen der Einwanderungsbestimmungen, die Flüchtlingen noch in letzter Minute das Leben retteten.

Der Kampf gegen den Nationalsozialismus im USA-Exil

»Ich wohne hier in einem Studentenheim am Hudson, bin aber den ganzen Tag unterwegs, um mich anzubieten, da ich in einigen Wochen ohne einen Cent dastehen werde... Die furchtbare Sprache hemmt mich überall, ich werde wohl auf meine alten Tage nicht mehr Englisch lernen können«.[2]

Die Lebensbedingungen der Emigranten beeinträchtigten in vielfältiger Weise die Möglichkeiten eines politischen Engagements. Das illusionäre Amerikabild der politischen Flüchtlinge, die Sprachbarriere, die Schwierigkeit der materiellen Situation, Mißtrauen und Ablehnung der Emigranten in Teilen der amerikanischen Öffentlichkeit oder zumindest Gleichgültigkeit, die kulturelle Abgrenzung des amerikanischen Isolationismus, die Registrierung der Exilanten als »Enemy aliens« (feindliche Ausländer) nach dem Kriegseintritt der USA verbunden mit dem System der »Limitations of Personal Freedom« (regelmäßige Meldung bei der Polizei, Reisegenehmigungen, Ausgangssperre nach 20 Uhr u. a.) sind nur einige Komponenten, die erklären, weshalb antifaschistische Tätigkeiten vielfach auf prominente Persönlichkeiten, wie etwa Thomas Mann, beschränkt blieben. Als politisches Engagement deutscher Emigranten in den USA lassen sich folgende Aktivitäten beschreiben:

- Gründung von Vereinigungen und Clubs der Emigranten zur Organisierung politischer, antifaschistischer Initiativen,
- publizistische Tätigkeiten zur Information über den Nationalsozialismus in Deutschland und die Aktivitäten von Nazis in Amerika in Zeitungen und Zeitschriften und Büchern,
- Beratung von amerikanischen Politikern und Journalisten über deutsche Probleme,
- Gründung von wissenschaftlichen Institutionen,
- Gastvorlesungen an amerikanischen Universitäten,
- Mitarbeit bei der Herstellung von antifaschistischen Filmen und Theaterstükken bzw. Planung und Herstellung eigener Produktionen,
- Veranstaltungen von Künstlern zur Repräsentation der deutschen Kultur und mit Kriegsbeginn zur Unterstützung der Alliierten im Kampf gegen den Nationalsozialismus und Faschismus,
- Veranstaltungen und antifaschistische Arbeitsgemeinschaften,
- Diskussion der Pläne für die demokratische Neugestaltung Deutschlands nach dem Sieg der Alliierten,
- Radiosendungen innerhalb Amerikas,
- Radiosendungen für Hörer in Deutschland,
- Mitarbeit von Emigranten in amerikanischen Nachrichtendiensten (Office for War Information, Office of Strategic Services).

Unter den hier aufgezählten antifaschistischen Aktivitäten waren die Rundfunkansprachen Thomas Manns über BBC an die »deutschen Hörer« ein Höhepunkt und Ausnahmefall zugleich. Bevor auf diese Form der publizistischen Tätigkeit gesondert eingegangen wird, einige Beispiele der bisher nur in Stichworten skizzierten politischen Engagements.

Formen des politischen Engagements

»Wir werden schließlich auf der Seite des Sieges stehen – vergeßt das niemals. Laßt uns weder bitter sein noch resignieren. Laßt uns für das Land arbeiten, in das wir zurückkehren werden und für die Länder, in denen wir noch arbeiten können.«[3]

Unabhängig vom politischen Standort der Emigranten äußerte sich ihr politisches Engagement vor allem auf publizistischem Gebiet. So besaßen die Sozialdemokraten in der »Neuen Volkszeitung« (seit 1932 Zeitung der deutsch-amerikanischen Bevölkerung) ein Presseorgan, dessen Chefredakteur seit 1936 Gerhart Seger war. Seger, Reichstagsabgeordneter und Chefredakteur der SPD-Zeitung in Dessau, flüchtete Ende 1933 aus dem KZ Oranienburg. Über seine Erlebnisse im KZ veröffentlichte er einen Bericht, der zu den wenigen frühen Dokumentationen des NS-Terrors zählt.

Stefan Heym, heute kritischer Schriftsteller in der DDR, redigierte das »Deutsche Volksecho«, dessen Zielgruppe die deutsch-amerikanische Familie bildete.

Zahlreiche deutsche und österreichische Schriftsteller waren seit 1933 in die USA gelangt. Zu den bekanntesten Namen zählen unter anderem Bert Brecht (1898–1956), Hermann Broch (1886–1951), Ivan (1891–1950) und Claire Goll (1901–1977), Hermann Kesten (1900), Annette Kolb (1870–1967), Heinrich Mann (1871–1950), Klaus Mann (1906–1949), Thomas Mann (1875–1955), Fritz v. Unruh (1885–1970). Die Schriftsteller Lion Feuchtwanger (1884–1958), Oskar Maria Graf (1894–1967), Stefan Heym (1913), Berthold Viertel (1885–1953) und andere hatten sich zu einer Arbeitsgemeinschaft »für freie deutsche Literatur und Kunst« unter dem Namen »Die Tribüne« zusammengefunden. Auch als Gegengewicht gegen den dem Nationalsozialismus nahestehenden »German-American-Bund« wurde Ende 1935 der Deutschamerikanische Kulturverband (DAKV) in New York gegründet. Seine Arbeit unter dem Motto »Für deutsche Kultur gegen Nazibarbarei« zielte auf die politisch indifferenten Deutschamerikaner, bestritt den Nationalsozialisten das Recht auf Vertretung der deutschen Kultur und hatte unter den pronazistischen Deutschamerikanern vor allem während des 2. Weltkrieges Erfolge im Sinne der alliierten Politik. Prominente Emigranten, so auch Thomas Mann, bekleideten Ehrenfunktionen im DAKV. Neben exilpolitischen Streitigkeiten beeinträchtigte vor allem der deutsch-sowjetische Nichtangriffspakt die Arbeit dieses Kulturverbandes, wie übrigens auch zahlreiche andere antifaschistische Aktivitäten. Erst der Überfall Deutschlands auf die Sowjetunion beendete diese Lähmung antifaschistischen Engagements. Der Kulturverband initiierte Veranstaltungen, Demonstrationen, Ausstellungen, Theateraufführungen und Vorträge. Nach T. Kirfel-Lenk[4], der die Tätigkeit des DAKV ausführlich schildert, gehörten dem Verband bereits 1935/36 75000 Mitglieder an. »Den Höhepunkt im Leben des Verbandes bildete der alljährlich im Dezember stattfindende »Deutsche Tag«, ein Festtag, den die beiden politischen Flüchtlinge der 48er Revolution, Seidensticker und Kellner, zum Gedenken an die ersten deutschen Einwanderer begründet hatten... Einen ersten nachhaltigen Eindruck ... erzielte auf dem Deutschen Tag 1935 der DAKV mit seiner Veranstaltung ... »Hitler ist nicht Deutschland«, als die Versammelten der ... Rede Emil Ludwigs begeistert applaudierten. Für ›Frieden, Freiheit und Kultur‹ warb der Deutsche Tag ... 1936; Hauptredner war Ernst Toller ...«[5]

Zu einem wichtigen kulturpolitischen Presseorgan entwickelte sich das Nachrichtenblatt »Aufbau« des Deutsch-Jüdischen Clubs in New York und Los Angeles. Seit 1941 beriet ein Advisory Board die Arbeit des inzwischen wöchentlich erscheinenden Blattes. Dem Advisory Board gehörten unter anderem Albert Einstein, Thomas Mann, Lion Feuchtwanger und Franz Werfel an. Eine besonders erfolgreiche Aktion des »Aufbau« war die Loyalty Action, eine Geldsammlung, die 50000 Dollar erbrachte. Der US-Luftwaffe wurde davon ein Kampfflugzeug geschenkt, das die Schauspielerin Elisabeth Bergner in einer Feierstunde auf den Namen »Loyalty« taufte.

Seit 1938 bestanden Beziehungen zwischen dem Deutsch-Jüdischen Club und der jüdischen Radiostation WEVD. Als »Aufbau-Radiostunde« begann 1941 eine regelmäßige einstündige Sendung. »Gegen Nazismus, Rassenhetze, Fifth-Column-Aktivität jeder Art – für den totalen Sieg der Prinzipien der amerikanischen Demokratie«, so beschrieb der »Aufbau« die Absichten der Sendung. Im Zusammenhang der German American Loyalty Hour entstand 1942 die Sendung »We Fight Back«. Das Programmschema der Sendung bestand aus deutscher Musik, Nachrichten aus Deutschland, Vorträgen, Hörspielen.

Zu den Formen antifaschistischen publizistischen Engagements gehörten die Auftritte bekannter Emigranten als »lecturer«. Agenten vermittelten die lecturers an Gesellschaften, die nach dem Dinner einen entsprechenden Vortrag wünschten. Erika Mann war eine begehrte Referentin, Klaus Mann diskutierte in seinen Vorträgen die deutsche Gefahr, die deutsche Tragödie, das deutsche Rätsel und die deutsche Zukunft. Große öffentliche Aufmerksamkeit gewann vor allem Thomas Mann, der 1937 zu Lectures nach Amerika kam. Der Dichter wurde als Repräsentant der deutschen Kultur und als Kämpfer gegen den Faschismus aufgefaßt. »Mann hat eine freiwillige Verpflichtung auf sich genommen, indem er der hervorragendste antifaschistische Schriftsteller und Redner unserer Tage wurde – der Künstler als kultureller Staatsmann.«[6]

Die zwei großen Vortragstourneen »Vom kommenden Sieg der Demokratie« (1938) und »Das Problem der Freiheit« (1939) führten Thomas Mann durch das ganze Land. Im Unterschied zu seinen wesentlich radikaleren Kindern, Erika und Klaus, nahm der liberale Dichter stärker Rücksicht auf die Mentalität der amerikanischen Zuhörer, unterstützte zwar Roosevelts New-Deal und warnte vor der Kriegsgefahr durch Deutschland, beschränkte sich aber auf moralische und humanistische Appelle, ohne die streng neutrale Politik der USA zu kritisieren. Thomas Mann suchte seinem Publikum klarzumachen, daß der Faschismus keine Alternative zum Sozialismus sei, denn er habe zwar die Arbeiter und Gewerkschaften entrechtet, aber auch die Unternehmer nicht begünstigt. Als Alternative zum Faschismus sah er im Sinne des New Deal das Ideal einer sozialen Demokratie:

»Jeder, der es als großes menschliches Unglück empfände, wenn im historischen Ringen der Weltanschauungen die Demokratie aus Mangel an Angepaßtheit versagte, muß wünschen, wie man das Notwendige wünscht, daß sie, im Ökonomischen wie im Geistigen, aus einer liberalen zur sozialen Demokratie werde.«[7]

Zu den Zielgruppen der Publikationen der Emigranten in den USA gehörten vor allem die amerikanische Öffentlichkeit, die deutschen und jüdischen Einwanderer und soweit möglich auch die Deutschen in Deutschland selbst. Für diese Gruppen verfaßten vor allem Erika (1905–1969) und Klaus Mann entsprechend den Bedingungen der amerikanischen Kulturindustrie schnell verfaßte und produzierte Bücher, von denen einige Titel genannt seien:

- Erika Mann: School for Barbarians; New York 1938
  Das Buch war ein Dokumentarbericht über die Erziehung unter Hitler, erschien 1938 auch in deutscher Sprache mit dem Titel »Zehn Millionen Kinder« bei Querido in Amsterdam und war in 40000 Exemplaren Auflage binnen kurzem verkauft.
- Erika und Klaus Mann: Escape to Life; Boston 1939
  In dem Buch wurden Prominente deutsche und österreichische Flüchtlinge in

einer Mischung aus Bildern, Biographien und Anekdoten vorgestellt, neben Thomas Mann, Albert Einstein (1879–1955), Heinrich Brüning (1885–1970; Zentrumspolitiker und Reichskanzler am Ende der Weimarer Republik), Arnold Schönberg (1874–1951; Komponist), Max Reinhardt (1873–1943; Regisseur), Ernst Toller (1893–1939; Schriftsteller).

Thomas Manns Rundfunkansprachen über BBC (1940–1945)

In seinem Vorwort zur ersten Ausgabe der Sendereihe »Deutsche Hörer« hat Thomas Mann selbst die Entstehung der Rundfunksendung beschrieben«:

»Im Herbst trat die British Broadcasting Corp. mit dem Wunsch an mich heran, ich möchte über ihren Sender in regelmäßigen Abständen an meine Landsleute kurze Ansprachen richten, in denen ich die Kriegsereignisse kommentieren und eine Einwirkung auf das deutsche Publikum im Sinne meiner oft geäußerten Überzeugungen versuchen sollte.«[8]

Die Ansprachen wurden in der ersten Zeit als Text nach London gekabelt und von einem deutschsprachigen Angestellten von BBC verlesen; später besprach Mann in Los Angeles selbst eine Platte, die per Telefon nach London übertragen wurde und von dort gesendet werden konnte. Die Rundfunkreden Thomas Manns sind vor allem moralische Appelle, Fragen an die Vernunft und das Gewissen der Deutschen, Warnungen vor der Zukunft, Ermutigung zum Widerstand und zur Selbstbefreiung, schärfste Verurteilung Hitlers und der nationalsozialistischen Führungsclique:

»Es wird Fürchterliches über Deutschland kommen, wenn der Krieg weitergeht ... und er wird weitergehen, denn daß ihr den Großteil der Menschheit besiegt, welcher den Plänen Hitlers widersteht, glaubt ihr wohl selbst nicht mehr.«, heißt es in seiner Ansprache vom August 1941, auf dem Höhepunkt der nationalsozialistischen Machtentfaltung[9].

»Deutsche, laßt es nicht zum Äußersten kommen! Ihr solltet selbst die niederträchtige, euch unsäglich herabwürdigende Herrschaft von euch schütteln..., ihr solltet beweisen..., daß Nationalsozialismus und Deutschland nicht ein und dasselbe sind... Verweigert eure Hände und tut nicht mehr mit!« Eine Zukunft Deutschlands sieht der Schriftsteller in Abhängigkeit von einem moralischen Akt der Selbstreinigung von Schuld und Verstrickung: »Nur wenn ihr euch selbst befreit, habt ihr ein Anrecht, teilzuhaben an der kommenden freien und gerechten Völkerordnung.«[10]

Es wäre verfehlt, in den Ausführungen Manns konkrete Konzeptionen des

Widerstandes oder genaue Programme einer deutschen Nachkriegsordnung zu suchen. Selbst Informationen über die innen- und außenpolitischen Probleme des NS-Regimes und über die verbrecherische Besatzungspolitik Deutschlands in den europäischen Ländern oder der Völkermord an der jüdischen Bevölkerung stehen nicht im Vordergrund der Betrachtung; sie sind nur Anlaß und Ausgangspunkt für Variationen seines moralischen Aufrufs an Vernunft, Gewissen, Humanität und kulturelle Tradition. Der Verzicht auf präzise Analyse, der »Polemische Lyrismus«, die Verschweigung von »Flecken in unserer demokratischen Tugend«, die Beschränkung auf eine moralische Position, die Probleme und Schwächen hat Thomas Mann selbst gespürt und in seinen Briefen und Äußerungen immer wieder unterschiedlich gewertet. Er äußerte sich nach dem Krieg verbittert, enttäuscht und skeptisch über die Schwierigkeit, als Emigrant mit den Deutschen eine gemeinsame Sprache und Verständigungsebene zu finden. In einem Brief heißt es, er habe erkennen müssen, »daß auch meine Äußerungen während des Krieges und nachher in Deutschland nur als ein unwissendes Gerede empfunden worden sind, das an das Erlebnis der Deutschen in keiner Weise heranreicht und nur außerhalb Deutschlands als Trost und Stärkung empfunden werden konnte.«[11]

Auf der anderen Seite notiert er mit Befriedigung das Echo, das seine Ansprachen in Deutschland, aber auch in anderen europäischen Ländern, finden. So schreibt er im Vorwort zur ersten Ausgabe der Radiosendungen: »Es lauschen mehr Menschen, als man erwarten sollte, nicht nur in der Schweiz und in Schweden, sondern auch in Holland ... und in Deutschland selbst, wie durch aufs sonderbarste chiffrierte Rückäußerungen aus diesen Ländern belegt ist. Auf Umwegen kommen solche tatsächlich auch aus Deutschland ... Der schlagendste Beweis dafür, daß dies der Fall ist, ... ist durch die Tatsache gegeben, daß mein Führer selbst in einer Bierkellerrede zu München ... auf meine Allokutionen angespielt ... hat.«[12]

Der Vorwurf der Dominanz ethischer Positionen und Entscheidungen unter Vernachlässigung strategischer, taktischer und pragmatischer Planungen und Überlegungen wird ähnlich wie gegen Thomas Mann in anderem historisch-politischem Zusammenhang auch gegen Gruppen des deutschen Widerstandes erhoben. In beiden Fällen handelt es sich wohl um eine Verkennung der historisch-politischen Traditionen und Erfahrungen; aber auch der Möglichkeiten und Realitäten in einer etablierten Diktatur nationalsozialistischer Prägung.

Thomas Mann steht in der Tradition des spätbürgerlichen Humanismus, in dieser denkt und spricht er. Seine Wahrnehmung bezieht sich in erster Instanz auf die Zerstörung der moralischen Werte und die Verworfenheit von Personen. Seine Hoffnung ist der urteilsfähige vernünftige Bürger, dessen Gewissen und Verantwortlichkeit für das Gemeinwesen appellativ ansprechbar bleibt. Sozioökonomische Überlegungen und sozialpsychologische Denkweisen sind ihm nicht fremd; aber vor der Verwandlung einer Kulturnation, als deren Repräsentant er sich in der Weimarer Republik zunehmend gefühlt hatte, zu einer blutigen Kriegsmaschine, erscheinen ihm diese Überlegungen sekundär. Die Vorwürfe, die der amerikanische Theologe Reinhold Niebuhr im Februar 1943 gegen die Ansprachen Manns erhob, sie seien langweilig, arrogant, propagandistisch falsch, ohne Gefühl für das tragische Dilemma des deutschen Volkes[13], verkennen letztlich die kulturellen Zusammenhänge, in denen der deutsche Schriftsteller dachte, und die politischen Beschränkungen, unter denen er sprechen durfte. Seine Rundfunkreden waren in schwer zu integrierende politische Spannungsfelder gespannt. Dazu gehören:

- die Ziele der alliierten Politik (Atlantikcharta, Beschlüsse von Teheran und Jalta, Forderung nach bedingungsloser Kapitulation zur Verhinderung einer neuen Dolchstoßlegende);
- divergierende deutschlandpolitische Ziele zur Kriegs- und Nachkriegspolitik bei den amerikanischen, englischen, sowjetischen und französischen Alliierten;
- gegensätzliche deutschlandpolitische Konzeptionen der Exilgruppen;
- Thomas Manns Gesellschaftsmodell einer sozialen Demokratie, die (nach Reformen) die Idee des Nationalismus mit einem vereinten Europa verbindet;
- völlige Abstinenz von Kritik im Hinblick auf innen- und außenpolitische Phänomene im Lager der Alliierten (Stalinismus, Bombardements deutscher Städte, Antisemitismus und Rassenhaß u. a.).

Unter den gegebenen Spielregeln im Spannungsfeld der alliierten Politik hat Thomas Mann in seinen Rundfunkansprachen in den wenigen Minuten Sendezeit, die ihm jeweils zur Verfügung standen, einen eindrucksvollen Beitrag antifaschistischer Publizistik geleistet. Wer die Reden aufmerksam liest, bemerkt gegensätzliche Aussagen, ambivalente Gefühle und Stimmungen Manns, die Trauer, Verzweiflung, Scham, Enttäuschung, Zorn, Ungläubigkeit über die Deutschen widerspiegeln, aber durch seine Zuneigung und Liebe zur deutschen Kultur wieder gebrochen und halb zurückgenommen werden. Immer erneut schwankt er zwischen dem Wunsch nach Bestrafung Deutschlands für seine Kriegsverbrechen und dem Entsetzen, was den Deutschen der Krieg zufügt, Mitleid mit den Opfern, unsäglicher Zorn auf die Täter. Er hofft auf eine Selbstbefreiung vom Nationalsozialismus, sieht aber keine Indizien dafür. Von dem Sieg der Alliierten ist er allerdings zutiefst überzeugt. »Es ist weit mehr noch ein metaphysischer und moralischer als ein militärisch begründeter Glaube, und wo immer ich ihm ... Ausdruck gebe, ist er vollkommen ungeheuchelt.«[14]

Widerstand erhofft sich Thomas Mann von der Einsicht in die moralische und menschliche Dummheit und betrügerische Schäbigkeit der Naziführung und vor allem Hitlers. »Das ergibt ... eine Häufung heftigster ... Attacken gegen den Schicksalsmann, das Individuum, den Feind der Menschheit, den dummen, vertragsunfähigen Betrüger, den bösen friedlosen Narren, den übel inspirierten Führer... Als schauerlich exzentrisches Zwischenspiel, durch und durch ungesundes, normwidriges und phantastisches Vorkommnis, wüstes Abenteuer und böser Traum ... wird das faschistische Dritte Reich angeprangert.«[15]

III.3.2 Didaktisch-methodische Vorschläge

In der Unterrichtseinheit, Widerstand aus dem USA-Exil, sollen die Schüler einige Vorstellungen über die Bedeutung des deutschen politischen Exils in der Zeit des Nationalsozialismus gewinnen und Bedingungen und Möglichkeiten eines Widerstandes aus dem Exil kennenlernen.

Die regionale, organisatorische und politische Zersplitterung der emigrierten Deutschen setzt jedem Versuch der verallgemeinernden Aussage enge Grenzen. Für den Schüler ist es zunächst wichtig zu wissen, daß es zwei unterschiedliche Emigrantengruppen gab, die in sich zumindest eine gewisse Homogenität aufwiesen:

1. Gruppe:
Emigranten, die aus rassischen Gründen Deutschland verließen. Diese Gruppe suchte in erster Linie eine Existenz im Gastland, strebte die entsprechende Staatsangehörigkeit an und dachte zumeist nicht an eine Rückkehr nach Deutschland. Ihre Teilnahme am Widerstand war marginal.

2. Gruppe:
Emigranten, die aus politischen Gründen Deutschland verlassen mußten. Ihnen war der Kampf gegen den Nationalsozialismus gemeinsam. Nach dem Zusammenbruch wollten sie wieder in die Heimat zurückkehren, das Exil war nur eine Unterbrechung, kein neuer Lebensabschnitt.

Selbstverständlich muß diese Vereinfachung zahlreiche Ausnahmen unberücksichtigt lassen. Aber zur Ausgrenzung eigentlichen Widerstandes im Exil sollte dem Schüler der Unterschied zwischen politisch engagierten Antifaschisten und passiv teilnehmenden Emigranten deutlich werden. Die genaue Beschreibung eines Aspektes der oben beschriebenen 2. Gruppe gibt Bertolt Brecht in seinem Gedicht »Über die Bezeichnung Emigranten«, das gegebenenfalls im Unterricht die Problematik veranschaulichen kann:

»Immer fand ich den Namen falsch, den man uns gab:
Emigranten.
Das heißt doch Auswanderer. Aber wir
Wanderten doch nicht aus, nach freiem Entschluß...
Vertriebene sind wir, Verbannte...
Unruhig sitzen wir so, möglichst nahe den Grenzen
Wartend des Tages der Rückkehr, jede kleinste
Veränderung
Jenseits der Grenze beobachtend...
Aber keiner von uns
Wird hier bleiben. Das letzte Wort
Ist noch nicht gesprochen.«[17]

Als Voraussetzung zum Verständnis der Möglichkeiten eines Widerstandes im Exil sollte der Schüler einige Informationen über die Bedingungen des Lebens im Asylland erhalten bzw. erarbeiten. Dazu zählen:

- die zumeist restriktive Flüchtlingspolitik der Gastländer,
- die wirtschaftlichen und politischen Auflagen im Asylland,
- die Sprachbarriere,
- die unterschiedliche gesellschaftliche Isolierung,
- die kulturelle und geographische Distanz von Deutschland,
- die Existenznot,
- der Identitätsverlust.

Obwohl die Verhältnisse in den Aufenthaltsländern sehr verschiedene Formen des Widerstandes gegen den Nationalsozialismus verlangten, sollte der Schüler zumindest einige typische Aktivitäten kennen:

- Unterstützung der Widerstandsbewegungen in Deutschland,
- Aufklärung der Öffentlichkeit über den Nationalsozialismus,
- Zusammenarbeit mit den Alliierten im Kriege,
- Kritik der Deutschlandpläne der Anti-Hitler-Koalition (Kollektivschuldthese, Gebietsabtrennung, Entindustrialisierung, Souveränitätsverlust),

o Entwürfe deutschlandpolitischer Konzeptionen für die Nachkriegszeit aus den Kreisen der Emigranten.

Da die Rundfunkansprachen Thomas Manns zahlreiche typische Aktivitäten des Exilwiderstandes repräsentierten und zu den wenigen publizistischen Tätigkeiten zählten, die auch in Deutschland gehört werden konnten, zudem der Dichter bei allen subjektiven und objektiven Einschränkungen als prominenter Repräsentant des deutschen Exils gelten konnte, erfolgte die didaktische Reduktion zugunsten von Texten aus der BBC-Radiosendung »Deutsche Hörer«. Die Verständlichkeit der Texte, die sich auf die Differenzierung einer moralischen Position beschränken, der begrenzte Umfang der Reden, die Möglichkeit kontroverser Beurteilung und Diskussion, waren unter anderem ausschlaggebend für diese didaktische Entscheidung.

Damit sollten alternative Entscheidungen nicht ausgeschlossen werden. So könnte beispielsweise auch England als europäisches Zentrum des militärischen und politischen Widerstandes gewählt werden, da hier ein Mittelpunkt der Emigration entstand. Aus der SOPADE-Gruppe (Sopade = Sozialdemokratische Partei Deutschlands; Exilpartei), SAP-Gruppe (Sozialistische Arbeiter-Partei), der ISK (Internationaler Sozialistischer Kampfbund) und der Gruppe Neu-Beginnen war im März 1941 durch Zusammenschluß die Union der deutschen sozialistischen Organisation in Großbritannien entstanden, der sich auch die Landesgruppe deutscher Gewerkschafter verband. Die gewerkschaftliche Landesgruppe mit über 600 zahlenden Mitgliedern erarbeitete eine Konzeption zukünftiger Gewerkschaftspolitik einer einheitlichen Gewerkschaftsbewegung.

Wo es die zeitökonomischen Planungen erlauben, sollte der Lehrer die Schüler über die Besonderheiten des Exillandes USA unterrichten. Auf eine zumindest kurze Einführung in die Rundfunktexte Thomas Manns, die dessen Bedeutung und Stellung in den USA streifen, sollte nicht verzichtet werden.

III.3.3 Materialien

Texte der Rundfunksendungen »Deutsche Hörer« Thomas Manns

Dezimal klassif.	Jahr der Entstehung	Dezimal klassif.	Jahr der Entstehung	Dezimal klassif.	Jahr der Entstehung
3.3.1	1945	3.3.5	1940	3.3.9	1941
3.3.2	1941	3.3.6	1940	3.3.10	1940
3.3.3	1940	3.3.7	1940	3.3.11	1941
3.3.4	1941	3.3.8	1940		

Die in den Materialien zusammengestellten Texte von Thomas Mann bestehen aus:

a) zwei zusammenhängenden längeren Texten:
   1. Deutsche Hörer! Fünfundfünfzig Radiosendungen nach Deutschland – 1945 (Vorwort zur ersten Ausgabe).
   2. Sonder-Sendung »Deutsche Hörer!« vom August 1941.

Der erste Text informiert über Zustandekommen, Motive, Ziele und Ergebnisse der Sendereihe. Der zweite Text soll eine Vorstellung davon geben, wie eine vollständige Radiosendung wirkte, und exemplarisch das thematische Repertoire Thomas Manns vorführen. Die Sonder-Sendung vom August 1941 wurde gewählt, weil sie für den Unterricht wegen ihrer Kürze besonders geeignet ist.

b) mehreren thematisch geordneten Textausschnitten:
   1. das nationalsozialistische Regime,
   2. das deutsche Volk,
   3. die amerikanische Demokratie,
   4. die demokratische Völkerordnung nach dem Sieg der Alliierten,
   5. Aufruf zum Widerstand an das deutsche Volk.

Die Textausschnitte belegen Leitthemen Thomas Manns. Der moralischen Verworfenheit und kurzsichtigen Borniertheit des nationalsozialistischen Regimes und seiner Anhänger, mit dem die Leichtgläubigkeit und der grenzenlose Gehorsam des deutschen Volkes korrespondieren, wird in immer neuen Variationen die amerikanische Demokratie als positives Bild entgegengehalten. In dem schurkischen Hitler und dem Repräsentanten der sozialgebundenen Freiheitsidee, Franklin D. Roosevelt, personalisiert sich der Gegensatz zwischen Diktatur und Demokratie. Das deutsche Volk wird zum Widerstand und zur eigenen Rettung aufgerufen, damit es unter den Völkern in einer neuen freien Friedens- und Weltordnung seinen Platz finden kann.

Zur Einordnung der Texte in die gesamte politisch-militärische Situation können die Schüler aus Nachschlagewerken etwa folgende Informationen in häuslicher oder schulischer Arbeit entnehmen:

- Wie war die militärische Lage zur Zeit der Sendung?
- Inwieweit beziehen sich Äußerungen Thomas Manns auf die entsprechende politische Situation der Alliierten und ihrer Gegner?

- Wie stellt sich die außen- und innenpolitische Lage Deutschlands und Italiens zum gegebenen Zeitpunkt dar?
- Zielen die Informationen, Aussagen und Appelle Thomas Manns auf bestimmte innenpolitische Verhältnisse Deutschlands?
- Treffen die Aufrufe des Dichters zum Widerstand auf handlungsfähige Zielgruppen?
- Welche objektiven und subjektiven Gegebenheiten des historisch-politischen Umfeldes bestimmen die Aussagen Thomas Manns?

Für die Erarbeitung der Texte in der Diskussion und in Form von Stillarbeit bieten sich etwa folgende Problemstellungen an:

- Wie kennzeichnet der Schriftsteller das alliierte und das faschistische Lager?
- Welche Attribute verbindet Thomas Mann mit den Exponenten der beiden Mächtegruppierungen, Adolf Hitler und Franklin D. Roosevelt?
- Weshalb sollen die Deutschen Widerstand leisten?
- Wie beurteilt Thomas Mann das Verhältnis der deutschen Bevölkerung zur NS-Führung?
- Welche politischen und militärischen Prognosen stellt Thomas Mann für den Kriegsverlauf und das Kriegsende?
- Durch welche Merkmale sieht er die künftige Friedensordnung charakterisiert?
- Welche Zukunft sieht Thomas Mann für das deutsche Volk in der Nachkriegsordnung?
- Welches psychologische Porträt Hitlers läßt sich aus den Urteilen Manns skizzieren?
- Wie sieht der Schriftsteller seine eigene Aufgabe in der Auseinandersetzung der Alliierten mit Deutschland!
- Lassen sich zur konzeptionellen, inhaltlichen und formalen Gestaltung der Sendereihe Alternativen finden?

Alternativ oder kontrastierend können auch politische Texte aus der Emigration in anderen Ländern herangezogen werden. Um dem Lehrer Auswahl und Bearbeitung dort zu ersparen, wo er aus zeitökonomischen Gründen von dem umfangreichen Angebot an Quellen aus der politischen Emigration nicht selbst Gebrauch machen kann, wurden exemplarisch die folgenden Texte zusammengestellt.

Texte aus der politischen Emigration

Dezimal-klassif.	Jahr der Entstehung	Textart	Verfasser	Titel	Partei	Emigrations-land
3. 3. 12	1934	Manifest	Parteivorstand der SPD	»Kampf und Ziel des revolutionären Sozialismus«	SPD	Tschechoslo-wakei (Prag)
3. 3. 13	1936	Aufsatz	Heinrich Mann	»Deutschland ein Volksstaat«	parteiunab-hängig	Schweiz
3. 3. 14	1942	Aufruf	Heinrich Mann, Lion Feuchtwan-ger, Bertolt Brecht	»Aufruf an die Deutschen«	parteiunab-hängig	USA
3. 3. 15	1943	Rede	Erich Weinert	Gründungstagung des Nationalkomi-tees »Freies Deutschland« am 12. 7. 1943	KPD	Sowjetunion

III.3.3.1

Deutsche Hörer! Fünfundfünfzig Radiosendungen nach Deutschland – 1945, Vorwort zur ersten Ausgabe (15. September 1942)[18]

Im Herbst 1940 trat die British Broadcasting Corp. mit dem Wunsche an mich heran, ich möchte über ihren Sender in regelmäßigen Abständen an meine Landsleute kurze Ansprachen richten, in denen ich die Kriegsereignisse kommentieren und eine Einwirkung auf das deutsche Publikum im Sinne meiner oft geäußerten Überzeugungen versuchen sollte.

Ich glaubte, diese Gelegenheit, hinter dem Rücken der Nazi-Regierung, die, sobald ihr die Macht dazu gegeben war, mich jeder geistigen Wirkungsmöglichkeit in Deutschland beraubt hatte, Kontakt zu nehmen..., nicht versäumen zu dürfen.

Ich sagte monatliche Sendungen zu und erbat, nach ein paar Versuchen, eine Verlängerung der Sprechzeit von fünf auf acht Minuten...

Es lauschen mehr Menschen, als man erwarten sollte, nicht nur in der Schweiz und in Schweden, sondern auch in Holland, im tschechischen »Protektorat« und in Deutschland selbst, wie durch aufs sonderbarste chiffrierte Rückäußerungen aus diesen Ländern belegt ist. Auf Umwegen kommen solche tatsächlich auch aus Deutschland. Offenbar gibt es in diesem besetzten Gebiet Leute, deren Hunger und Durst nach dem freien Wort so groß ist, daß er den Gefahren trotzt, die mit dem Abhören feindlicher Sendungen verbunden sind. Der schlagendste Beweis dafür, daß dies der Fall ist, ... ist durch die Tatsache gegeben, daß mein Führer selbst in einer Bierkellerrede zu München unmißverständlich auf meine Allokutionen angespielt und mich als einen derer namhaft gemacht hat, die das deutsche Volk zur Revolution gegen ihn und sein System aufzuwiegeln versuchten...

Der Führer hat seiner Verachtung des deutschen Volkes, seiner Überzeugtheit von der Feigheit, Unterwürfigkeit, Dummheit dieser Menschenart, ihrer grenzenlosen Fähigkeit, sich belügen zu lassen, oft Ausdruck gegeben und nur jedesmal vergessen, eine Erklärung dafür hinzuzufügen, wie es ihm gelingt, gleichzeitig in den Deutschen eine zur Weltherrschaft bestimmte Herrenrasse zu sehen...

Vielleicht hat er recht mit seiner Zuversicht, daß das deutsche Volk »nicht so sei« – er war immer am allerwiderwärtigsten dort, wo er recht hatte. Auch heißt, ein Volk zur Erhebung aufzurufen, noch nicht, an seine Fähigkeit dazu im tiefsten Herzen glauben. Woran ich unverbrüchlich glaube, das ist, daß Hitler seinen Krieg nicht gewinnen kann – es ist das weit mehr noch ein metaphysischer und moralischer, als ein militärisch begründeter Glaube...

Aber fern sei es von mir, damit die gefährliche Auffassung bestätigen zu wollen, als sei der Sieg der United Nations eine selbstverständlich gesicherte Sache, und als könne man sich auf diese Selbstverständlichkeit und diese Sicherheit hin nicht nur jeden Fehler, sondern auch jede Gebrochenheit des Willens, jede Halbherzigkeit, und jeden »politischen« Vorbehalt in bezug auf seine Verbündeten und auf den zu erkämpfenden Frieden leisten. Man kann sich gar nichts leisten, nicht das geringste mehr, nach allem, was man sich in der Vergangenheit geleistet hat. Dieser Krieg hätte ja vermieden werden können, und die Tatsache selbst, daß er kommen mußte, ist eine schwere moralische Belastung für unsere Seite...

III.3.3.2

Deutsche Hörer! Sonder-Sendung (August 1941)

»Die größte moralische Wohltat, die man dem deutschen Volk erweisen kann, ist, daß man es zu den unterdrückten Völkern rechnet. Denn wie sollte das Urteil über Deutschland lauten, und welche Hoffnungen könnte man für die Zukunft auf Deutschland setzen, wenn es die Untaten, die es unter seinem gegenwärtigen Regime begeht, freien Willens und mit klarem Bewußtsein beginge? Ihr, die ihr der Stimme der Freiheit lauscht, die von außen kommt, fühlt euch offenbar als Angehörige eines unterdrückten Volkes, und die Tatsache allein, daß ihr lauscht, ist schon ein Akt geistigen Widerstandes gegen den Hitler-Terror und der geistigen Sabotage des blutigen und unabsehbaren Abenteuers, in das er euch Deutsche gestürzt hat. In Rußland verblutet die Jugend Deutschlands millionenweise; eure Machthaber geben zu, daß allein schon dieser Feldzug in den Winter dauern wird, und unterdessen wachsen die fast unerschöpflichen Kräfte der Gegenwehr heran in einer Welt, die Frieden wollte, nur an Frieden dachte und zunächst fast hilflos der in sieben Jahren aufgebauten deutschen Kriegsmaschine gegenüberstand. Es wird Fürchterliches über Deutschland kommen, wenn der Krieg weitergeht, noch ein Jahr, noch zwei Jahre, und er wird weitergehen, denn daß ihr den Großteil der Menschheit besiegt, welcher den Plänen Hitlers widersteht, glaubt ihr wohl selbst nicht mehr. Deutsche, laßt es nicht zum Äußersten kommen! Ihr solltet selbst die niederträchtige, euch unsäglich herabwürdigende Herrschaft von euch schütteln, in deren Hand ihr durch ein finsteres Verhängnis gefallen seid, ihr solltet beweisen, was die Welt immer noch zu glauben sich zwingt, daß Nationalsozialismus und Deutschland nicht ein und dasselbe sind. Geht ihr mit Hitler durch dick und dünn bis ans Ende, so wächst eine Rache heran, vor der jedem graut, der es gut meint mit Deutschland. Seht, wie die unterdrückten Völker Europas sich wehren gegen denselben Feind, der auch euch unterdrückt. Wollt ihr geringer, charakterloser, feiger sein als die anderen? Bedenkt, daß das Rüstzeug zur Versklavung der Welt eurer Hände Werk ist, und daß Hitler seinen Krieg nicht fortsetzen kann ohne eure Hilfe. Verweigert eure Hände und tut nicht mehr mit! Es wird für die Zukunft ein ungeheuerer Unterschied sein, ob ihr Deutsche selbst den Mann des Schreckens, diesen Hitler, beseitigt oder ob es von außen geschehen muß. Nur wenn ihr euch selbst befreit, habt ihr ein Anrecht, teilzuhaben an der kommenden freien und gerechten Völkerordnung.«[19]

III.3.3.3

Deutsche Hörer! (November 1940)

»In einer Rede von besonders krankhafter Verlogenheit, die Hitler jüngst in seinem Münchner Putschkeller hielt, hat er euch versichert, daß die höchsten militärischen Autoritäten Deutschlands des Sieges gewiß seien. Erstens ist es merkwürdig, daß er sich auf irgendeine höhere Autorität beruft als die seine. Ist er nicht Cäsar, Friedrich und Napoleon in einem und Karl der Große gleich auch noch? Was aus dem europäischen Kontinent, was aus Deutschland selber werden soll, wenn der Krieg noch drei, wenn er noch fünf Jahre dauert, das fragen wir alle uns hier, das fragt ohne Zweifel auch das deutsche Volk sich mit Grauen. Das schon gegenwärtig herrschende Elend gibt nur eine schwache Vorstellung von dem, was kommen muß. Und warum muß es? Weil eine

Handvoll stupider Verbrecher den ökonomischen und sozialen Umbildungsprozeß, in dem unsere Welt sich befindet, ausnutzt zu einem sinnlos-anachronistischen Alexanderzug der Welt-Eroberung?«[20]

III.3.3.4

Deutsche Hörer! (April 1941)

»Die jüngste Rede des deutschen Staatsoberhauptes im Berliner Sportpalast hat in Amerika einen besonders widerwärtigen Eindruck gemacht, – nicht so sehr durch ihren Inhalt, der von letzter Armseligkeit war und nur die Unfähigkeit dieses schadhaften Gehirns bewies, zur Lösung der brennenden Fragen der Zeit irgendeinen brauchbaren Beitrag zu leisten, sondern vielmehr durch ihre Heiterkeit, die ungesunde Aufgeräumtheit, die daraus sprach, und die wohl der Hauptgrund war, weshalb auch in England diese Rede als ›paranoic‹, als verrückt empfunden wurde...

Das war das eine, wodurch die Rede hier so abscheulich anmutete. Ein weiteres Befremden gilt, seit langem schon, der läppischen Erfülltheit dieses Menschen von sich selbst, die ihn ›Ich‹ und wieder ›Ich‹ sagen läßt, ganz unberührt von der Frage, ob nicht dieses Hervorkehren der ersten Person gerade im Falle seiner Person einer unerträglichen ästhetischen und moralischen Takt- und Geschmacklosigkeit gleichkommt. Denn es ist unleidlich, wenn jemand, in dessen Haut niemand stecken möchte, beständig ›Ich‹ sagt. Herr Hitler sieht das Stück Weltgeschichte, das er in die Wege leitete, indem er durch die Bündnisse mit Rußland und Japan die beiden Grundprinzipien seiner politischen Religion, den Antibolschewismus und die Rassen-Idee, als bloße Mittel zum Weltbetrug preisgab, – er sieht diese Geschichte offenbar unter einem höchst persönlichen Gesichtspunkt, dem Gesichtspunkt seiner Biographie, einer Schwindler-Laufbahn, die ihn ein Heldenleben dünkt, und deren Abenteuerlichkeit ihm den schwachen Kopf berückt. Möchte er sich doch überzeugen lassen, daß das Individuum Hitler in seiner unergründlichen Verlogenheit, seiner schäbigen Grausamkeit und Rachsucht, mit seinem unaufhörlichen Haßgebrüll, seiner Verhunzung der deutschen Sprache, seinem minderwertigen Fanatismus, seiner feigen Askese und armseligen Unnatur, seiner ganzen defekten Menschlichkeit, die jeden kleinsten Zug von Großmut und höherem seelischen Leben vermissen läßt, die abstoßendste Figur ist, auf die je das Licht der Geschichte fiel...«[21]

III.3.3.5

Deutsche Hörer! (Dezember 1940)

»Ich möchte euch fragen, wie euch in ihrem Lichte die Taten vorkommen, die eure Führer euch als Nation im vergangenen Jahre haben begehen lassen, die Taten wahnsinniger Gewalt und Zerstörung, an denen sie euch geflissentlich mitschuldig gemacht haben, all die Abscheulichkeiten, die sie in eurem Namen gehäuft haben, das unergründliche Elend und Menschenleid, welches das nationalsozialistische Deutschland, das heißt: ein Deutschland, das weder deutsch noch christlich mehr sein darf, rings um sich verbreitet hat. Würdet ihr mir sagen, wie zu diesen Taten die schönen alten Lieder stimmen, die ihr mit euren Kindern, und selbst von Kindheitsgefühlen erfüllt, nun wieder singt – oder singt ihr sie nicht mehr? Hat man euch befohlen, statt ›Stille Nacht, heilige Nacht‹ die blutige Partei-Hymne zu singen, die, ein Gemisch aus Winkelblatt-Leitartikel und Gassenhauer, irgendeinen obskuren Tunichtgut zum mythischen Helden emporlügt? Ich zweifle nicht, daß ihr gehorchen würdet, denn euer Gehorsam ist grenzenlos, und er wird, daß ich es euch nur sage, von Tag zu Tag unverzeihlicher.

Grenzenlos und unverzeihlich ist euer Glaube, will sagen: eure Leichtgläubigkeit. Ihr glaubt einem kümmerlichen Geschichtsschwindler und Falschsieger, daß durch ihn und durch euch eine Welt tagt, in der es um alle Werte geschehen sein soll, die nicht bloß den Christen zum Christen, sondern einfach den Menschen zum Menschen machen, um Wahrheit, Freiheit und Recht. Ihr glaubt ihm, daß er der Mann der Jahrtausende sei, gekommen, sich an Christi Stelle zu setzen und die Heilandslehre der Menschenbrüderlichkeit unter Gott abzulösen durch die Lehre Körper und Seelen mordender Gewalt. Ihr glaubt ihm, daß ihr das Herrenvolk seid, das erwählt ist, eine sogenannte neue Ordnung zu schaffen, in welcher alle anderen Völker euch als Sklaven werden zu fronen haben. Und als Sklaven seines elenden Fanatismus fahrt ihr fort, wie Berserker für diese grauenhafte ›neue Ordnung‹ zu kämpfen, für eine Welt also, in der das Weihnachtsfest zu begehen, das Fest des Friedens und der Liebe, eine noch schlimmere Lüge und Lästerung wäre, als es heute schon ist.«[22]

III.3.3.6

Deutsche Hörer! (Oktober 1940)

»Ein deutscher Schriftsteller spricht zu euch, dessen Werk und Person von euren Machthabern verfemt sind...

Als vor fünf Monaten deutsche Truppen in Holland einfielen und in Rotterdam in wenigen Minuten Zehntausende von Menschen durch Bomben zu Grunde gingen, schrieb der Herausgeber der amerikanischen Zeitschrift Life, einer illustrierten Zeitschrift, die sonst nie zu politischen Fragen Stellung nimmt, und die jedermann liest: ›Das ist die größte Herausforderung, die Amerika als ein Land der Freiheit in achtzig Jahren erfahren hat... Mächtige, ruchlose Militärvölker haben das angegriffen, was unsere amerikanische Art zu leben ist... Ob wir je mit der Waffe an der Seite Englands kämpfen müssen, wissen wir nicht; aber das wissen wir, daß der Kampf Englands zutiefst auch unser eigener ist.‹ So hieß es damals, nach dem zehnten Mai, und so heißt es heute noch. So denken die Arbeiter und die Geschäftsleute, die Republikaner und die Demokraten, die Anhänger Roosevelts und die Anhänger seines Gegners. Von dem alten Amerika, das glaubte, für sich leben zu können, ohne sich um die Welt jenseits des Ozeans zu kümmern, ist wenig übriggeblieben. Woher kommt diese tiefe Wandlung? Ihr wißt es ganz gut. In diesem Lande leben 130 Millionen gutwilliger, freundlicher Menschen. Sie wollen in Frieden arbeiten und bauen. An den großen Fragen, welche sie gemeinsam angehen, nehmen sie aktiv teil, so wie jeder es für recht hält. Krieg, Eroberungen fremder Länder, Allianzen, Achsen, heimliche Begegnungen, Vertragsbrüche erscheinen ihnen überflüssig und verrückt...

Natürlich ist ein Amerikaner vor allem amerikanischer Bürger; aber es ist doch oft so, daß er oder sein Vater oder Großvater in Norwegen, in Holland, in Belgien, im beschützten Dänemark, im Generalgouvernement, im Protektorat geboren sind, daß er noch Verwandte in einem dieser Länder und gute Erinnerungen von ihm hat. Und selbst, wenn er das nicht hätte, und selbst dann und gerade dann, wenn seine Familie aus Deutschland stammt, so muß er doch als ein geradeaus denkender Mensch von all dem Unrecht, all der Gewalt empört sein, die er erfährt...

So hat der amerikanische Bürger heute vor allem drei Hoffnungen. Die eine ist Amerika selbst, seine ungeheuere wirtschaftliche Kraft, seine guten und bewährten Führer. Die zweite ist England...

Die dritte, leider nicht mehr sehr starke Hoffnung beruht noch immer auf dem deutschen Volk. Werden denn so fragt man sich hier, die Deutschen nicht endlich erkennen, daß ihre Siege nur Schritte sind in einem endlosen Sumpf?...«[23]

III.3.3.7

Deutsche Hörer! (November 1940)

»Die Wiederwahl Franklin D. Roosevelts zum Präsidenten der Staaten ist ein Ereignis ersten Ranges, vielleicht entscheidend für die Zukunft der Welt, und so ist sie zweifellos auch von denen in Europa empfunden worden, die sich so stellten, als betrachteten sie die Wahl und ihr Ergebnis als eine rein inneramerikanische Angelegenheit. Mit Recht sehen die Zerstörer Europas und Schänder aller Volksrechte in Roosevelt ihren mächtigsten Gegenspieler. Er ist der Repräsentant der kämpfenden Demokratie, der wahre Träger einer neuen, sozial gebundenen Freiheitsidee und der Staatsmann, der zwischen Frieden und Appeasement wohl von jeher am klarsten unterschied. In unserem Zeitalter der Massen, dem als solchem der Führergedanke zugehört, war es Amerika vorbehalten, das glückliche Phänomen eines modernen Massenführers hervorzubringen, der das Gute und Geistige, das wirklich Zukünftige, Frieden und Freiheit will ...«[24]

III.3.3.8

Deutsche Hörer! (November 1940)

»Was am Ausgange dieses Krieges stehen muß und wird, ist klar. Es ist der Beginn einer Weltvereinigung; die Schaffung eines neuen Gleichgewichts von Freiheit und Gleichheit; die Wahrung der individuellen Werte im Rahmen der Forderungen des kollektiven Lebens; der Abbau der nationalen Staats-Souveränität und die Errichtung einer Gesellschaft freier, aber der Gesamtheit verantwortlicher Völker mit gleichen Rechten und gleichen Pflichten.«[25]

III.3.3.9

Deutsche Hörer! (Januar 1941)

»Gerechtigkeit und Freiheit, gleiche Möglichkeit für alle, an den Gütern der Welt teilzuhaben, müssen die Grundlagen des kommenden Friedens sein, und die Zukunft gehört einer Gemeinschaft freier Völker, frei, aber verantwortlich ihrer Gemeinschaft und bereit, dieser Verantwortlichkeit Opfer an veralteter nationaler Souveränität zu bringen. Niemand kann auch nur daran denken, diese neue Völkerordnung unter Ausschluß Deutschlands verwirklichen zu wollen.«[26]

III.3.3.10

Deutsche Hörer! (Dezember 1940)

»Deutsche, rettet euch! Rettet eure Seele, indem ihr euren Zwingherren, die nur an sich denken und nicht an euch, Glauben und Gehorsam kündigt! Ich weiß und sage euch: Nie wird diese Welt die ›neue Ordnung‹, die untermenschliche Schreckens-Utopie annehmen und ertragen, für die eure Verführer euch bluten und darben lassen. Nie werden diese großen, christlichen Völker dulden, daß der Friede, den doch auch ihr ersehnt, ein Friede über dem Grabe der Freiheit und Menschenwürde sei...

Es ist Weihnachten, deutsches Volk. Laß dich bewegen und auch empören von dem, was die Glocken meinen, wenn sie Frieden verkünden, Frieden auf Erden!«[27]

III.3.3.11

Deutsche Hörer! (März 1941)

»Euch zu warnen ist der einzige Dienst, den ein Deutscher wie ich euch heut erweisen kann; und ich erfülle diese ernste und tief gefühlte Pflicht, obgleich ich weiß, daß keine Warnung an euch ergehen kann, die euch nicht längst vertraut, nicht längst in eurem eigenen, im Grunde nicht zu betrügenden Wissen und Gewissen lebendig wäre. Euch warnen heißt: euch in euren eigenen schlimmen Ahnungen bestärken; es heißt: euch versichern, daß diese unheilvollen Ahnungen wahr, daß sie nur zu gerechtfertigt sind, – und diese Versicherung muß man euch geben; denn an die Erweckung allein eures Gefühles dafür, daß ihr fürchterlich falsche Wege geht, knüpft sich die Hoffnung, ihr könntet diese Wege vielleicht doch noch verlassen.«[28]

III.3.3.12

Prager Manifest der Sopade – »Kampf und Ziel des revolutionären Sozialismus«, 28. 1. 1934 [stark gekürzt][29]

»Ein Jahr lang lastet die nationalsozialistische Diktatur über Deutschland, über der Welt. Grundstürzend hat der Sieg der deutschen Gegenrevolution das Wesen und die Aufgaben der deutschen Arbeiterbewegung geändert. Der Knechtschaft und Gesetzlosigkeit preisgegeben ist das Volk im totalen faschistischen Staat. Im revolutionären Kampf die Knechtschaft durch das Recht der

Freiheit, die Gesetzlosigkeit durch die Ordnung des Sozialismus zu überwinden, ist die Aufgabe der deutschen Arbeiterbewegung.

I. *Die Bedingungen des revolutionären Kampfes*

Im Kampf gegen die nationalsozialistische Diktatur gibt es keinen Kompromiß, ist für Reformismus und Legalität keine Stätte. Die sozialdemokratische Taktik ist allein bestimmt durch das Ziel der Eroberung der Staatsmacht, ihrer Festigung und Behauptung zur Verwirklichung der sozialistischen Gesellschaft. Die Taktik bedient sich zum Sturz der Diktatur aller diesem Zweck dienenden Mittel.

Der revolutionäre Kampf erfordert die revolutionäre Organisation. Die alte Form, der alte Apparat ist nicht mehr, und Versuche zu seiner Wiederbelebung entsprechen nicht den neuen Kampfbedingungen. Neue Organisationsformen mit opferbereiten Kämpfern müssen entstehen...

Wenn die Gegensätze im Innern des Faschismus, wenn die stets sich verschärfenden Klassengegensätze im Kapitalismus sich entfalten, wenn Unzufriedenheit und Enttäuschung die Massengrundlage der nationalsozialistischen Herrschaft erschüttern, wenn oppositionelle Strömungen entstehen und spontane Massenbewegungen beginnen, dann wird es zur Aufgabe der revolutionären Elite, die Gegensätze im Bewußtsein der Massen zu vertiefen, ihre Entwicklung zu lenken, ihre Zielsetzung zu beeinflussen, die Verbindungen auszudehnen und die revolutionäre Organisation zur Massenorganisation zu erweitern.

In den Dienst der Förderung der revolutionären Organisation hat sich von Anfang an die Leitung der deutschen Sozialdemokratie im Ausland gestellt und für die Erfüllung dieser Aufgabe ihre Kräfte und Mittel eingesetzt. Der Druck des Terrors führt in Deutschland selbst zu weitgehender Dezentralisation der illegalen Arbeit. Die in Deutschland selbst unausweichliche Teilung der Arbeit kann nur in der Tätigkeit der Leitung ihre Zusammenfassung finden. Unterstützung und Förderung erhält jede Gruppe, deren revolutionärer Geist dafür bürgt, daß ihre Tätigkeit dem Sturz der nationalsozialistischen Diktatur im Rahmen der Einigkeit der Arbeiterklasse dient. Die Führung ist sich dabei bewußt, daß sie der ständigen Mitwirkung und Beratung der Leiter der illegalen Gruppen bedarf...

II. *Die Ausübung der Macht*

Die Niederwerfung des nationalsozialistischen Feindes durch die revolutionären Massen schafft eine starke revolutionäre Regierung, getragen von der revolutionären Massenpartei der Arbeiterschaft, die sie kontrolliert...

Der revolutionären Regierung obliegt deshalb die sofortige Durchführung einschneidender politischer und sozialer Maßnahmen zur dauernden völligen Entmachtung des besiegten Gegners. Das erfordert:

Einsetzung eines Revolutionstribunals.

Aburteilung der Staatsverbrecher, ihrer Mitschuldigen und Helfer in der Politik, der Bürokratie und Justiz...

Aufhebung der Unabsetzbarkeit der Richter...

Völlige Erneuerung des Offizierskorps.

Aufhebung aller die Freiheit der Arbeiterschaft beschränkenden Gesetze und Verordnungen der nationalsozialistischen Despotie.

Volle staatsbürgerliche Gleichberechtigung ohne Unterschied der Rasse und Religion...

Sofortige entschädigungslose Enteignung des Großgrundbesitzes...

Sofortige entschädigungslose Enteignung der Schwerindustrie...

Erst nach der Sicherung der revolutionären Macht, und nach restloser Zerstörung der kapitalistisch feudalen und politischen Machtpositionen der Gegenrevolution beginnt der Aufbau des freien Staatswesens mit der Einberufung einer Volksvertretung, gewählt nach allgemeinem, gleichem, direktem und geheimem Wahlrecht in Einzelwahlkreisen...

Gegen die faschistische Barbarei führen wir den Kampf für die großen und unvergänglichen Ideen der Menschheit...

Das Blut der Opfer wird nicht vergebens geflossen sein!

Deutsche Arbeiter, ihr habt nur die Ketten eurer Knechtschaft zu verlieren, aber die Welt der Freiheit und des Sozialismus zu gewinnen.

Deutsche Arbeiter, einigt euch im revolutionären Kampf zur Vernichtung der nationalsozialistischen Diktatur!

Durch Freiheit zum Sozialismus, durch Sozialismus zur Freiheit! Es lebe die deutsche revolutionäre Sozialdemokratie, es lebe die Internationale!

Prag, 28. Januar

Der Vorstand
der Sozialdemokratischen Partei Deutschlands«

III.3.3.13

Heinrich Mann: Deutschland ein Volksstaat – 1936[30] [gekürzt]

»Die Einheit aller antifaschistischen Kräfte ist ein notwendiges aber auch schwieriges Unternehmen. Für Deutsche ist es besonders notwendig und auch besonders schwierig. Verlangt wird, daß man einander achtet und sogar versteht, was in Deutschland niemals ganz verwirklicht worden ist.

Die Herrschaft der Bande, die jetzt in Deutschland haust und es zurückversetzt in den Dreißigjährigen Krieg, – was ermöglicht denn zuletzt den Unfug dieses Regimentes? Die vielfache innere Zerstückelung dieses Volkes, das eigentlich noch immer so gelebt hat wie vor zweitausend Jahren die wilden Völkerschaften, in denen es seine Vorfahren sieht. Von diesen hatte jede kleine Horde ihr eigenes Wäldchen, und zwischen den beiden Gehölzen mußte ödes Land liegen. Nur niemanden in die Nähe lassen! Genau so hielten es bis jetzt die Protestanten und die Katholiken, die bürgerlichen Demokraten, die Sozialisten, und unter diesen die beiden Richtungen. Die Intellektuellen gaben nicht etwa ein gutes Beispiel...

Wir, die hier sprechen, wollen einen langen, furchtbar langen Abschnitt deutscher Ohnmacht beenden. Die einzige, demütigende Ohnmacht eines Volkes ist, sich selbst fremd zu sein, sich selbst nicht zu trauen. So stand es bisher. Wir wollen, daß jeder Sozialist sich des humanistischen Zieles bewußt wird, jeder Christ der humanistischen Herkunft. Wir müssen erreichen, daß Christ und Sozialist in ihren Zielen, ihrer Herkunft nicht mehr das Unterscheidende höchst wichtig nehmen, sondern das, was sie ähnlich macht. Wir sind darauf bedacht, den Volksstaat vorzubereiten. Nun gibt es Volksstaaten nur in der Freiheit, – während ein Drittes Reich eine abgerichtete Menagerie ist. Es gibt kein »totalitäres« Volk, weil es nicht einmal den »totalitären« Menschen gibt...

Vergessen wir nicht, daß andere uns mahnen mußten, die Volksfront zu bilden: Komintern, Stalin und der Front populaire. All diese sind um uns besorgt, und zugleich um sich selbst. Entweder die deutsche Einigung all derer, die Volk sind, oder fortschreitender Verfall dieses und mehrerer anderer Länder, die zusammen unser Kulturkreis waren; zuletzt und unfehlbar der Krieg. Das mußten sie uns erst sagen, jetzt wollen wir es uns gesagt sein lassen. Auch außerhalb Deutschlands soll unser Volksstaat vorbereitet werden, durch unsere Köpfe, unseren Willen und die Einigkeit aller. Wir sind durch seine Grenzen nur sehr äußerlich getrennt von Deutschland; was wir ihm geben können, ist mehr als die leibliche Gegenwart, es ist das sittliche Beispiel. Wir sagen ihm, und hoffen ihm bald beweisen zu können, was es im Grunde ersehnt: nicht viele Worte, aber inhaltsreicher und von Zukunft mehr erfüllt als alle Rundfunkreden, die es gezwungen anhört: ›Wir sind einig‹.«

III.3.3.14

Heinrich Mann/Lion Feuchtwanger/Bertolt Brecht: Aufruf an die Deutschen – 1942[31] [gekürzt]

»Deutsche!

Dieser Appell ist ein Rettungsruf, für alle und auch für euch, Deutsche. Ihr habt die Welt und euch selbst in ein Unglück gestürzt: es überschreitet jedes Maß. Bald ist es nicht mehr gutzumachen, es sei denn, daß ihr es beendet.

Ihr allein könnt den verderblichsten und sinnlosesten aller Kriege abbrechen. Alle anderen müssen bis auf das äußerste verteidigen, was ihr ist und wofür sie leben: ihr Land und ihre Kinder, ihre Freiheit, ihre sittlichen und sozialen Errungenschaften. Das alles ist angegriffen worden. Der Angreifer ist euer Führer, dem ihr gehorcht habt bis in das augenscheinliche Verderben hinein. Es ist unmöglich, daß ihr sein Verbrechen noch länger überseht.

Ihr könnt ihn zwingen, abzutreten. So viel es euch kosten mag, viel teurer kommt es euch zu stehen, wenn ihr ihm weiter erlaubt, Tod und Vernichtung über die ganze Erde zu verbreiten...

Der Sieg ist nicht gegeben. Er wird euch weder erlaubt, noch seid ihr ihm gewachsen...

Welteroberungen mißlingen immer. Man muß unwissend wie euer Führer sein oder verzweifelt wie er, um sich darüber noch zu täuschen. Jetzt habt ihr erfahren: etwas anderes ist, motorisiert durch verratene Länder zu jagen, und etwas anderes ist, ein Volk, das seine Erde heilig hält, von ihr zu verdrängen...

Die Wahrheit ist, daß eure Niederlagen auf russischem Boden nie mehr einzuholen sind; daß sie sich eher verwandeln werden in Niederlagen auf deutschem Boden. Oder ihr kündigt vorher eurem Führer, der euch ins Verderben führt, den Gehorsam.

Die Wahrheit ist, daß jeder Feind, der euch heute gegenübersteht, den festen Willen hat, den deutschen Angriffen ein Ende zu machen...

Die Wahrheit ist, daß ihr den Ländern Europas, die ihr für erobert haltet, verhaßt seid. So sehr verhaßt, ist man kein Sieger. So furchtbar verhaßt, wie euer Führer euch gemacht hat, wird man die Unterwerfung der Völker nie, ihre Mitarbeit nie, wird nur ihre Rache kennenlernen.

Fürchtet nicht alle fremde Rache; fürchtet euer Gewissen!... Überwältigt euren Führer, der euch, mit Haß und Unehre beladen, ins Verderben führt. Vollbringt in der äußersten Stunde das einzige, was euch freisteht, um die Menschheit, die euch niemals als Feind haben wollte, vielleicht zu versöhnen; das einzige, was Deutschland retten kann.«

III.3.3.15

Erich Weinert: Rede auf der Gründungstagung des Nationalkomitees »Freies Deutschland« am 12. Juli 1943[32] [stark gekürzt]

»Die eigentlichen Vorbereitungen zu diesem Krieg begannen nicht erst, als Hitler die Allgewalt im Staate in die Hand gespielt worden war. Unter dem Vorwand der soldatischen Erstarkung der Nation, unter dem Mißbrauch edler nationaler Gefühle, bemächtigte sich Hitler der Seele breiter an ihn glaubender Schichten und vor allem der deutschen Jugend, um sie für sein blutigstes und gefährlichstes Abenteuer zu gewinnen, für den Eroberungskrieg, für den Krieg um den sogenannten Lebensraum. Er verschaffte sich eine verführerische Legitimation mit der Verheißung, die Ketten von Versailles zu sprengen. Aber von diesen Ketten war wirklich nicht mehr viel zu spüren; und auch die letzten Reste hätten sich auf Grund einer einfachen Verständigung beseitigen lassen. Die erste Ausweitung des Krieges jedoch auf Länder, die mit dem Vertrag von Versailles in gar keiner Verbindung standen, hat den wahren Charakter dieses Krieges entlarvt als den eines gewöhnlichen Eroberungsfeldzuges...

Erst der erste Rückschlag bei Moskau im Winter 1941/42, und dann, in steigendem Maße die nicht mehr wegzuredende, immer mächtigere Entfaltung der Kampfkraft der Roten Armee und ihres Potentials, endlich die Katastrophe bei Stalingrad und das Zurückfluten der deutschen Truppen bis auf die jetzige Linie, gaben der Siegeszuversicht des deutschen Volkes den entscheidenden Stoß und erschütterten die Glaubwürdigkeit Hitlers und das Vertrauen in seine Eignung als Heerführer. Das Volk begann sich von Hitler abzuwenden...

Die Männer, die sich hier zum Kampf zusammengefunden haben, Offiziere, Soldaten und Nichtsoldaten, Deutsche aller politischen Richtungen, haben diesen ersten mutigen Schritt getan. Sie haben in ihren Lagern die Fahne der Erhebung gegen den Verderber Hitler ergriffen, der sich immer noch weigert, vom Schauplatz der Geschichte abzutreten, obwohl er weiß, daß er Deutschland mit in den Untergang reißt. Aus allen Lagern sind Bevollmächtigte dieser wahren nationalen Front hierhergeschickt worden, als der Aufruf des vorbereitenden Ausschusses zur Bildung eines Nationalkomitees an sie gelangte, der auf Initiative einiger deutscher Männer ins Leben gerufen worden war... Wir sind der festen Überzeugung, daß unser Aufruf zum Befreiungskampf über kurz oder lang von der übergroßen Mehrheit aller Deutschen mit der Zustimmung zur Tat beantwortet werden wird. Auch an der Front wird er den Geist der nationalen Pflicht wecken und den noch unter Waffen stehenden Soldaten zum Bewußtsein bringen, daß es jetzt nur noch ein Gebot gibt: Front zu machen gegen den wahren Feind unseres Volkes, gegen Hitler und die Nutznießer seines Krieges...

Die Körperschaft, die unsere Bewegung leitet und die sie vor unserm Volke und vor der Welt vertreten soll, trägt den Namen »Nationalkomitee ›Freies Deutschland‹«. Geben wir unserer neuen Fahne »Freies Deutschland« die Bedeutung, die ihr gebührt. Unser Ziel ist das freie Deutschland, Aufgaben und Ziel unseres Kampfes haben wir in gemeinsamer Arbeit festgelegt in einem Manifest, zu welchem sich alle Bevollmächtigten als der programmatischen Grundlage unseres Kampfes feierlich bekannt haben.

Und der Preis unseres Kampfes, der Preis der Opfer, die auch er kosten wird, wird ein Deutschland sein, das, wie unser Dichter Ernst Moritz Arndt es vorausträumte, »verjüngt und lebenskräftig und in Einheit gehalten unter Europas Völkern dasteht«. Und dieses Deutschland wollen wir im Herzen tragen. Für dieses Deutschland hat unser Kampf begonnen. Das Volk wartet auf den Ruf zum Befreiungskampf. Gehen wir ihm voran!«

III.4. Unterrichtsvorschlag: »Die historisch-politische Bewertung des deutschen Widerstands«

III.4.1 Sachinformationen

»Wenn das Wesen des Geschichtlichen in der Einmaligkeit und Wertbezogenheit des Geschehens, des Handelns liegt, dann ist die Tat des 20. Juli 1944 eine der wesentlichsten Taten und dieses Datum eins der wichtigsten Daten unserer Geschichte.«[33]

»Diese Verschwörer sind zum Teil in sehr starkem Maße Landesverräter gewesen, die vom Ausland bezahlt wurden. Sie können Gift darauf nehmen, diese Landesverräter werden sich eines Tages vor einem deutschen Gericht zu verantworten haben.«[34]

Grundlegende politische, historische, theologische, militärische und ethische Texte zur Bewertung des deutschen Widerstandes sind bereits in der Frühzeit der Existenz der Bundesrepublik Deutschland entstanden.[35]

Im weiteren Sinne beurteilen die Texte den allgemeinen deutschen Widerstand, im engeren Sinne beziehen sie sich auf die militärisch-zivile Opposition, die im 20. Juli 1944 kulminierte. Diese hier gemeinten Texte entstanden in Zusammenhang mit dem sogenannten Remer-Prozeß vom März 1952.

Der Remer-Prozeß

Otto Ernst Remer, der als Kommandeur der Wachtruppe in Berlin am 20. Juli 1944 an der Aufdeckung der Verschwörung beteiligt war (siehe 1.2.5: Der Aufstand vom 20. Juli), hatte als 2. Vorsitzender der später verbotenen Sozialistischen Reichspartei in einer Wahlversammlung die Widerstandskämpfer als »Landesverräter, die vom Ausland bezahlt wurden« bezeichnet. Vom 7.–11. März 1952 mußte sich deshalb der überzeugte Nationalsozialist unter der Anklage der üblen Nachrede im sogenannten »Remer-Prozeß« vor dem Landgericht Braunschweig verantworten. Oberst a. D. Remer wurde zu drei Monaten Gefängnis wegen übler Nachrede in Tateinheit mit Verunglimpfung des Andenkens Verstorbener verurteilt.

In der Urteilsbegründung heißt es, zur Zeit der Beleidigung läge der totale Krieg bereits acht Jahre zurück, das Unrecht des NS-Regimes sei jedermann offenbar, zahlreiche Publikationen hätten inzwischen Motive und Ziele der Widerstandskämpfer aufgehellt, Remer lebe offenbar noch in den Vorstellungen des Jahres 1944. »Was aber damals am 20. Juli 1944 verständlicher Irrtum war, ist heute als unbelehrbarer Trotz anzunehmen.«

Ein junger Besucher des Remer-Prozesses schrieb über das Verhalten des Angeklagten an dessen Verteidiger Dr. Wehage damals:

»Wir haben eine leidenschaftliche Empfindung des Bedauerns dafür, daß wir nicht auf der richtigen Seite gekämpft haben. Nach dem, was ich im Zuschauerraum gehört habe und was Sie da verteidigen, bin ich dankbar, daß wir den Krieg nicht gewonnen haben, obwohl ich selbst verbissen darum gekämpft habe und mein Vater fiel.«[36]

Dreißig Jahre nach dem Prozeß veröffentlicht Remer ein umfangreiches Buch mit dem Titel »Verschwörung und Verrat um Hitler«, das mit seinen Thesen zeigt, daß Remer heute noch die gleichen Auffassungen vertritt wie 1944 und 1952; tatsächlich ein »unbelehrbarer Trotz«, wie das Gericht prophetisch in der Urteilsbegründung bemerkte.

Von Interesse ist dieser Prozeß damals und heute nicht, weil ein farbloser unbelehrbarer Nationalsozialist in ein historisches Ereignis verwickelt wurde, für dessen Dimensionen seine Vorstellungen von Befehl, Eid und Gehorsam nicht ausreichen konnten, sondern, weil die damaligen Kläger, Bundesinnenminister Dr. Lehr, Landgerichtsrätin Marion Gräfin York von Wartenburg, Frau Annedore Leber und andere, mit ihrer Beleidigungsklage eine juristische, theologische, moralische und historische Würdigung und Rechtfertigung des deutschen Widerstandes erreichten.

Die Bewertung des Widerstandskampfes geht weit über den Anlaß hinaus, beschränkt sich in großen Teilen nicht nur auf den engeren Kreis der Verschwörer vom 20. Juli 1944 und bietet in seinen entsprechenden Texten einen grundlegenden Stand der Erkenntnis und Beurteilung des Widerstandes in Deutschland unter wissenschaftlichen Aspekten.

III.4.2 Didaktisch-methodische Vorschläge

Für die historisch-politische Bewertung des deutschen Widerstands in der Sekundarstufe II bieten die Texte aus dem Remer-Prozeß ein aspektreiches und anschauliches Panorama von gut lesbaren Stellungnahmen zum deutschen Widerstand. Da eine entsprechende, umfassende und plurale Sammlung von Texten auf vergleichbarem Niveau dem Lehrer kaum an anderer Stelle zugänglich sein dürfte, erfolgte die didaktisch-methodische Entscheidung und Reduktion zugunsten dieser Gutachten aus dem Remer-Prozeß. Ein weiterer Aspekt spricht für diese didaktische Entscheidung. Die im Remer-Prozeß diskutierten Probleme sind einschließlich der Person Remers unverändert aktuell. Erst kürzlich hat Remer seine damals vertretenen Thesen erneut in einer umfangreichen Publikation ausführlich dargestellt.

Bereits die Übersicht über die zum Remer-Prozeß zusammengestellten Materialien zeigt, daß sie sich für die Unterrichtsarbeit über die ethische, juristische und historische Bewertung des Widerstandes ausgezeichnet eignen.

III.4.3 Materialien

Texte zum Remer-Prozeß

Dezimal-klassif.	Jahr der Entstehung	Textart	Verfasser	Titel/Inhalt
4.3.1	1944	militärische Lage-beurteilung	Oberst G. Frei-herr Alexis von Roenne	militärische Lage im Juli 1944
4.3.2	1952	Gutachten	Prof. Dr. Rupert Angermair	katholisch-moraltheologische Sicht des Widerstands
4.3.3	1952	Gutachten	Prof. D. Iwand	evangelisch-theologische Sicht des Wi-derstands
4.3.4	1952	Gutachten	Prof. Dr. Ernst Schramm	militärische Gutachten zur Lage am 20. Juli 1944
4.3.5	1952	Gutachten	Generalleutnant a. D. Helmut Friebe	Einstellung des ehemaligen Offiziers-korps zum 20. Juli im 2. Weltkrieg und 1952
4.3.6	1952	Gutachten	Prof. Dr. Wolf	Probleme des Widerstands und der Ei-desverpflichtung
4.3.7	1952	Plädoyer der An-klage	Dr. Fritz Bauer	Plädoyer für Verurteilung Remers wegen Vergehens der üblen Nachrede und der Verunglimpfung des Andenkens Verstor-bener
4.3.8	1952	Urteilsbegrün-dung	Gericht	Begründung der Verurteilung zu 3 Mona-ten Gefängnis
4.3.9	1952	Schreiben eines Prozeßbesuchers an Remers Vertei-diger Dr. Wehage	nicht angegeben	Zustimmung zum Urteil

III.4.3.1

Die militärische Lage Juli 1944 aus der Sicht von Oberst G. Freiherr Alexis von Roenne, Oktober 1944[37] [stark gekürzt]

»Am 20. Juli 1944 war die Gesamtlage Deutschlands überaus ernst geworden. Militärisch war es die Folge einer Reihe schwerer Niederlagen, die ... auf schwerste Fehler der obersten Führung zurückgingen. Der Verlust der ... Armee in Stalingrad, der Verlust Afrikas..., der Verlust des russischen Vorfeldes..., das fast mühelose Gelingen der Invasion ... lassen sich mühelos als reine Führungsfehler nachweisen... Sie kosteten zahllosen Soldaten das Leben, beraubten Deutschland seines Vorfeldes und entscheidender Rohstoffbasen und führten ... zum Abfall der hoffnungslos gewordenen Verbündeten. Ohne ausreichende Ernährungsbasis, ohne Betriebsstoff, ohne Chrom,

Mangan und Bauxit war Deutschland ... nur noch zeitlich begrenzt abwehrfähig ...

Selbst in dieser Lage waren seitens der obersten deutschen Führung weder die erforderlichen politischen noch militärischen Maßnahmen zu erreichen ...

So war die ... Lage am Sommerausgang 1944. Die ist einer Anzahl deutscher Männer zum Anlaß geworden, einen Umsturz zur Rettung Deutschlands im letzten Augenblick zu versuchen ... Der Umsturzversuch war also nicht Anlaß, sondern Folge der tödlichen Gesamtlage!

Teilnehmer und Ziele sind mir im einzelnen nicht bekannt geworden ...

Es kann kein Zweifel daran bestehen, daß die aufgeführten Soldaten ... in der Mehrzahl Männer von höchster Vaterlandsliebe ... waren, die unter dem Eindruck der Todesnot ihres Vaterlandes zu dem schwersten aller Entschlüsse kamen ...

Es ging nur um Deutschland ...: wie man Land und Volk vor dem Russeneinbruch und der Zerstückelung retten könne ...

Gott hat gegen sie entschieden! Er hat ... gezeigt, daß auch höchste ... Ziele die Sünde zur Erreichung nicht rechtfertigen! Er hat vielleicht auch dem deutschen Volke die ... Rettungsmöglichkeit ... nicht mehr schenken wollen, um seiner schwersten Schuld willen (Antichristentum, Judenmassentod) ...

Ihre Ziele sind rein gewesen, wie ihr Idealismus ... sie haben bewiesen, daß der deutsche Generalstab sein Volk nicht widerstandslos ins Verderben führen ließ, sondern sich unter Einsatz ihres Lebens vor die Räder warf. Das ist stolz und zukunftsweisend!«

III.4.3.2

Die katholische moraltheologische Sicht des Widerstands im Gutachten von Prof. Dr. Rupert Angermair[38] [stark gekürzt]

»Da es sich ... um die moralische Beurteilung einer bereits geschehenen Tat, der des 20. Juli 1944, handelt, so können wir sagen: In der Frage, in der den Männern des 20. Juli keine ... alle ... Umstände einschließende Entscheidung vorlag, sind sie nach ihrer ehrlichen ... Überzeugung zu beurteilen. Wer nach einer ... ehrlichen inneren Überzeugung handelt, begeht nach der christlichen Moraltheologie niemals Sünde (Röm 14,23).

Bei jedem aktiven Widerstand gegen die Staatsgewalt ... handelt es sich um eine höchst gefährliche Waffe ... So ... ist jeder aktive Widerstand ... erst verantwortbar, wenn vorher alle verfassungsmäßigen Mittel ... erschöpft ... sind. Sodann darf niemand sein Volk der Gefahr aussetzen, daß das nationale

Unglück noch vermehrt statt gemildert wird. Darum muß der Widerstand so vorbereitet sein, daß sein Erfolg ... erwartet werden kann. Nicht der faktische Erfolg ist für die ›sittliche‹ Beurteilung ausschlaggebend ... Schließlich muß es den Handelnden klar sein, daß sie im Sinn und damit auch im stillschweigenden Auftrag der ... besseren Mehrheit des Volkes zur Tat schreiten ...

Wie weit bindet der Fahneneid? ...

Die Männer des 20. Juli konnten gar keinen moralisch gültigen Eid auf Hitler rein persönlich zu ›absolutem‹, d. h. unbedingtem, von jeder höheren Bedingung freien Gehorsam ablegen. Ihr Eid ging ... auf das Gemeinwohl des deutschen Volkes, auf das auch Hitler selbst vereidigt war. An Hitler persönlich konnte dieser Eid nur soweit und so lange binden, als Hitler das Gemeinwohl im gottgewollten Sinn förderte oder wenigstens nicht direkt gefährdete.

Lieber Volksvernichtung als kapitulieren

Es kam aber die Stunde, da ernstdenkende Menschen in führender Position sich sagen mußten, daß Hitler und gottgewolltes Gemeinwohl in ... Gegensatz traten. Am Ende von zwölf Jahren Konzentrationslagern und Vergasungen ... stand der Wille, einen längst verlorenen Krieg ... fortzusetzen.

Es blieb nur der aktive Widerstand

So können wir nicht anders als ehrlich bekennen: Einem Mann offen zu widerstehen, der das ganze Volk mit sich ins Verderben reißen wollte, das war nicht mehr gegen den Fahneneid ... Je höher der Dienstgrad, desto drängender die Verpflichtung ... Die Männer des 20. Juli setzten nicht nur das persönliche Wohl Hitlers, sondern auch ihr eigenes hinter das Gemeinwohl des deutschen Volkes heldenmütig zurück.

Weder Hoch- noch Landesverrat ...

Ein Tyrann ..., der ... zum ›Verräter‹ am Gemeinwohl wurde, ist überhaupt nicht mehr ›hochverratsfähig‹.

›Landesverrat‹ begeht, wer sein Volk ... an den Feind verkauft ... Wollten die Männer des 20. Juli solches? Wollten sie nicht vielmehr das Volk von einem inneren Schädling befreien, um es vor einer befürchteten Knechtschaft unter anderen Staaten zu retten? ...

Kein Verrat, sondern Verantwortung ... war es, wenn höchste militärisch mitverantwortliche Stellen vor dem 20. Juli zu erforschen suchten, ob der Feind eine Selbsthilfe des deutschen Volkes hernach anerkennen werde ...

Persönliche Verräter an Hitler, Volks- und Landesverräter zugleich wären diese Männer dann gewesen, wenn sie trotz ihrer besseren Einsicht noch weiterhin Hitler gegen das Volk hätten stützen wollen, wenn sie ihm ... geschmeichelt hätten, um für sich selbst Vorteile daraus zu ziehen ...

Vier Erkenntnisse

1. Die Männer des 20. Juli sind ... verteidigt. Damit ist aber nicht verlangt, daß man mit den praktischen Wegen, die sie beschritten, unbedingt einverstanden sein müßte ...

2. Wenn es neben den überzeugten Widerstandskämpfern andere Männer gibt, die ... formellen Verrat üben, so können sie sich nicht auf unsere ... Ansichten berufen ...

3. Einer Verweichlichung der Wehrmachtsmoral für die Zukunft ... ist vorgebeugt.

4. Die Einsicht in die Idee des Eides ... verpflichtet vor allem auch die führenden Persönlichkeiten der Zukunft ...«

III.4.3.3

Die evangelisch-theologische Sicht des Widerstands im Gutachten von Prof. D. Iwand[39] [stark gekürzt]

Zweierlei Recht

Ich darf ... zusammenfassend sagen, daß wir kein aktives Widerstandsrecht kennen, wo es um den Glauben geht, sondern wir dann aufgerufen sind, alles zu leiden ... Eine ganz andere Situation ergibt sich aus den bürgerlichen Rechten und Pflichten. Hier im leidenden Gehorsam gegenüber dem Verfall des rechtlichen Staatsganzen zu verharren, wäre Ungehorsam ...

Wenn ein Kommandierender General am 9. November 1938 erklärt hatte, daß er jetzt ... die Gewalt ... übernimmt, weil jüdische Staatsbürger ... ihrer Freiheit und teilweise ihres Lebens beraubt wurden, und wenn er die Räuberbanden eingesperrt hätte, diese SA-Leute ..., dann hätte er im echten aktiven Gehorsam eines protestantischen Christen gehandelt ...

Zu spät eingegriffen

Wenn man ... auf den letzten Fall sieht ..., so können wir im Hinblick auf die Männer des 20. Juli von der evangelischen Glaubensauffassung her ihnen höchstens den Vorwurf machen, daß sie zu spät eingegriffen haben. Man wird es ihnen aber nicht als Schuld anrechnen dürfen, daß Erwägungen über einen gewaltsam herbeizuführenden Wechsel in der Staatsführung ... von da an ernsthaft erwogen wurden, als deutlich wurde, daß die Staatsführung unter Adolf Hitler einen ungerechtfertigten Krieg vorbereitete ... Wenn ... Männer aus dem Kreis der Widerstandsbewegung sich entschlossen, unter dem formellen Bruch eidlicher Verpflichtung und mit Gewalt den Inhaber der obersten Staatsgewalt zu beseitigen, so haben sie damit ein Zeichen aufgerichtet für ...

christliche und politische Verantwortung..., zu einer Neubesinnung auf das Recht und die Grenzen der politischen Gewalt.

Die Tatsache, daß dieses Unternehmen vom Mißerfolg begleitet war, besagt wenig gegenüber der geistigen Bedeutung ihrer Tat. Vielleicht darf man es als eine Fügung Gottes ansehen, daß der Mißerfolg ihre Tat als ein reines Opfer erscheinen läßt...«

III.4.3.4

Das militärische Gutachten von Prof. Dr. Percy Ernst Schramm[40] [stark gekürzt]

»Wenn ich mich zu der Frage äußere: ›Wie war die militärische Lage am 20. Juli 1944?‹ und zwar unter dem Gesichtspunkt: ›Mußte der Krieg in diesem Augenblick nach menschlichem Ermessen als bereits verloren angesehen werden?‹, dann ist zugleich die Gegenfrage zu stellen: ›Gab es damals auf Grund der allgemeinen Lage oder auf Grund besonderer Faktoren noch irgendwelche Anhalte zu der Auffassung, daß dadurch eine Wendung zum Guten anzunehmen sei?‹

Um die Frage so zu beantworten, daß die Antwort schlüssig wird, muß ich verschiedene Problemkreise unter die Lupe nehmen.

1. Zunächst die militärische Lage am 20. Juli 1944, und zwar Kriegsschauplatz nach Kriegsschauplatz;
2. dann das Wehrpotential, dessen positive und negative Faktoren in einer Bilanz;
3. die Frage, ob im Hintergrund noch irgendeine Möglichkeit verborgen war, die nicht mehr ausgenutzt worden ist, die aber bei einem Einsatz vor der Schlußkatastrophe noch eine Wendung des Kriegsverlaufs hätte herbeiführen können. Dazu gehört dann
4. die Gegenfrage, ob innerdeutsche Faktoren den Zusammenbruch unterstützten und dadurch beschleunigten.

I. Die militärische Lage...

Katastrophenfront im Osten

Hier ging der russischen Generaloffensive der Verlust der Krim voraus, die bereits seit November 1943 im Norden abgeriegelt war und einen verlorenen Posten darstellte...

Da wir in dieser besonders langen, fragezeichenförmigen Stellung stehen blieben, war für die russische Offensive, die am 23. 6. 1944 einsetzte, die Situation besonders günstig; denn unsere Front war überdehnt und konnte deshalb nicht überall ausreichend stark besetzt sein. Es gab keine Luftwaffe mehr, die die Nachteile auf der Erde wettgemacht hätte; sie war vielmehr durch die vorhergehenden Verluste schon so mitgenommen und dazu auch noch im Westen gebunden, so daß sie auch nicht annähernd ein Übergewicht herstellen konnte, wie es die Alliierten im Westen uns gegenüber besaßen. Ferner wurden unsere rückwärtigen Verbindungen durch die Partisanen zwar nicht unterbunden, aber doch dauernd empfindlich gestört...

Ich glaube hier vorwegnehmen zu müssen, daß der Zusammenbruch der Heeresgruppe Mitte nicht durch Verrat erklärt werden kann. Davon ist damals geraunt worden, weil der, der die Dinge nicht sah und nicht – wie wir – die Möglichkeit hatte, auf der Lagekarte das Vorkommen der Russen zu verfolgen, nicht zu begreifen vermochte, wo plötzlich diese ganze Front geblieben war. Denn das Zerschlagen dieser Heeresgruppe bedeutete ja, daß sich hier abermals eine Katastrophe in dem Ausmaße von Stalingrad und Tunis im Jahre 1943 vollzogen hatte. Die Einsicht, daß es bei den vorhandenen Kräften und dem gebogenen Verlauf der überdehnten Front so kommen mußte, daß keine Hilfserklärung für ihren Zusammenbruch erforderlich ist, diese Einsicht hat sich – wie ich hoffe – jetzt allgemein durchgesetzt. Und wenn gelegentlich noch geraunt wird, daß in diesem Falle doch Verrat geübt worden sei, dann ist das nunmehr eine Ungeheuerlichkeit, weil die Männer, die da beschuldigt werden, entweder tot oder aus der Gefangenschaft nicht zurückgekehrt sind. Da sie sich nicht verteidigen können, muß ich diese Gelegenheit ergreifen, ihre Schuldlosigkeit hier deutlichst zu unterstreichen.

Durch das aufgerissene Riesenloch drängte die rote Armee unheimlich schnell vor...

Die Schlußfolgerungen

Von unseren Verbündeten war am 20. 7. 1944 Italien bereits abgefallen. Die Regierung Mussolini führte nur noch ein Schattendasein. Es wurden einige neue italienische Divisionen in unserem Verbande aufgestellt, aber noch mehr Divisionen auf der Badoglio-Seite. Finnland, Rumänien und Bulgarien sonderten sich unmittelbar nach dem 20. 7. ab. Die Slowakei bedeutete im großen Rahmen gar nichts; sie hat uns nur zwei Brigaden gestellt, und die haben uns wenig genutzt. In Kroatien hielt sich noch die Regierung des sog. ›Poglavnik‹, gestützt auf ihre fluchwürdige Ustascha, am Ruder. Hätte hier Ante Pavlowitsch, der bei der Wehrmacht keine Freunde gewonnen hatte, nicht Rückhalt an Hitler gehabt, dann wäre er zweifellos weggefegt worden. Ungarn wurde – wie schon angeführt – mühsam bei der Stange gehalten.

Deutschland stand am 20. 7. also praktisch allein und hatte keinerlei Aussichten, daß ihm noch irgend jemand beispringen würde. An der Ostfront hatte sich die doppelte Katastrophe bei der Heersgruppe Mitte und in Rumänien bereits angebahnt. In Finnland, auf dem Balkan und in Italien war mit dem Zusammenbruch der bisher gehaltenen Fronten zu rechnen. Und das Schlimmste: im Westen war den Alliierten die Landung gelungen, und der Tag, an dem die Normandie-Front zerspringen und dem Angreifer den Weg nach Frankreich freigeben werde war in kurzer Zeit zu erwarten.

Daraus ergibt sich der zwingende Schluß: die militärische Lage war am 20. 7. bereits ausweglos. Auf der militärischen Ebene war kein Umschwung mehr zu erwarten, selbst wenn man die unwahrscheinlichsten Glücksfälle mit in Rechnung stellte.

II. Keine Reserven mehr

Die zweite Frage: Gab es im Bereich unseres Wehrpotentials irgendwelche Faktoren, die imstande gewesen wären, unsere militärische Gefährdung wieder auszubalancieren?

Auf dem Gebiete der Menschenreserven war dies jedenfalls nicht möglich. Ich erwähnte bereits die großen Verlustzahlen, die durch die militärischen Katastrophen in den Jahren 1943 und 1944 eintraten. Jedem wird in Erinnerung sein, wie der Maßstab, der an die Militärverwendungsfähigkeit gestellt wurde, mehr und mehr gestreckt werden mußte, so daß wir schließlich Bataillone von Ohrenkranken und Magenkranken zur Besetzung dänischer Inseln benutzten ...

Ich kann also den II.Teil meiner Ausführungen dahin zusammenfassen, daß

1. Mitte 1944 der Menschenbedarf der Wehrmacht nicht mehr ausreichend gedeckt werden konnte, daß das Heer daher der Gefahr ausgesetzt war, in sich zu verbrennen; ferner daß:
2. die Wehrwirtschaft zwar noch Erstaunliches leistete, daß sie aber seit der 2. Hälfte des Jahres 1944 infolge der Bombenschäden zu schrumpfen anfing, daß schließlich
3. die Treibstofflage im Mai 1944 sich so entwickelte, daß die Wehrmacht eines Tages von selbst zum Stehen kommen mußte.

Von diesen drei Faktoren zwingt jeder einzelne zu dem Schluß: der Krieg war unweigerlich verloren, und zwar schon Mitte 1944.

III. Gab es Wunderwaffen?...

Das Märchen von der Atombombe...

Es gab keine Geheimwaffen, die imstande gewesen wären, dem Krieg eine andere Wendung zu geben, und es gab erst recht keine deutsche Atombombe.

War Sabotage schuld?

Es bleibt nur noch jene Frage übrig, die ich oben als Zwillingsfrage zu der behandelten gekennzeichnet habe, weil sie das gleiche Grundproblem noch von der negativen Seite aus beleuchtet. Die Frage lautet so: Ist die Entwicklung zur Katastrophe hin dadurch beschleunigt worden, daß Sabotage und Verrat einwirkten?

Zum Problem der Sabotage ist zu sagen, daß bei den Millionen von Fremdarbeitern, die in der Wehrwirtschaft beschäftigt wurden, daß bei der Mitbenutzung der Industrie in den besetzten Ländern die Voraussetzungen für eine Sabotage im größeren Maßstabe denkbar günstig waren. Ich stelle demgegenüber fest, daß – soweit es Sabotage gegeben hat – diese niemals einen spürbaren Umfang angenommen hat...

Zum Falle Verrat ist in bezug auf die Heeresgruppe Mitte von mir bereits das Erforderliche gesagt worden. Ich wiederhole: bei ihrer Vernichtung hat Verrat keine Rolle gespielt. Diese Feststellung ist nun dahin zu erweitern, daß die Kämpfe an den Fronten auf keinem Kriegsschauplatz und zu keiner Zeit des Krieges durch Verrat eine Änderung erfahren haben...

Die Männer des 20. 7. hofften zu Verhandlungen mit der Gegenseite zu kommen. Die Voraussetzung dafür war aber, daß die deutsche Front hielt, daß noch ein Damm stand, denn war der Dammbruch erfolgt, dann brauchten die anderen niemanden mehr, mit dem sie sich auf Verhandlungen einließen. Die Verschworenen hatten also nicht nur dasselbe Interesse, sondern womöglich ein noch größeres als Hitler, die Front im Osten, im Westen, im Süden und Südosten aufrechtzuerhalten.

Man kann also die Deutung ›Verrat‹ genau so wenig heranziehen wie das Wort ›Sabotage‹, um den Ablauf des Krieges zu erklären. Der Ablauf des Krieges ist vielmehr in sich selbst – wie ich hoffe, hier klargelegt zu haben – so schlüssig, daß sein Ausgang keiner anderen Erklärung mehr bedarf.

Der Krieg war verloren.

Ich kann nunmehr feststellen.

Die dritte Frage war – positiv gewendet – zu verneinen:

Es gab keine Möglichkeiten, die dem Krieg eine andere Wendung hätten geben können.

Sie war – negativ gewendet – gleichfalls zu verneinen:

Der Ausgang des Krieges kann weder durch Sabotage noch durch Verrat erklärt werden.

Wir werden also zu der Antwort zurückgeführt, die ich auf die beiden ersten Fragen gegeben habe. Sie lautete – ich darf es noch einmal wiederholen –: die militärische Lage war an den Fronten so bedrohlich, z. T. bereits so katastrophal, daß der Krieg am 20. 7. bereits als endgültig verloren angesehen werden mußte.

Das Heer war ausgebrannt, die Wehrwirtschaft trat in einen Schrumpfungsprozeß ein, die Treibstofflage drohte die Wehrmacht schließlich zum Stehen zu bringen; außenpolitische Möglichkeiten gab es nicht mehr, solange Hitler selbst noch führte.

Wie man die Dinge auch wendet, von welcher Ebene aus, aus welchem Sektor heraus man auch den Krieg betrachten mag: der Krieg war am 20. Juli verloren. Die Schlußkatastrophe war gewiß – nur über ihr Datum konnte man noch streiten.«

III.4.3.5

Gutachten von Generalleutnant a. D. Helmut Friebe[41] [stark gekürzt]

»Zusammenfassend gebe ich mein Gutachten, wie das ehemalige Offizierkorps zum Attentat des 20. Juli seiner Zeit stand und wie es heute dazu steht, indem ich mich der Klassifizierung des Generals Speidel bediene, die aber kein Werturteil bedeuten soll, dahingehend ab: ›Nur-Soldaten‹ lehnten das Attentat aus Gründen des soldatischen Gehorsams und der soldatischen Eidestreue, die zu den Grundlagen jeder militärischen Disziplin gehören, ab, weil für sie Eid = Eid ist, und zwar bedingungslos ist!

Die ›Denkenden Soldaten‹ kamen durch den einmaligen Fall des 20. Juli, wobei es sich tatsächlich um Sein oder Nichtsein der Nation handelte und der Eidesträger – also das Staatsoberhaupt – eine tödliche Gefahr für sie wurde und war, zu der Auffassung, daß ein Eid unter besonderen ganz außergewöhnlichen Gegebenheiten seine Begrenzung finden darf.

Beide Standpunkte haben ihr volle Berechtigung. Keinem darf aus seiner Auffassung ein Vorwurf gemacht werden.

Der Ausnahmefall

Im Kriege überwog der Standpunkt der ›Nur-Soldaten‹, die als Frontoffiziere allein ihre schwere Aufgabe sahen und sehen durften. Nach dem Zusammenbruch sind wohl sehr viele ›Nur-Soldaten‹, wie ich aus vielen Veröffentlichungen, aus einer großen Korrespondenz und zahlreichen Gesprächen mit ehemaligen Offizieren aller Dienstgrade feststellen konnte, zu ›Denkenden Soldaten‹ geworden. Beide Gruppen stehen heute nebeneinander, die gegenseitigen Auffassungen würdigend und verstehend. Beide Gruppen erkennen in ihrer überwältigenden Mehrheit die in Wahrheit edlen und vaterländischen Motive der am Attentat des 20. Juli beteiligten Kameraden an. Die wenigen, die die Auffassung des Herrn Remer vertreten, sind gegenüber der großen Masse der anderen eine so verschwindende Minderheit, daß deren Stimme – mit welcher Lautstärke sie auch vorgebracht sind – keinerlei Beachtung verdienen sollte ...

Aus dem einmaligen Geschehen des 20. Juli Folgerungen über den Eid, in Sonderheit für zukünftige deutsche Soldaten, ziehen zu wollen, ist verfehlt. Der Soldat hat den geschworenen Eid zu halten, und zwar bedingungslos! ...

Remer sollte schweigen

Wenn in diesem Rahmen über die Möglichkeit eines Eidbruches überhaupt gesprochen werden muß, dann kann man ihn nur wahrhaften und aktiv handelnden Revolutionären, die auch Soldaten sein können, zubilligen, wenn sie aus höherer Einsicht und aus hohem Verantwortungsgefühl heraus zum Handeln gezwungen werden.

Zum Schluß meines Gutachtens sei mir noch ein Wort über die Stellung des ehemaligen Offizierkorps zur Person des Herrn Remer gestattet:

Wir, seine ehemaligen Kameraden, haben es außerordentlich bedauert, daß das Schicksal im Juli 1944 diesen jungen Offizier vor eine Situation stellte, deren Folgen zu tragen wohl über eines Menschen Kraft gehen sollte. Es soll hier nicht beurteilt werden, ob sein Entschluß am 20. Juli richtig oder falsch war. Die Folgen seines Entschlusses waren aber solch furchtbare und haben soviel bestes deutsches Blut gekostet, daß wir alten Soldaten erwartet haben, daß ein Mann, dem das Schicksal solch eine Bürde bis an sein Lebensende zu tragen gab, dies erkennen und danach still und in großer Zurückgezogenheit leben würde. Daß Herr Remer diese Selbstbescheidenheit nicht aufbringt, dafür fehlt uns, seinen früheren Kameraden, jedes Verständnis!«

III.4.3.6

Gutachten von Prof. Dr. Wolf[42] [stark gekürzt]

1. Zum Problem des Widerstandes:

Ich muß auf die merkwürdige Tatsache hinweisen, daß drei Jahrhunderte lang, von der Mitte des 16. bis zum Mitte des 19. Jahrhunderts das Problem des Widerstandsrechts als ein religiös-theologisches im Vordergrund der abendländischen Staatstheorie stand. In diesem Zusammenhang und innerhalb dieser drei Jahrhunderte gab es auf der einen Seite eine besondere kath. Tradition des Widerstandsrechts, auf der anderen Seite eine gemein-protestantische...

Die gemein-protestantische Auffassung gegenüber und im Unterschied von der kath. Auffassung begründet das Widerstandsrecht im juristischen Sinne innerhalb der Staatstheorie evangelischerseits nicht naturrechtlich, sondern im Anschluß an das positive Recht des ständischen staatlichen Gefüges, unter Aufnahme ganz bestimmter germanisch rechtlicher Motive. Ich will den Unterschied markieren mit folgendem Ergebnis: Man erklärte durchschnittlich dort, wo seitens der Juristen in bezug auf irgendeinen staatspolitischen Notstand von der Möglichkeit eines Widerstandsrechts, wohlgemerkt eines Widerstandsrechts, gesprochen wird, könnte von seiten des Evangeliums dagegen kein grundsätzlicher Einspruch erhoben werden; man wälzte damit die Verantwortung für das Handeln auf die juristische Entscheidung ab. Das ist der eine Satz.

Der Satz, der wichtiger ist in der Anwendung auf den vorliegenden Fall, ist der zweite; da wird nicht von einem Widerstandsrecht, sondern von einer Widerstandspflicht gesprochen. Im einzelnen ist die Widerstandspflicht in der ev.-theologischen Ethik verankert im Bereich der dem Christen zukommenden Pflichten gegenüber dem Nächsten...

Das Wagnis des einzelnen

Wo der einzelne im Staate verpflichtet wird, den Gehorsam gegenüber der Staatsherrschaft in den Akt einer mehr oder minder formulierenden Anbetung, d. h. also in den Akt der vollständigen Eingliederung in eine Weltanschauung umzuwandeln, wird auch von einer Widerstandspflicht des einzelnen gesprochen. Diese Widerstandspflicht des einzelnen kann darüber hinaus, daß sie festgestellt wird, freilich nicht mehr näher kasuistisch umrissen werden. Es ist schlechterdings nicht möglich, hier nach Regeln zu fragen: Wo beginnt es? Wo hört es auf? Es ist auch hier nicht einmal möglich, nach der Erlaubtheit oder Unerlaubtheit bestimmter Mittel zu fragen...

Infolgedessen würde z. B. auch eine, wie man sagt, theoretisch, auf die

Sache gesehen, aber abstrakt (das ist ein erheblicher Unterschied) vorgenommene Unterscheidung etwa von Hochverrat und Landesverrat in diesem moraltheologisch anvisierten Fall überhaupt nicht unterzubringen sein. Eine solche abstrakte Unterscheidung erscheint dem Moral-Theologen als ein überaus billiges Argument, weil nämlich der in abstracto ganz einwandfreie Hochverräter und der in abstracto ganz einwandfreie Landesverräter im konkreten Handeln nicht in dieser Weise geschieden werden können...

2. Die Frage des Eides und der Eidverpflichtung.

Hier kann ich mich ganz kurz fassen. Aus Anlaß der ersten Vereidigungen zu Beginn des Dritten Reiches hat ein großer Teil der ev. Kirche, der sich damals unter der vorläufigen Kirchenleitung der damaligen ev. Kirche gesammelt hatte, zu dem ausschließlichen, an die Person Adolf Hitler gebundenen Eid Stellung genommen und diese Stellungnahme in einer öffentlichen Erklärung niedergelegt. Diese Stellungnahme, die so etwas wie eine kirchliche Eidesbelehrung darstellte, hat vor allem den Hinweis auf die Grenzen des Eides zum Ziele gehabt. Das hat sich aus der Situation ergeben. Dazu ist damals eine Erklärung abgegeben worden. Diese Erklärung lautet: ›Der unter Anrufung Gottes dem Führer Adolf Hitler geleistete Eid gibt der Treue- und Gehorsamsverpflichtung den Ernst der Verantwortung vor Gott und damit ihre rechte Begründung. Er schließt durch die Berufung auf Gott ein Tun aus, das wider das in der Heiligen Schrift bezeugte Gebot Gottes ist...

Diese Auffassung ist dann durch die Bekenntnisnote der ev. Kirche der altpreußischen Union am 5. 3. 1935 noch einmal unterstrichen worden mit dem Satz: ›Jeder Eid wird vor Gottes Angesicht geleistet und stellt die in ihm übernommene Verpflichtung unter die Verantwortung vor Gott. Der Eid findet seine Grenze darin, daß allein Gottes Wort uns unbedingt bindet‹.«

III.4.3.7

Plädoyer des Anklägers Dr. Fritz Bauer[43] [stark gekürzt]

Es ist nicht die Absicht der Staatsanwaltschaft, dem seinerzeitigen Major Remer deswegen den Prozeß zu machen, weil er sich am 20. Juli 1944 dem Widerstandskampf versagt hat. Es ist überhaupt nicht die Absicht der Staatsanwaltschaft, denjenigen einen Vorwurf zu machen, die sich am 20. Juli 1944 aus Gründen, gleich welcher Art, oft sicher aus ethisch beachtlichen Gründen nicht um die Fahne der Freiheit und Menschenwürde geschart haben.

Zur Aburteilung steht, daß das Vorstandsmitglied der SRP Remer seit

Monaten durch Niedersachsen zog und die Widerstandskämpfer des 20. Juli verleumdete und beschimpfte, indem er sie ›Hoch- und Landesverräter‹ hieß.

Was am 20. Juli 1944 vielen noch dunkel vorgekommen sein mag, ist heute durchschaubar, was damals verständlicher Irrtum gewesen sein mag, ist heute unbelehrbarer Trotz, böser Wille und bewußte Sabotage unserer Demokratie...

Es ist Aufgabe der Staatsanwaltschaft, Aufgabe der Richter des demokratischen Rechtsstaates, die Helden des 20. Juli ohne Vorbehalt und ohne Einschränkung zu rehabilitieren, auf Grund der Tatsachen, die uns heute bekannt sind, auf Grund des damals und heute, des ewig geltenden Rechts.

Die Staatsanwaltschaft beantragt, den Angeklagten zu verurteilen wegen eines Vergehens der üblen Nachrede und wegen eines Vergehens der Verunglimpfung des Andenkens Verstorbener im Sinne der §§ 186 und 189 StGB...

Die drei theologischen Sachverständigen haben übereinstimmend erklärt, daß nach dem Standpunkt der evangelischen und der katholischen Moraltheologie den Männern des 20. Juli kein Vorwurf des Landesverrats zu machen sei, da sie den Willen gehabt haben, ihr Land nicht zu verraten, sondern zu retten... Vorsatz entscheidend...

Im Jahre 1944 stand im Strafgesetzbuch über Landesverrat folgendes: § 88 StGB: ›Verrat im Sinne der Vorschriften dieses Abschnittes begeht, wer mit dem Vorsatz, das Wohl des Reiches zu gefährden, das Staatsgeheimnis an einen anderen gelangen läßt.‹ Meine Herren Richter, nicht wer ein Staatsgeheimnis an einen andern gelangen läßt, ist schon ein Landesverräter; Landesverräter ist nach dem Wortlaut unseres Gesetzes nur, wer mit dem Vorsatz handelt, das Wohl des Reiches zu gefährden...

Ich glaube, es gibt niemanden in diesem Saal, der den Mut hätte zu sagen, einer der Widerstandskämpfer hätte nicht mit der heiligen Absicht gehandelt, seinem deutschen Vaterlande zu dienen. Stauffenberg starb mit den Worten auf den Lippen: ›Es lebe das heilige Deutschland!‹...

Am 20. Juli war der Krieg endgültig verloren. Der Sachverständige Prof. Dr. Schramm hat dies bestätigt. Am 20. Juli war das deutsche Volk total verraten, verraten von seiner Regierung; und ein total verratenes Volk kann nicht mehr Gegenstand eines Landesverrats sein...

Der Krieg war schon lange vorher verloren und die Widerstandskämpfer haben es gewußt...

Das war der Ausgangspunkt der gesamten Konzeption Becks und Goerdelers. Sie wußten, der Krieg war nicht zu gewinnen; denn Deutschland stand gegen die ganze Welt. Der Krieg war verloren, bevor der erste Schuß gefallen war, und ihre Konzeption war, Deutschland das Schlimmste zu ersparen. Jeder Versuch, den Krieg zu verhüten, jeder Versuch, den Krieg abzukürzen, bedeutete eine Ersparnis deutscher Menschenleben...

Es ist unmöglich, historisch zu prophezeien; aber ich kann auf ein Beispiel verweisen, das uns zeigt, daß gelungener Widerstand zu einem besseren Frieden führen konnte; ich meine Italien. Sei dem aber wie ihm wolle. Was die Widerstandskämpfer vollbracht haben, war das größte nationale Aktivum, mit dem wir Deutschen am Ende des Krieges den Alliierten entgegentreten konnten; es war das einzige Aktivum, das wir ins Feld führen konnten, als die Kollektivschuld uns ins Gesicht geschleudert wurde. Es war ein Aktivum, das wir dem Widerstandskampf und nur ihm verdanken...

Es ist zunächst einmal die Frage aufzuwerfen, war dieser ›Hochverrat‹ vom 20. Juli 1944 erfolgreich? Sicher, am 20. Juli 1944 ist der Angriff der Widerstandskämpfer zurückgeschlagen worden, aber der Widerstand des 20. Juli 1944 war nur ein Ausschnitt aus dem Gesamtwiderstand des deutschen Volkes, der jedenfalls einige Jahre später zur Errichtung einer freiheitlichen Demokratie in Deutschland geführt hat...

›Hochverrat‹ im höheren Sinne erfolgreich

Die Menschen in den Konzentrationslagern und Menschen außerhalb der Konzentrationslager haben den Samen der neuen Demokratie gesät. Die Alliierten haben den Stein entfernt, der verhinderte, daß dieser Samen zum Lichte emporkam. Als aber die Alliierten den Stein entfernten, da wuchs dieser Samen. Dieser Samen war nicht gesät von Alliierten, dieser Samen war von den deutschen Widerstandskämpfern gesät.

Deshalb war der ›Hochverrat‹ des 20. Juli 1944 erfolgreich; deswegen ist er in juristischem Sinne nicht Hochverrat. Der Hochverrat setzt weiter eine legale Verfassung voraus. Ich bestreite, daß die Herrschaft des Dritten Reiches, daß die Herrschaft des sog. tausendjährigen Reiches gesetzlich war...«

III.4.3.8

Urteilsbegründung im Remer-Prozeß[44] [stark gekürzt]

»Als ›Landesverräter, die vom Ausland bezahlt wurden‹, hatte der 2. Vorsitzende der inzwischen verbotenen Sozialistischen Reichspartei, Generalmajor a. D. Remer, in einer Wahlversammlung die Widerstandskämpfer des 20. Juli 1944 bezeichnet. Er mußte sich deshalb am 7., 8. 10. und 11. März 1952 unter der Anklage der üblen Nachrede im sogenannten ›Remer-Prozeß‹ vor dem Landgericht Braunschweig verantworten. Das Urteil lautete für Otto Ernst

Remer auf drei Monate Gefängnis wegen übler Nachrede in Tateinheit mit Verunglimpfung des Andenkens Verstorbener.

Die Ende Juni veröffentlichte schriftliche Begründung des Urteilsspruches der Großen Strafkammer des Landgerichts Braunschweig unterstreicht nach der Verurteilung Remers wegen übler Nachrede in Tateinheit mit Verunglimpfung des Andenkens der Männer vom 20. Juli 1944 die Tatsache, daß auf die Beteiligten der Aktion zur Befreiung Deutschlands ›auch nicht der geringste Schatten eines Verdachts‹ fällt.

Aus der 51 Seiten umfassenden Begründung geht einwandfrei hervor, daß Remer das Bewußtsein der Rechtswidrigkeit seiner auf einer SRP-Versammlung gemachten Behauptungen gehabt hatte. Er war sich auch durchaus der ehrenkränkenden Eigenschaften seiner Behauptungen gegen die Widerstandskämpfer vom 20. Juli bewußt. Schließlich wußte Remer auch, daß eine große Zahl der Männer des 20. Juli nicht mehr unter den Lebenden weilt und daß die von ihm behauptete Tatsache ›diese Verschwörer sind z. T. in starkem Maße Landesverräter gewesen, die vom Ausland bezahlt wurden‹, eine besonders verletzende und rohe Kundgebung der Mißachtung dieses Personenkreises und eine Verunglimpfung des Andenkens der verstorbenen Widerstandskämpfer darstellte...

3 Monate Gefängnis für Remer

Die Urteilsbegründung schließt mit den Worten: ›Zur Zeit der Beleidigung lag der totale Krieg, der durch Fortsetzung bis zum totalen Zusammenbruch unendliche Opfer gefordert hatte, bereits acht Jahre zurück. Das von der nationalsozialistischen Staatsführung begangene Unrecht war inzwischen jedermann offenbar geworden. Zahlreiche auch Remer bekannte Veröffentlichungen hatten Motive und Zielsetzungen der Widerstandskämpfer des 20. Juli aufgehellt. Daraus ist aber zu folgern, daß Remer, mag er sich unter Umständen auch in gutem Glauben an die Wahrheit seiner ehrenrührigen Behauptung befunden haben, doch keineswegs die Überzeugung der Nachweisbarkeit gehabt hat, so daß die Feststellung, er habe mit dem Bewußtsein der Rechtswidrigkeit gehandelt, nach Ansicht des Gerichts gerechtfertigt ist. Dabei ist festzustellen, daß der Angeklagte offenbar noch in den Anschauungen des Jahres 1944 lebt und sich von diesen Anschauungen auch sieben Jahre nach Kriegsende noch nicht hat lösen können. Was aber damals am 20. Juli 1944 verständlicher Irrtum war, ist heute als unbelehrbarer Trotz anzunehmen.‹

Das Urteil lautete für Otto Ernst Remer, den 2. Vorsitzenden der SRP, wegen übler Nachrede in Tateinheit mit Verunglimpfung des Andenkens Verstorbener auf drei Monate Gefängnis.«

III.4.3.9

Schreiben eines Prozeßbesuchers[45]

»Ich bin Schüler einer Nationalpolitischen Erziehungsanstalt gewesen und habe meinen Vater in Rußland verloren. Außerdem habe ich als Seekadett am Kriege teilgenommen. Heute besteht für uns kein Zweifel mehr, daß wir uns damals bis zur Hybris geirrt haben. Darum haben wir Hochachtung vor den Männern des 20. Juli, denen das Verschwinden von Ritterlichkeit, Recht und Menschlichkeit in unserer Nation so unerträglich wurde, daß sie schwere Gewissensnot auf sich luden und in einen grausigen Tod gingen, ohne die Möglichkeit zu haben, ein Wort der Verteidigung in der Öffentlichkeit zu sprechen, wie es heute Herr Remer kann. Wir haben eine leidenschaftliche Empfindung des Bedauerns dafür, daß wir nicht auf der richtigen Seite gekämpft haben. Nach dem, was ich im Zuschauerraum gehört habe und was Sie da verteidigen, bin ich dankbar, daß wir den Krieg nicht gewonnen haben, obwohl ich selbst verbissen darum gekämpft habe und mein Vater fiel.«

III.5 Unterrichtsvorschlag: Widerstand und Menschenrechte – das politische Vermächtnis des deutschen Widerstandes

Aufsagen und vergessen[46]

»Die meisten jungen Leute können mit diesem Datum nichts anfangen ... Aber gerade heute, wo Begriffe wie Widerstand, Terrorismus und Anarchismus oft in einen Topf geworfen werden, sollte das Attentat auf Hitler ein Ausgangspunkt im Geschichtsunterricht sein, um aufklärende Diskussionen zu führen. Leider wird der 20. Juli 1944 im Unterricht nur abgehakt als Symbol des deutschen Widerstandes, wie alle anderen historischen Ereignisse eben. Und das bedeutet für viele Schüler dann: Aufsagen und vergessen.«

Eckart Schmidt, 19 Jahre

Ulm, Zürich, Wolfratshausen, im Oktober 1983...

Sehr geehrter Herr Minister Dr. Wörner,

wir, die drei Unterzeichneten, sind die Kinder des wegen seiner Beteiligung am 20. Juli 1944 in Plötzensee hingerichteten Oberst i. G. Eberhard Finckh. Vor vielen Jahren haben wir Ihrem Ministerium ... die Zustimmung gegeben, die Kaserne in Großengstingen nach dem Namen unseres Vaters zu benennen. Damals sind wir davon ausgegangen, daß die Bundeswehr sich in die Tradition des deutschen Widerstandes stellen wollte.

Inzwischen ist die nach unserem Vater benannte Kaserne durch friedliche Protest- und Blockadeaktionen öffentlich bekannt geworden. In Verbindung damit und den weltweiten Protesten gegen jedwede Aufrüstung ist die Dikussion darüber entstanden, ob der Begriff des Widerstands aus unserer heutigen Situation neu überdacht und verstanden werden muß...

Wir sind daher der Überzeugung, im Sinne unseres Vaters zu handeln, wenn wir Sie bitten, den Namen »Eberhard-Finckh-Kaserne« zu löschen.

Wir drei Kinder entziehen der »Eberhard-Finckh-Kaserne« ihren Namen.

Hochachtungsvoll
gez. Peter Finckh
gez. Christa Funk-Finckh
gez. Barbara v. Uthmann

Frankfurter Rundschau 14. 10. 1983

III.5.1 Didaktisch-methodische Vorschläge

In der öffentlichen Rezeption des 20. Juli 1944 in der Bundesrepublik Deutschland bestehen über die angemessene historisch-politische Interpretation des Vermächtnisses der Widerstandskämpfer vor allem im Zusammenhang mit den offiziellen Feiern zum Gedenken an die Opfer des 20. Juli unterschiedliche Auffassungen.

Der politische Streit um das Rederecht Herbert Wehners zum Gedenken des 20. Juli im Jahre 1978 in Berlin ist ein geeignetes Beispiel, um Schüler in die konfliktbeladene öffentliche Deutung des 20. Juli 1944 einzuführen. Der Schüler kann an diesem Fall anschaulich erleben, wie der Widerstand gegen Hitler in der innerpolitischen Diskussion der Bundesrepublik Deutschland fortwirkt und politische Entscheidungen der Gegenwart beeinflußt. Die Urteilsfähigkeit kann sich schärfen, vorschnelle Lösungen verbieten sich bei diesem offenen Problem. Wo im Unterricht die Vorstellung entstanden ist, der Widerstand sei auf eine Formel zu bringen, wird deutlich, daß sich die überlebenden Widerstandskämpfer und ihre Angehörigen teilweise recht kontrovers verhalten.

Franz Ludwig Graf Schenk von Stauffenberg, MdB, Sohn von Claus von Stauffenberg, bestritt Herbert Wehner wegen seiner politischen Vergangenheit (Wehner war 1927–1942 Mitglied der KPD und lebte von 1935–1946 im Exil in der UdSSR und Schweden) das Recht, das Gedenken an die Opfer des 20. Juli in einer Rede zu vertreten. Dieser Auffassung widersprachen in einem offenen Brief an Herbert Wehner vom 23. Juli 1978[47]:

Inge Aicher-Scholl (Schwester von Sophie und Hans Scholl, Weiße Rose München, hingerichtet am 22. 2. 1943), Peter Finckh (Sohn des Oberst Eberhard Finckh, hingerichtet am 30. August 1944), Falk Harnack (Widerstandskämpfer) und Roland Reichwein (Sohn von Prof. Adolf Reichwein, Mitglied des »Kreisauer Kreises«, hingerichtet am 20. Oktober 1944) mit der Begründung:

»Generell spielt die Frage nach parteipolitischen oder gesellschaftlichen Herkünften beim deutschen Widerstand eine absolut sekundäre Rolle. Die ungeheuerliche Last der Unterdrückung und das Gewissen, das sich dagegen erhob, schufen eine neue und besondersartige Solidarität von rechts und links.«

Diese Kontroverse nahm Klaus von Dohnanyi, Sohn des 1945 hingerichteten Widerstandskämpfers Hans von Dohnanyi (1902–1945) zum Anlaß, das Vermächtnis der Opposition gegen Hitler als Verpflichtung für die Innen- und Menschenrechtspolitik der Bundesrepublik Deutschland zu deuten. Die im Anhang auszugsweise wiedergegebenen zehn Thesen Klaus von Dohnanyis könnten als Diskussionsgrundlage im Unterricht dienen. Dabei soll hier offenbleiben, ob aus zeitökonomischen Gründen Schüler die Thesen zu Hause studieren und im Unterricht darüber referieren und diskutieren oder die Thesen im Unterricht in Gruppen lesen, diskutieren und im Plenum eine abschließende Bilanz ziehen.

Vorschläge für Fragestellungen zur Diskussion des Textes von Klaus von Dohnanyi »Widerstand und Menschenrechte – Zehn Prinzipien für Bonns Politik«:

1. Wie wird in dem Text Widerstand begriffen?
2. Auf welche Weise wird zwischen dem deutschen Widerstand und der Wahrung der Menschenrechte in der Gegenwart eine Verbindung hergestellt?
3. Welche Verpflichtungen und Vorschläge sieht der Verfasser des Textes für die Innen- und Außenpolitik der Bundesrepublik Deutschland?
4. Auf Grund welcher historisch-politischen Prämissen kommt der Verfasser zu seinen Aussagen?
5. Welche Erziehung ist die Voraussetzung für die Fähigkeit zum Widerstand?
6. Inwieweit überzeugt die Argumentationskette des Verfassers?
7. Lassen sich aus den Prämissen andere Konsequenzen ziehen?
8. Welche alternative Prämissen können aus der Geschichte der Weimarer Republik gezogen werden?

Der Historiker Hans Rothfels hat sich in einem Vortrag anläßlich der 10jährigen Wiederkehr des 20. Juli 1944 ebenfalls mit dem Vermächtnis des deutschen Widerstandes befaßt[48].

Während Klaus von Dohnanyi als Sohn eines Widerstandskämpfers und als Politiker spricht, äußert sich Rothfels als Wissenschaftler. Die in den Materialien zusammengestellten Textauszüge des Historikers Rothfels eignen sich zur Erweiterung, Vertiefung und Ergänzung der Diskussion, wo sich das im Unterricht als möglich und notwendig erweisen sollte. Eine Analyse der übereinstimmenden Positionen und der Gegensätze zwischen Dohnanyi und Rothfels bietet sich an. Der vielleicht für manchen Schüler befremdliche historisch-politische Vergleich zwischen den Ereignissen des 17. Juni 1953 und dem 20. Juli 1944 kann die Debatte dort beleben, wo sie um das Problem der Aktualisierung ringt. Stärker noch dürfte die politische Programmatik des Kreisauer Kreises, in vielem immer wieder erstrebtes und kaum erreichtes Vermächtnis geblieben, die Verbindung von vergangenem Widerstand und gegenwartspolitischer Zielvorstellung verdeutlichen. Die tagespolitische Brisanz und Aktualität des Satzes ist evident: »Die Opposition glaubt, daß die entscheidende Entwicklung in Europa auf sozialem, nicht auf militärischem Gebiet stattfinden wird.«[49]

III.5.2 Materialien

III.5.2.1

Klaus von Dohnanyi: Widerstand und Menschenrechte – Zehn Prinzipien für Bonns Politik[50] [stark gekürzt]

»Der 20. Juli 1944 wird weiterhin für den Tagesverbrauch ausgedroschen. Ich möchte deshalb drei Vorbemerkungen machen.

Erstens:
Widerstand war die Ausnahme, Anpassung die Regel. Man muß nicht zum Widerstand gehört haben, um ein anständiger Deutscher gewesen zu sein. Um so verwerflicher ist die mißbräuchliche Berufung auf den Widerstand. Wer sich persönlich auf den Widerstand beruft, muß mindestens einen Teil der Gefahren des Widerstandes getragen haben...

Zweitens:
Der Gedenktag des 20. Juli 1944 läuft auch weiterhin Gefahr, die unverbindlichen Leerformeln über Demokratie und Menschenrechte zu vermehren. Unverbindlichkeit aber war unvereinbar mit Denken und Handeln der Widerstandskämpfer...

Drittens:
Die Wahl des 20. Juli 1944 als Tag des ganzen deutschen Widerstandes birgt die Gefahr, daß der deutsche Widerstand nachträglich eine einseitig konservative Färbung erhält... Ich möchte deswegen ganz offen sagen, daß die jüngste öffentliche Feststellung von Graf Stauffenberg, das Gedächtnis an den 20. Juli erhalte mit einer Rede von Herbert Wehner eine falsche politische Färbung, unzulässig war.

Zunächst einmal sei festgestellt, daß auch die Kommunisten in den zwanziger Jahren politische Gegner des Nationalsozialismus und seiner deutschnationalen Allianz waren... Wer Herbert Wehners Irrtümer mit den Perversionen der Faschisten vergleicht ... tut nicht nur Unrecht an diesem Mann. Die Gleichsetzung von Kommunisten und Faschisten in Weimar ist zugleich eine Quelle gefährlicher Fehldeutungen der deutschen Geschichte und jenes blinden Antikommunismus, der gerade seine Vertreter daran hindert, die wahren Ursachen des Kommunismus – und damit die Gefahren, in denen wir leben – zu verstehen.

Die Bedeutung des 20. Juli ... kann nicht in erster Linie darin liegen, zu geloben, daß Demokratie und Rechtsstaatlichkeit in unserem Lande erhalten bleiben: Dies bleibt unsere selbstverständliche Verpflichtung, für die es des 20. Juli nicht bedurft hätte. Besondere aktuelle Bedeutung scheint mir demgegenüber die Beziehung zwischen Widerstand und politischen Grundrechten zu haben. Der deutsche Widerstand war von Anfang an in erster Linie darauf gerichtet, im Kampf gegen den Faschismus die Menschen- und Bürgerrechte wiederherzustellen. Nach 1933 zunächst in Deutschland und dann nach 1939 auch in den von Deutschland überfallenen Ländern... Es waren die Verbrechen der Nazis..., die dem Widerstand bis hin zum Tyrannenmord seine rechtliche Legitimation gaben... Der moralische Anspruch des deutschen Widerstandes ... wird nicht von denen getragen, die das Ausmaß der Niederlage begrenzen wollten, sondern von jenen, die einem verbrecherischen, aber national noch erfolgreichen Hitler das Handwerk legen wollten. Und ihre Legitimation war eben die Legitimation der Menschenrechte...

Aktuell heißt das für die heutige politische Debatte, daß wir auch verantwortlich sind für die Wahrung der Menschenrechte, soweit wir wissen von ihrer Gefährdung und Verletzung und soweit wir handeln können...

Was ist nun unsere Verantwortung? Wie soll sich die Bundesrepublik Deutschland zur Problematik politischer, rassischer und religiöser Verfolgung in der Welt verhalten? Was sind unsere Möglichkeiten und wo sind unsere Grenzen?...

Lassen Sie mich versuchen, meine Antwort in zehn Prinzipien zu geben:

1. Die Bundesrepublik Deutschland vertritt den freien Teil Deutschlands: Dies ist Anspruch und Verpflichtung zugleich. Denn als freier Teil Deutschlands müssen wir jene Traditionen mit einbeziehen, die in der deutschen Geschichte den demokratischen Widerspruch gegen autoritäre und faschistische Macht markierten. In der Verantwortung für diese Traditionen gilt es zunächst die Gefahren zu erkennen, die im eigenen Lande auf uns lauern. Der demokratische Widerspruch wurde in der deutschen Geschichte weitgehend von linken Kräften getragen... Das gilt für Rosa Luxemburg ebenso wie für Carl von Ossietzky...
   Wer sich auf den Widerstand beruft, muß wissen, daß Widerstand im entscheidenden Augenblick immer nur von Leuten geleistet werden kann, denen die Erziehung jene innere Stärke zur abweichenden Meinung und den Mut zur einsamen Tat verliehen hat. Wir erziehen deswegen eine

Jugend nicht im Geist des 20. Juli, wenn wir Duckmäusertum und Anpassung fördern...

2. Der deutsche Widerstand richtete sich gegen eine Regierung, die unvorstellbare nationale und internationale Verbrechen gegen die Menschenrechte unternahm... Die Bundesrepublik ... muß diesem Tatbestand gerecht werden. Das heißt konkret zum Beispiel: Wenn es um die Unterstützung von Organisationen wie amnesty international, dem International Defence ... und ähnlichen Organisationen geht, müssen wir uns dieses Zusammenhangs bewußt sein... Anti-Apartheid-Bewegungen, die in anderen Hauptstädten der westlichen Welt akzeptierte Gesprächspartner sind, müssen dies endlich auch in Bonn werden.
3. Wir haben als Deutsche die Verletzung von Menschenrechten am eigenen Leibe gespürt... Es darf keinen Zweifel daran geben, wo die Bundesrepublik in dieser Frage steht. Parteinahme für die Befreiungsbewegungen bedeutet nicht Parteinahme für die Gewalt. Aber Parteinahme bedeutet, daß wir die Ursachen der Verstrickung verstehen.
4. Für die gerechte Seite einzutreten, birgt die Versuchung der Selbstgerechtigkeit... (Wir) müssen auf der Hut sein, daß wir dies im Interesse der Verfolgten und nicht etwa im Interesse einer möglichst reinen eigenen Weste tun...

   Der Frieden ist die Voraussetzung für die Verwirklichung der Menschenrechte – der Krieg ihr ärgster Feind...
5. Wer praktische Arbeit für die Menschenrechte in der Welt tun will, darf sich nicht vor diplomatischen Barrieren fürchten...
6. Eine praktische Arbeit für die Menschenrechte in der Welt setzt allerdings auch voraus, daß diplomatische und wirtschaftliche Beziehungen zu möglichst allen Ländern der Welt aufrechterhalten bleiben...
7. Wenn sich die Bundesrepublik Deutschland für die Menschenrechte in der Welt einsetzt, muß sie offen sein für politische Flüchtlinge... In einigen Staaten geht dies schneller als bei uns. Ferner neigen unsere Behörden... dazu, die Auskunft anderer Regierungen über die politischen Aktivitäten politisch Verfolgter ungeprüft zu übernehmen... Friedliche politische Dissidenten werden zu Terroristen ... gestempelt. Hier müssen wir im Zweifel den Betroffenen ... glauben und nicht den voreingenommenen Behörden der betreffenden Staaten. Auch hier sollten wir aus unserer Geschichte lernen...
8. Großzügig Asyl zu gewähren, heißt auch: überlegen, in welchem Umfang politische Flüchtlinge in ihrem Gastland politisch tätig sein dürfen...

9. Wer Asyl gewährt, hat nicht nur politische, sondern auch soziale Verpflichtungen. Die Fürsorge ... ist nur eine geringe Wiedergutmachung für ... die Abertausenden von deutschen Emigranten nach 1933 im Ausland ... Die Bundesregierung (sollte) überlegen, ob die Einrichtung einer großzügigen Stiftung den politischen Flüchtlingen ... dazu verhelfen könnte ... menschenwürdig zu leben.

10 Vor uns liegt vermutlich eine Zeit, in der die Verletzung der Menschenrechte in der Welt ebenso zunehmen wird wie unsere Verantwortung in dieser Frage. Ich glaube, daß wir in der Bundesregierung für diese Etappe organisatorisch noch nicht gerüstet sind ...
Der 20 Juli enthält ein menschenrechtliches Vermächtnis, das uns verpflichtet. Ich glaube nicht, daß wir dieser Verpflichtung heute schon voll entsprechen. Wir können sie nicht in Gedenkreden erfüllen, sondern nur in täglicher Arbeit.«

III.5.2.2
Hans Rothfels: Das Vermächtnis des deutschen Widerstands – Das politische Vermächtnis[51] [stark gekürzt]

Rede zur 10jährigen Wiederkehr des 20. Juli 1944 auf einer Wochenendtagung der Evangelischen Akademie Berlin und an der Universität Tübingen.

»Es mag naheliegen, die geschichtliche Besinnung, um die es uns in diesen Tagen geht, anzuknüpfen an einen anderen Anlaß ernstesten Gedenkens, der nur wenige Wochen zurückliegt: der 17. Juni und der 20. Juli sind eigentümlich zugeordnete Daten. Beide Male hat es sich um Auflehnung gegen angemaßte Gewalt gehandelt, was immer ihre legalistischen Verkleidungen oder fiktiven Legitimierungen gewesen sein mögen oder sind, im äußeren – bei aller Verschiedenheit der Ausdrucksformen – um das gleiche entschlossene und auf alle Konsequenzen gefußte Angehen gegen ein System, das man als feindliche Besatzung charakterisieren kann, auch wenn es von Menschen des eigenen Volkes ausgeübt wurde oder wird. Beide Male aber ging es darüber hinaus und im innerlichsten Kern um die Selbstbehauptung der Freiheit und Würde des Menschen im Konflikt mit einer entmenschlichenden und entwürdigenden Machtapparatur, um Gewissensprotest oder um den Durchbruch eines Unbedingten, das nicht an der Chance des Erfolges mißt oder zu messen ist ... Schon aus diesem flüchtigen Vergleich wird deutlich werden – mindestens an *einem* zentralen Aspekt, daß die Besinnung auf den 20. Juli und seine geschichtliche Bedeutung nicht nur Ausdruck einer rückwärtsgewandten Pietätspflicht der Erinnerung an edle und opferbereite Menschen ist ... sondern zugleich dem Heute und Morgen gilt...

Hält man sich an das Grundsätzliche, so wäre vom 20. Juli, oder besser von den Bewegungen, für die dieses Datum stellvertretend steht, ebenso zu sagen, daß sie nicht von professionellen ›Widerständlern‹ oder gar von asozialen oder anarchistischen Elementen getragen waren, sondern weithin von Gruppen von Menschen, die in den Traditionen, vielleicht sogar den Konventionen, staatlicher und nationaler Bindung besonders stark verwurzelt waren, von Beamten und Offizieren zumal, übrigens auch von überzeugten Sozialisten und bekennenden Christen, die nichts weniger als der Brüderlichkeit entfremdet waren. Sie alle wandten sich, indem sie die sozusagen normalen und nächstliegenden Loyalitäten durchbrachen, im Grunde gegen jene verhängnisvollen Pervertierungen, die jede Form politischen und sozialen Gemeinschaftslebens unter der verführerischen Doppelparole eines »nationalen Sozialismus« erfahren hatte...

Indem die äußere Zuordnung der beiden Daten solche vergleichenden Betrachtungen nahelegt, wird man freilich die tiefen Unterschiede, die hier doch bestehen, keinen Augenblick übersehen wollen... Der 17. Juni war ein Aufstand, der ausbrach, spontan ausbrach, wie wir mit Sicherheit sagen können; Widerstand hingegen ereignet sich oder wird geleistet. Ein Aufstand, so ist mit Recht bemerkt worden, vollzieht sich im elementaren Bereich der Politik, der Widerstand vielmehr im sittlichen und religiösen Bereich... Damit soll in keiner Weise gesagt sein, daß es der Erhebung des 17. Juni an ethischen Motiven, an den sittlichen Grundkräften des Menschlichen gefehlt habe, noch auch, daß der Widerstand gegen Hitler frei gewesen sei vom Elementaren und Politischen. Politisch war zunächst ohne Zweifel die Opposition, die 1933 und in den ersten Jahren danach von Anhängern jener Parteien wesentlich getragen wurde, die auch vorher schon die eigentlichen Verteidiger der Republik von Weimar gewesen waren. Aber ihre aktivsten Führer verschwanden hinter Zuchthausmauern und Stacheldraht oder mußten über die Grenze weichen. An Versuchen der Exilgruppen – vom Ausland her und mit den Mitteln unterirdischer Propaganda – den Kampf fortzusetzen, hat es nicht gefehlt. Die Entdeckung indessen ließ in aller Regel nicht lange auf sich warten, und die Opfer waren schwer. So kam diese Art der Agitation und damit der *direkte* politische Angriff zum Erliegen.«

III.5.2.3

Hans Rothfels: Das Vermächtnis des deutschen Widerstands – Politische Programmatik des Kreisauer Kreises[52] [stark gekürzt]

»Es sind ja nicht nur beste Köpfe zweier Generationen, die an bestimmte Reformideen ihre Kräfte zu setzen bereit und höchst befähigt waren, uns entrissen, sondern auch ihr Ansatz ist mannigfach umgebrochen worden und insoweit ›Vermächtnis‹ geblieben. Das gilt von dem entschlossenen Hineindenken eines deutsch-föderativen Aufbaus in eine europäische Föderation, es gilt von gewissen Leitgedanken in den Verfassungs- und Verwaltungsentwürfen der Goerdeler, Popitz und Jessen, und gilt vor allem von der geistigen Vorbereitungsarbeit, die im Kreisauer Kreis geleistet worden ist...

Sie sahen es als ihre Aufgabe, die Grundlagen eines nach-nationalsozialistischen Deutschland und eines nach-nationalsozialistischen Europa zu durchdenken... Was dabei besonders hervortritt, ist zweierlei von programmatischem Charakter. Das eine liegt in der Betonung der ›Würde des Menschen‹ als eines Zentralthemas des zu erneuernden Europa, in der Betonung sittlicher Beziehungen innerhalb der staatlichen wie der Völkergemeinschaft, in der Forderung namentlich nach der Wiederherstellung der ›Majestät des Rechts‹... Das andere Leitmotiv war das soziale... Auch hier ging es um die ›Würde des Menschen‹, um die christliche Auffassung des Besitzes wie des Erwerbs als Verantwortung, also um Grundpositionen abendländischer Gesittung, aber es ging auch um eine produktive Auseinandersetzung mit den gesellschaftlichen Lebensformen, die von Osten herandrängten... Trott hat... das Vermächtnis des Kreises dahin präzisiert: ›Die Opposition glaubt, daß die entscheidende Entwicklung in Europa auf sozialem, nicht auf militärischem Gebiet stattfinden wird.‹«

III.5.2.4

Hans Rothfels: Das Vermächtnis des deutschen Widerstands – Wiederherstellung der Ehre des Namens Deutschland[53] [stark gekürzt]

»›Der deutsche Name‹, so hieß es im letzten Flugblatt der ›Weißen Rose‹, ›bleibt für immer geschändet, wenn nicht die deutsche Jugend endlich aufsteht, rächt und sühnt zugleich, ihre Peiniger zerschmettert und ein neues geistiges Europa aufrichtet.‹ Kein Gedenken des 20. Juli wird an diesem Aufbruch junger Menschen vorübergehen wollen, der spontan war und sich ganz unmittelbar zum Ziele steckte, mit instinktsicherer Ablehnung menschlicher Entwürdigung und in der Empörung, nur als Mittel verbraucht zu werden.

Man wird in solcher Haltung durchaus ein politisches Vermächtnis erblicken dürfen, so sehr sie aus der Ebene sogenannter realpolitischer Betrachtung herausfällt. Sie wiederholt sich im Prinzipiellen in vielen Männern des Widerstandes aus der mittleren und der älteren Generation: sowohl im Gedanken stellvertretender Reinigung und Sühnung, den Persönlichkeiten so verschiedener Art wie v. Hassell und v. Tresckow, Planck und Goerdeler in fast gleichlautenden Worten ausgesprochen haben wie auch in der Transzendenz der Todesstunde... In der Tat haben nicht Fußballsiege und Mercedeswagen, sondern das Handeln und Sterben der Männer des 20. Juli die ›Ehre des Landes‹ wiederhergestellt. Um das zu ermessen, wird man sich noch einmal vergegenwärtigen müssen, wie damals Deutschland gesehen wurde, in den Ländern der Kriegsgegner, aber auch der Neutralen: als der monolithische Block, den Hitler zusammengeschweißt zu haben vorgab... Es fällt für unsere Betrachtung nicht ins Gewicht, daß man es besser hätte wissen können... Es können ebenso die vielfältigen Ursachen beiseite bleiben, weshalb man offiziell an der Fiktion der Identität zwischen Deutschen und Nationalsozialisten, also an Hitlers eigener These wie auch später dann an seinem Verdammungsurteil über ›die kleine reaktionäre Clique‹, so zäh festgehalten hat.«

III.5.2.5

Hans Rothfels: Das Vermächtnis des deutschen Widerstands – Das ethische Vermächtnis[54] [stark gekürzt]

»Von einer ... teilhaften Opposition war es schwer, zum Entscheidenden und Ganzen vorzustoßen. Das galt von manchen Kreisen, die dem staatlichen und militärischen Machtapparat besonders nahe standen und auf deren Haltung daher besonders viel ankommen mußte... Ein gutes Beispiel dafür bieten die erst kürzlich bekannt gewordenen Briefe des Generalmajor Stieff*. Er schloß sich der Verschwörung erst im Sommer 1942 an, sein Entschluß erwuchs zum Teil aus der Erfahrung in leitender Stellung an der russischen Front, im Winter 1941/42, also aus der Empörung über unverantwortbares militärisches Handeln. Aber dem ging eine andere Erfahrung voraus, gleich zu Beginn des Polenfeldzugs und im Anblick verbrecherischen Menschentums. Sie preßte ihm den Satz in die Feder: ›Ich schäme mich, ein Deutscher zu sein.‹

*Vgl. Vierteljahreshefte f. Zeitgeschichte, II, 3, S. 290ff., insbes. S. 300

Es sind Worte, die viele heute nicht gern mehr hören mögen, und niemand wird wünschen, unnötig in Wunden zu wühlen. Aber wenn es eine Voraussetzung seelischer Gesundung ist, sich auch peinlichen Wahrheiten zu stellen, und wenn der nationalpolitische Wert geschichtlicher Besinnung sich mit an der Bereitschaft bemißt, Unangenehmes zu sagen oder dem Vergessenwerden zu entreißen, so gehört dieser Ausbruch der Scham bei einem höheren Offizier mitten im Siege allerdings auch zum politischen Vermächtnis des deutschen Widerstands.

Ehe auf das Problem von ›Widerstand und Niederlage‹ einzugehen ist, wird eines indessen festzustellen sein, was auch Teil des Vermächtnisses ist und in Zukunftsentscheidungen über die ›Grenze des soldatischen Gehorsams‹ einmal wieder bedeutsam sein mag. Es gab gerade in der höheren militärischen Führung der Männer genug, die abseits aller Opportunität auf einem Standpunkt standen oder früh sich zu ihm durchgerungen hatten, auf dem nur noch die Stimme des eigenen Gewissens Richter war: die Beck und Stülpnagel, die Witzleben und Hoepner, die Falkenhausen und Tresckow, die Canaris und Oster, die Hofacker und Stauffenberg. Sie haben zum Teil schon den Weg zum Kriege bekämpft oder durch eine innere Erhebung abzufangen gesucht...«

Anmerkungen:

[1] Carl Zuckmayer: Als wär's ein Stück von mir, Frankfurt am Main 1969, S. 393

[2] Kurth Pinthus: Verbannung, Hamburg 1964, S. 143

[3] Klaus Mann/Erika Mann: Escape to Life, New York 1939, S. 371

[4] T. Kirfel-Lenk: Exil in den USA, Frankfurt am Main 1980, S. 105ff.

[5] Kirfel-Lenk, a.a.O., S. 109

[6] Thomas Mann im Urteil seiner Zeit, Hamburg 1969, S. 307

[7] Thomas Mann, Gesammelte Werke, Bd. XII, Berlin 1956, S. 825

[8] Thomas Mann, Zeit und Werk, Aufbau Verlag (DDR) Berlin 1956, S. 603

[9] Thomas Mann, a.a.O., S. 630

[10] Thomas Mann, a.a.O., S. 630f.

[11] Thomas Mann, Briefe 1937–1947, Berlin 1965, S. 565

[12] Thomas Mann, Zeit und Werk, S. 604

[13] Exil in den USA, Berlin 1980, S. 167f.

[14] Thomas Mann, Zeit und Werk, S. 604

[15] Exil in den USA, Berlin 1980, S. 164

[16] Siehe L. Rosenberg: Widerstand aus der Sicht der Emigration, Beiträge zum Thema Widerstand, Informationszentrum Berlin 1980, 2. Aufl., S. 4ff.

[17] Bertolt Brecht: Svendborger Gedichte, London 1939, S. 81

[18] Thomas Mann, Zeit und Werk, S. 603ff.

[19] Thomas Mann, Zeit und Werk, S. 630f.

[20] Thomas Mann, a.a.O., S. 609ff.

[21] Thomas Mann, a.a.O., S. 619ff.

[22] Thomas Mann, a.a.O., S. 612f.

[23] Thomas Mann, a.a.O., S. 606ff.

[24] Thomas Mann, a.a.O., S. 608f.

[25] Thomas Mann, a.a.O., S. 610

[26] Thomas Mann, a.a.O., S. 616

[27] Thomas Mann, a.a.O., S. 614

[28] Thomas Mann, a.a.O., S. 617

[29] Sozialistische Aktion, 28. 1. 1934, Untertitel: »Die Politik der Sozialdemokratischen Partei Deutschlands«. Neuer Vorwärts, 28. 1. 1934, zitiert nach: Ergebnisse-Zeitschrift für demokratische Geschichtswissenschaft 20 – Uta Petersen: Das Prager Manifest der SPD von 1934, Hamburg März 1983, S. 131ff.

[30] Heinrich Mann: Deutschland ein Volksstaat, in: Heinrich Mann: Es kommt der Tag, Deutsches Lesebuch, Zürich, Europa-Verlag 1936, S. 335–339, zitiert nach: Ernst Loewy: Literarische und politische Texte aus dem deutschen Exil 1933–1945, Bd. 3, Fischer Taschenbuch 6483, Frankfurt am Main 1982, S. 1175ff.

[31] Heinrich Mann/Lion Feuchtwanger/Bertolt Brecht: Aufruf an die Deutschen, in: Aufbau, Jg. 8 (1942), H. 15, S. 5 – Gekürzte Fassung des von der »German American

Emergency Conference« vorbereiteten Appells, zitiert nach: Ernst Loewy: Literarische und politische Texte aus dem deutschen Exil 1933–1945, Bd. 3, Fischer Taschenbuch 6483, Frankfurt am Main 1982, S. 1149 ff.

32 Erich Weinert: Rede. Auf der Gründungstagung des Nationalkomitees »Freies Deutschland« am 12. Juli 1943, in: Internationale Literatur, Jg. 13, (1943), H. 9, S. 1–5, zitiert nach: Ernt Loewy: Literarische und politische Texte aus dem deutschen Exil 1933–1945, Bd. 3, Fischer Taschenbuch 6483, Frankfurt am Main 1982, S. 1151 ff.

33 W. Reichert, Der 20. Juli 1944, in: Lebendige Schule 5/1972, S. 193

34 Otto Ernst Remer auf einer Versammlung der SRP am 3. Mai 1951 in Braunschweig über den 20. Juli 1944

35 20. Juli 1944 – geänderte und vervollständigte Bearbeitung der Sonderausgabe der Wochenzeitung »Das Parlament«: »Die Wahrheit über den 20. Juli 1944« bearbeitet von Hans Royce, Hrsg.: Bundeszentrale für Heimatdienst Bonn 1953. Der Text wird im folgenden abgekürzt mit »20. Juli 1944« gekennzeichnet.

36 20. Juli 1944, a.a.O., S. 162

37 20. Juli 1944, a.a.O., S. 132f.

38 20. Juli 1944. a.a.O., S. 134–139

39 20. Juli 1944, a.a.O., S. 140–144

40 20. Juli 1944. a.a.O., S. 107–119

41 20. Juli 1944, a.a.O., S. 121–131

42 20. Juli 1944, a.a.O., S. 145–146

43 20. Juli 1944, a.a.O., S. 147–156

44 20. Juli 1944, a.a.O., S. 160–162

45 20. Juli 1944, a.a.O., S. 162

46 »Die Zeit«, 28. 7. 1978

47 »Die Zeit«, 28. 7. 1978

48 Hans Rothfels: Das politische Vermächtnis des deutschen Widerstandes, Bundeszentrale für Heimatdienst, Bonn 1955

49 Rothfels, a.a.O., S. 18

50 aus: »Die Zeit«, 28. Juli 1978

51 Rothfels, a.a.O., S. 5ff.

52 Rothfels, a.a.O., S. 17ff.

53 Rothfels, a.a.O., S. 8ff.

54 Rothfels, a.a.O., S. 13ff.

IV Audiovisuelle Medien

IV.1 Annotierte Medien zum deutschen Widerstand (1933–1945)

Dezimal-Klassif.	AVM	Titel	Laufzeit	Jahr
IV.3	Tonbänder/ Kassetten	Paul Schneider – Der Pfarrer von Buchenwald	30 Min.	1964
		Die Geschwister Scholl	33 Min.	1959
		Franz Müller: Weiße Rose – Der Widerstand gegen den Hitler-Faschismus	45 Min.	1983 (?)
		Morgengrauen über Plötzensee	28 Min.	1960
IV.4	Schallplatten	Aufstand des Gewissens – Dokumentation über den deutschen Widerstand gegen Hitler	40 Min.	1961
		»Ich will Zeugnis geben« – Pater Delp – Widerstand aus dem Glauben	40 Min.	?
		Im Angesicht des Todes – Letzte Briefe und Aufzeichnungen von Opfern des NS-Regimes	40 Min.	?
IV.5	Dias	Widerstand gegen den Nationalsozialismus	11 Bilder	1979
		Die Männer des Widerstandes vor dem Volksgerichtshof	65 Bilder	1960
IV.6.1	Dokumentarfilme	Mein Kampf	120 Min.	1961
		Hitler an der Macht	11 Min.	1963
		Widerstand gegen Hitler – 20. Juli 1944	21 Min.	1980
		Der 20. Juli vor dem Volksgerichtshof	37 Min.	1955
		Widerstand im Dritten Reich – es gab nicht nur den 20. Juli	32 Min.	1979
		Ein Tag (im KZ)	90 Min.	1966
		KZ Dachau	22 Min.	1970
		Widerstand in Deutschland	81 Min.	1968
		Widerstand	63 Min.	1962
		Der Prozeß Huppenkothen	40 Min.	1961
	Dokumentarfilme	KZ-Schergen	33 Min.	1959
		Pater Maximilian Kolbe	27 Min.	1972
		Kurt Schumacher	50 Min.	1979
		Erich Ollenhauer	50 Min.	1979
		Ernst Reuter	15 Min.	1957
		Braunbericht	58 Min.	1982
		Wotans Erben (Fernsehfassung)	47 Min.	1977
		Wotans Erben (Landesbildstellenfassung)	43 Min.	1982
		Abraham – ein Versuch	48 Min.	1970
IV.6.2	Spielfilme	In jenen Tagen	111 Min.	1947
		Die Gegenprobe	90 Min.	1965
		Ein Mann, der nichts gewinnt	74 Min.	1967
		Der Verschlag	95 Min.	1961
		Wer nicht für uns ist – der ist gegen uns	40 Min.	1965
		Zwischen Nacht und Morgen	34 Min.	1965
		Die Weiße Rose	123 Min.	1982
		Fünf letzte Tage	112 Min.	1982
		Akte Wiltau	62 Min.	1964
		Rosen für den Staatsanwalt	97 Min.	1959

IV.1.1 Annotierte Medien zum deutschen Widerstand (1933–1945) in thematischer Gliederung

Thema	Titel	AVM
Der NS-Staat	Mein Kampf	Dokumentarfilm
	Hitler an der Macht	Dokumentarfilm
NS-Justiz	Morgengrauen über Plötzensee	Tonband
	Die Männer des Widerstandes vor dem Volksgerichtshof	Dias
	Der 20. Juli vor dem Volksgerichtshof	Dokumentarfilm
	Der Verschlag	Spielfilm
	Zwischen Nacht und Morgen	Spielfilm
	Akte Wiltau	Spielfilm
	Rosen für den Staatsanwalt	Spielfilm
	Ein Tag (im KZ)	Dokumentarfilm
	KZ Dachau	Dokumentarfilm
	Der Prozeß Huppenkothen	Dokumentarfilm
	KZ-Schergen	
NS-Alltag	In jenen Tagen	Spielfilm
	Wer nicht für uns ist – der ist gegen uns	Spielfilm
Arbeiterbewegung	Ein Mann, der nichts gewinnt	Spielfilm
Widerstand in Deutschland (1933–1945)	Aufstand des Gewissens – Dokumentation über den deutschen Widerstand gegen Hitler	Schallplatte
	Widerstand gegen den Nationalsozialismus	Dias
	Widerstand in Deutschland	Dokumentarfilm
	Widerstand	Dokumentarfilm
Porträts von Widerstandskämpfern	Paul Schneider – Der Pfarrer von Buchenwald	Tonband
	Kurt Schumacher	Dokumentarfilm
	Pater Maximilian Kolbe	Dokumentarfilm
Porträts von Widerstandskämpfern	Pater Delp – Widerstand aus dem Glauben	Schallplatte
Selbstzeugnisse von Widerstandskämpfern	Im Angesicht des Todes – Letzte Briefe und Aufzeichnungen von Opfern des NS-Regimes	Schallplatte

Thema	Titel	AVM
Politische Emigration	Ernst Reuter Erich Ollenhauer	Dokumentarfilm Dokumentarfilm
Widerstandskreise	Widerstand gegen Hitler – 20. Juli 1944 Widerstand im Dritten Reich – es gab nicht nur den 20. Juli Die Geschwister Scholl Die Weiße Rose Fünf letzte Tage	Dokumentarfilm Dokumentarfilm Tonband Spielfilm Spielfilm
Neonazismus	Braunbericht Wotans Erben	Dokumentarfilm Dokumentarfilm
Vergleich zwischen Vergangenheit und Gegenwart	Die Gegenprobe Abraham – ein Versuch	Spielfilm Dokumentarfilm

IV.2 Didaktisch-methodische Bemerkungen

Audiovisuelle Medien können den Lehrer von seiner komplizierten Vermittlerfunktion zeitweise entlasten und entsprechen der Forderung nach Anschaulichkeit, Zeit- und Lebensnähe. Die institutionellen und schulspezifischen Bedingungen des Unterrichts in den einzelnen Bundesländern differieren sehr. Deshalb empfiehlt es sich, eine möglichst vielfältige Liste audiovisueller Medien für das Thema »Widerstand« zusammenzustellen, um den Lehrer in seiner besonderen Unterrichtsplanung nicht unnötig einzuengen. Man kann AV-Medien unterscheiden nach dem Grad ihrer Nähe zur eigentlichen geschichtlichen Realität:

- Quellen als audiovisuelle Mittler
  Film, Bild- und Tondokumente
  Beispiel: »Der 20. Juli vor dem Volksgerichtshof« (Film der Verhandlung; auf Hitlers Befehl hergestellt)
- Quellennahe Medien
  gestaltete Mittler, die Abbildungen von Quellen benutzen (etwa Film- oder Diaaufnahmen) und Kompilationsfilme (Bildteile bestehen aus Dokumentarfilmaufnahmen verschiedener Länge mit einem Kommentar versehen zur Ergänzung und Interpretation)
  Beispiel: »Widerstand« (Dokumentarfilm)

- Medien mit frei nachgestalteter Geschichte
  Spielfilme, Hörszene, Hörspiel
  Beispiel: »Wer nicht für uns ist – der ist gegen uns« (Spielfilm)

Diese grundsätzlichen Unterscheidungen dürfen bei der Diskussion der vorgeführten Medien nicht vernachlässigt werden. Der Schüler muß lernen, die Mittler unter quellenkritischen Gesichtspunkten zu sehen und zu beurteilen.

»Für den ... Zeitraum ... von 1933–1945, ist ... besonders darauf zu achten, daß Schüler zwischen inhaltlichen und medial-kommunikativen Komponenten der Vermittlung unterscheiden lernen. Ausschnitte aus nationalsozialistischen Wochenschauen können ... einen Beitrag zur Vermittlung sachlich richtiger Informationen leisten, beinhalten aber zugleich immer die Tendenz nationalsozialistischer ... Propaganda.«[1]

Für eine sachgerechte didaktisch-methodische Erarbeitung eingesetzter AV-Mittler, die an dieser Stelle nicht ausführlich dargelegt werden kann, empfehlen sich zumindest in den meisten Fällen folgende Arbeitsphasen:

- kurze Einführung in das Medium
- Vorführung des AV-Mediums
- Diskussion
- Ergänzungen des Mediums durch schriftliche Quellen.

Zur Information über den neuesten Stand des AV-Medien-Angebots geben die Institutionen zur politischen Bildung der Bundesrepublik Deutschland und die Bundesländer, die Landesfilmstellen, das Institut für Film und Bild in Wissenschaft und Unterricht sowie andere nichtkommerzielle Einrichtungen regelmäßig kommentierte Kataloge heraus. Entsprechende Institutionen (z. B. Informationszentrum Berlin – Gedenk-und Bildungsstätte Stauffenbergstraße) bieten Sichtveranstaltungen an oder führen anläßlich des 20. Juli einzelne Filme oder Filmreihen zum Widerstand vor.

Zu den ausführlicher kommentierten Verzeichnissen gehören unter anderem:

- Filmverzeichnis; Bundeszentrale für politische Bildung, Bonn 1980 (Stand Juli 1980)
- AV Katalog: Nationalsozialismus und Drittes Reich; Institut für Film und Bild, München 1979 (Stand Frühjahr 1979)
- 30 Jahre danach – Auseinandersetzung mit dem Nationalsozialismus im Film 1945 bis 1975; Köln 1975
- Katalog: Landesfilmdienst für Jugend- und Erwachsenenbildung in Hessen e.V.; Frankfurt am Main 1982 (11. Auflage)

- o Sonderdruck Filmverzeichnis; Themen: Nationalsozialismus – Totalitarismus, Judenverfolgung, Widerstand, Neo-Nazismus; Bundeszentrale für politische Bildung, Bonn 1979
- o Spielfilmliste 81/82: Empfehlenswerte Spiel- und Dokumentarfilme für Kinder, Jugendliche und Erwachsene mit Länderregister, Regisseurregister, Themenregister und Verleiher-Verzeichnis; Herausgeber: Institut Jugend Film Fernsehen e. V. (JFF), Gemeinschaftswerk der Evangelischen Publizistik (GEP)
- o Katalog: »Jugend im NS-Staat« – Ausstellung und Filmreihe; Bundesarchiv Koblenz 1979
- o Folke Isaksson: Politik und Film; Ravensburg 1974
- o Zeitgeschichte im Film – Begleitmaterial zum Schulfernsehen; Herausgeber: Landesbildstelle Berlin; Berlin 1974
- o Kraft Wetzel: Zensur – Verbotene deutsche Filme 1933–1945; Berlin 1978
- o Zentrale Filmografie Politische Bildung; Hrsg. vom Institut Jugend Film Fernsehen München im Auftrag der Bundeszentrale für politische Bildung;
  Band II: 1982 A: Katalog
  Band II: 1982 B: Register
  Leske Verlag und Budrich GmbH Opladen 1982

Die folgenden Beschreibungen der Medien sind – gegebenenfalls in gekürzter Form – den oben genannten Katalogen entnommen worden.

IV.3 Tonbänder und Kassetten

Paul Schneider – Der Pfarrer von Buchenwald

Daten

Hersteller:	Rias Berlin
Spieldauer:	30 Min.
Veröffentlichung:	1964
Tonband	

Inhalt

In der Form szenischer Gestaltung und dokumentarischer Rezitation wird das Leben Paul Schneiders, eines Mitglieds der Bekennenden Kirche, geschildert. Schneider wandte sich schon früh ... gegen die nationalsozialistisch orientierten »Deutschen Christen«. Nach der Machtergreifung kam es sehr bald zum offenen Konflikt, der zunächst zu einer Versetzung Schneiders in ein kleines Dorf im Hunsrück führte. Hier ergaben sich bald Zusammenstöße mit dem Kreisleiter der NSDAP. Mehrfach wird Schneider verhaftet und schließlich ins Konzentrationslager Buchenwald gebracht.

Ein Erzähler berichtet aus der Sicht eines ehemaligen Häftlings von den Leiden des Pfarrers, der im Sommer 1939 nach langer Einzelhaft im Konzentrationslager ermordet wurde.

Anmerkungen

Der in der Haft zu Tode gequälte Pfarrer ist das Beispiel eines Menschen, der für seinen Glauben, das Recht und die Würde des Menschen, bedingungslos eintritt.

Die Folge dieser bedingungslosen Haltung waren ständige Lagerstrafen (Prügel, »Baumhängen«, Einzelhaft). Sein ungebrochener Glaube zeigt sich vor allem darin, daß er aus seiner Arrestzelle heraus den Häftlingen Predigten hielt. Am 18. Juli 1939 wurde er vom Lagerarzt durch eine Überdosis Strophantin ermordet.

Für die meisten Schüler (und Lehrer) wird es schwer sein, die Haltung und Handlungsweise Paul Schneiders nachzuvollziehen. Die christlich motivierte Verweigerung und Kompromißlosigkeit ist so außergewöhnlich, daß der Lehrer sie nicht ohne weiteres als Vorbild für die Jugendlichen hinstellen kann. Auf der anderen Seite kann die Widerstandshaltung auch nicht einfach als ›unpolitisch‹ abgetan werden. Der Lehrer sollte sich nicht scheuen, den Schülern klar zu machen zu versuchen, daß die Vorbildwirkung dieses Mannes nicht in erfolgreicher politischer Aktion liegt, sondern in der unbedingten moralischen Überzeugung.

Gerade die Ungleichheit dieses Kampfes, die Unbeugsamkeit des Unterlegenen gegenüber den Gewalthabern der SS kann nicht nur politisch, sondern muß auch aus ethischer Sicht mit den Schülern diskutiert werden. Um das Verhalten Paul Schneiders besser zu verstehen, ist es notwendig, den Schülern den Entwicklungsweg Schneiders darzustellen[2].

29. 8. 1897	Geburt als viertes Kind eines evangelischen Pastors in Pferdsfelden
Ostern 1907	Besuch des Gymnasiums in Bad Kreuznach und Gießen
1915	Notabitur und Meldung als Kriegsfreiwilliger
1918	Entschluß, Pfarrer zu werden
Ende 1918	Studium der liberalen Theologie an der Universität Gießen

1921/1922	Studienabschluß in Marburg
Mai–August	Praktische Arbeit im Eisenhüttenwerk Dortmund-Hörde
1923	Predigerseminar in Soest in Westfalen
Oktober	Zweites theologisches Staatsexamen in Koblenz
1924	Arbeit bei der Stadtmission in den Berliner Ostbezirken
Januar 1925	Ordination in Hochelheim, danach Hilfsprediger in Essen-Altstadt
19. 2. 1934	Erste NS-Maßregelung wegen unerwünschter Predigten: Versetzung nach Dickenschied im Hunsrück
11. 6. 1934	Zusammenstoß mit der NSDAP in Gemünden, einem zur Pfarrei gehörenden Nachbarort, wegen einer mit der Kirchenordnung unvereinbaren Grabrede eines Nationalsozialisten am Grabe eines Hitlerjungen
14. 6. 1934	Erste »Schutzhaft«, Proteste zugunsten Schneiders erwirken seine Freilassung nach 5 Tagen
Herbst 1934	Gehaltskürzungen für alle Pfarrer des Hunsrück, die sich mit ihrem aus politischen Gründen gemaßregelten Superintendenten solidarisiert haben. Große Unterstützung Paul Schneiders durch seine Gemeinde
1936	Demonstrative Nichtbeteiligung bei den nationalsozialistischen Einheitswahlen
31. 5. 1937	Zweite Verhaftung durch die Gestapo
24. 7. 1937	Entlassung mit der von Schneider nicht akzeptierten Auflage, keine Predigt mehr zu halten
2. 10. 1937	Trotz Verbot Erntedankpredigt in Dickenschied
3. 10. 1937	Dritte Verhaftung
25. 11. 1937	Überführung ohne Eröffnung eines Gerichtsverfahrens in das KZ Buchenwald, Einweisung in das Arbeitskommando »Führerhäuser« (Bau von SS-Unterkünften)
1. 5. 1938	Arrest und Prügelstrafe wegen Nichtgrüßens der Hakenkreuzfahne, ununterbrochene Lagerstrafen
18. 7. 1939	Ermordung durch den Lagerarzt
21. 7. 1939	Bestattung in Dickenschied unter Anteilnahme der gesamten Bevölkerung

Die Auseinandersetzung mit dem Leben und Sterben dieses Pfarrers kann auch im Unterricht Anlaß sein, sich mit dem damaligen Verhältnis von Kirche und Staat zu beschäftigen.

Die Bekennende Kirche, der Schneider angehörte, war ein Zusammenschluß evangelischer Geistlicher, die sich seit 1933 Auffassungen der sogenannten »Deutschen Christen« um den Reichsbischof Müller widersetzten. So lehnten sie beispielsweise ein »artgemäßes« Christentum im Sinne des NSDAP-Programms ab.

Die Geschwister Scholl[3]

D a t e n

Hersteller: Landesbildstelle Berlin
Spieldauer: 33 Min.
Veröffentlichung: 1959
Tonband

I n h a l t

Das Tonband schildert in szenischer Folge die Geschichte des Münchner Widerstandskreises der ›Weißen Rose‹. Mittelpunkt der Gruppe, zu der u. a. Alexander Schmorell, Christoph Probst, der bereits verheiratet war und drei Kinder hatte, und Willi Graf gehörten, waren Hans Scholl und seine Schwester Sophie. Sie fanden Rat und Unterstützung bei dem Philosophieprofessor Kurt Huber.

Im Frühjahr 1942 wurden die ersten Flugblätter verbreitet; zuerst nur in München, später auch in Frankfurt, Karlsruhe, Saarbrücken, Wien und Innsbruck.

In diesen Flugblättern wurden die Verbrechen des Hitlerregimes angeprangert.

Die Aktionen mußten unterbrochen werden, als die Studentenkompanie, der Hans Scholl und seine Freunde angehörten, plötzlich nach Rußland abkommandiert wurde.

Das, was sie an der Front und hinter der Front erlebten, bestärkte sie nach ihrer Rückkehr im Oktober 1942, ihre Aktivitäten fortzusetzen. Inzwischen war die Gestapo der Gruppe auf die Spur gekommen.

Am 3. Februar 1943 war die Schlacht in Stalingrad verloren; am 18. Februar wurden Hans und Sophie Scholl bei einer Flugblattaktion in der Münchner Universität verhaftet.

Dem NS-Regime war eine exemplarische Bestrafung so wichtig, daß der Präsident des Volksgerichtshofs Freisler eigens aus Berlin kam, um den Prozeß zu führen. Bereits am 22. Februar 1943 verurteilte das Volksgericht die

Geschwister Scholl zusammen mit Christoph Probst zum Tode. Noch am selben Tag wurden die Urteile vollstreckt.

Anmerkungen

Ein intensiveres Eingehen auf die Hintergründe und Motive dieses Widerstandskreises unterbleibt häufig aus Zeit- und Materialgründen.

Mit diesem Tonband bietet sich dem Lehrer eine Möglichkeit, Jugendlichen Haltung und Denkweise der Mitglieder der ›Weißen Rose‹ näherzubringen, als das mit den meist nur knappen Informationen der Schulbücher möglich ist.

Trotz des unterschiedlichen Bildungs- und Erfahrungshorizonts der Schüler bieten sich hier Möglichkeiten der Identifikation. Das müßte um so eher gelingen, je deutlicher die Mitglieder der Gruppe nicht als geborene Widerstandskämpfer und Märtyrer dargestellt werden, sondern als junge Menschen, deren Widerstandstätigkeit das Ergebnis eines langen, die persönlichen Erlebnisse und die Zeitereignisse kritisch und sensibel verfolgenden und verarbeitenden Prozesses ist.

Wie so viele junge Menschen begeisterten sich 1933 der 15jährige Hans und die 12jährige Sophie Scholl zunächst für den neuen Staat, der Ordnung und Volksgemeinschaft, nationale Größe und Freiheit versprach.

Wie und aus welchen Gründen Zweifel aufkommen, die in Abneigung und Ablehnung übergehen, um dann im aktiven Widerstand zu enden, das läßt sich in groben Zügen mit Hilfe dieses Tonbandes verfolgen:

- die Vernichtung »lebensunwerten Lebens«
- die Judenverfolgung und -vernichtung
- der Krieg und die persönlichen Erlebnisse hinter der Front 1942
- die Schlacht um Stalingrad 1942/1943

Ausgehend von den elementaren Herausforderungen an das Gewissen eines jeden, an sein Unrechtsbewußtsein und sein Mitgefühl, läßt sich zugleich die Frage nach der Verantwortlichkeit gesellschaftlichen und politischen Handelns hier und heute stellen.

Die am Schluß des Tonbandes gestellte Frage nach dem Sinn des Opfers kann nur als Aufforderung verstanden werden, die Bekämpfung verbrecherischen politischen Verhaltens, dort, wo man es erkennt, so früh wie möglich zu beginnen.

Obwohl Teile der Flugblätter im Tonband zitiert werden, empfiehlt es sich doch, um ein besseres Verständnis zu gewährleisten, den Schülern die Texte vorher schriftlich in die Hand zu geben.

Franz Müller: Weiße Rose

Der Widerstand gegen den Hitler-Faschismus

Daten:

Herausgeber:	Jürgen Heckel, Schönfeldstr. 8, München 22
Spieldauer:	45 Min.
Veröffentlichung:	1983(?)

Tonband

Inhalt

Franz Müller, geboren 1924 in Ulm, kam mit 18 Jahren (1942) in Kontakt mit Sophie Scholl und beteiligte sich an Aktionen der »Weißen Rose«. 1943 verhaftet, wurde er von Freisler zu einer langjährigen Haftstrafe verurteilt und kam erst 1945 frei.

Die Tonbandkassette entstand im Willi-Graf-Gymnasium, München, im Rahmen eines Gedenkabends für die Geschwister Scholl und ihre Freunde, und gibt die Rede von Franz Müller wieder.

Morgengrauen über Plötzensee

Hersteller:	SFB
Spieldauer:	28 Min.
Veröffentlichung:	1960

Tonband

»Den einleitenden Ausführungen zur Geschichte des Gefängnisses und der Hinrichtungsstätte Plötzensee folgen Beispiele aus der besonderen Art der Rechtsprechung und Rechtsbeugung während der NS-Diktatur, z. B. das Zitat des Reichsanwalts Dr. Parisius zum vierjährigen Bestehen des Volksgerichtshofs: »Die Aufgabe des Volksgerichtshofes ist nicht die, Recht zu sprechen, sondern die, die Gegner des Nationalsozialismus zu vernichten.«

Der damalige Gefängnisgeistliche, Pfarrer Dr. Poelchau, berichtet über das Verhalten und die geistige Einstellung zum Tode Verurteilter bis zu ihrer Hinrichtung, über Menschen, denen ›Verbrechen‹ unterschiedlichster Art zur Last gelegt wurden, wie z. B. über den polnischen Zwangsarbeiter, der bei Aufräumungsarbeiten nach einem Bombenangriff Eßbares an sich genommen hatte, ebenso wie über namentlich bekannte Widerstandskämpfer. Der eingefügte Bericht Annedore Lebers über die politische Einstellung ihres Mannes dient der Charakterisierung der Motive, die zum Widerstand am 20. Juli 1944 führten.

Anmerkungen

Im Vordergrund steht die Haltung der Verurteilten während der letzten Tage ihres Lebens. Ferner wird aus dem Bericht Poelchaus eine besondere Verhörmethode der Gestapo ersichtlich, durch die die ebenfalls inhaftierten Angehörigen bereits Verurteilter psychisch gequält werden sollten. Um dieses zu unterlaufen, hat Poelchau das Risiko der illegalen Nachrichtenvermittlung zwischen Verurteilten und deren Angehörigen auf sich genommen.

Zur Vorbereitung eines Besuches der Gedenkstätte Plötzensee kann dieses Tonband im Unterricht eingesetzt werden. Zusammen mit der Auseinandersetzung über den Inhalt der Broschüre ›Plötzensee‹* wird das Tonband diesem Anliegen förderlich sein. Informationen und Kommentare sind jedoch so vielschichtig, daß es sich auf jeden Fall empfiehlt, das Band nur ausschnittsweise zu bearbeiten.«[4]

IV.4. Schallplatten

Aufstand des Gewissens – Dokumentation über den deutschen Widerstand gegen Hitler von Heinrich Uhlig

Tondokumente aus:	Bundesarchiv Koblenz, Lautarchiv des Deutschen Rundfunks Frankfurt am Main, Athena-Archiv, Bertelsmann München
Produktion:	H. Siebecke, F. A. Krummacher
Sprecher:	G. Sauer, R. Becker, P. Scheck, H. Siebecke
Firma:	Ariola, Eurodisc Wort, Athena
Katalognummer:	51193 K
Veröffentlichung:	Oktober 1961
Spieldauer:	ca. 40 Minuten
Durchmesser:	30 cm LP
Umlaufgeschw.:	33 UpM

* Gedenkstätte Plötzensee, Stätten der Verfolgung und des Widerstandes in Berlin 1933–1945; Hrsg.: Landeszentrale für politische Bildungsarbeit, Gedenk- und Bildungsstätte Stauffenbergstraße, 20. Auflage, Berlin 1980, 31 S.

Tondokumente

Seite 1

Roland Freisler im Volksgerichtshof am 8. 9. 1944
Joseph Goebbels in Berlin am 25. 3. 1933
Gefängnispfarrer Harald Poelchau im Rundfunk (nach 1945)
Otto Wels im Reichstag am 23. 3. 1933
Adolf Hitler im Reichstag am 23. 3. 1933
Hermann Göring im Reichstag am 23. 3. 1933
Adolf Hitler im Reichstag am 13. 7. 1934
Pastor Martin Niemöller in der Annenkirche Berlin-Dahlem am 7. 4. 1937 (1961 nachgesprochen)
Carl Friedrich Goerdeler im Rundfunk 1936
Adolf Hitler vor »alten Kämpfern« Januar 1937
Ulrich-Wilhelm Graf Schwerin von Schwanenfeld vor dem Volksgerichtshof (August 1944)
Joseph Goebbels am 25. 10. 1941
Roland Freisler im Volksgerichtshof (Herbst 1944)
Michael Kardinal Faulhaber in der Münchner Frauenkirche am 3. 11. 1943

Seite 2

Heinrich Himmler vor Gauleitern in Posen am 3. 8. 1944
Alfred Jodl vor Gauleitern März 1944
Adolf Hitler vor Wehrwirtschaftsführern in Berlin Ende Juni 1944
Adolf Hitler im Rundfunk am 21. 7. 1944
Unbekannter Angeklagter vor dem Volksgerichtshof 1944
Joseph Goebbels im Rundfunk am 27. 7. 1944
Ernst Remer am 20. 7. 1944
Adolf Hitler im Rundfunk am 21. 7. 1944
Heinrich Himmler vor Gauleitern in Posen am 3. 8. 1944
Vernehmung Erwin von Witzlebens durch Freisler vor dem Volksgerichtshof am 7. 8. 1944
Vernehmung Helmuth Stieffs durch Freisler vor dem Volksgerichtshof am 7. 8. 1944
Oberreichsanwalt Ernst Lautz im Volksgerichtshof am 15. 8. 1944
Vernehmung Graf Helldorfs durch Freisler vor dem Volksgerichtshof am 15. 8. 1944

Dr. Leonhard Schwarz (Pflichtverteidiger des Grafen v. Üxküll-Gyllenband) im Volksgerichtshof am 14. 9. 1944

Roland Freisler im Volksgerichtshof am 14. 9. 1944

H. Uhlig:

Zur Quellenlage von Tondokumenten über den deutschen Widerstand [gekürzt][5]

»Die Suche nach authentischen Tondokumenten vom deutschen Widerstand gegen Hitler steht von vornherein vor besonderen Schwierigkeiten; denn nur von ganz wenigen Widerstandskämpfern sind ›tönende Quellen‹ entstanden und erhalten geblieben. Die meisten und ergiebigsten entstammen außerdem der nationalsozialistischen Verfolgung nach dem Scheitern des Attentats- und Staatsstreichversuches am 20. Juli 1944. Es handelt sich um Tonbandaufnahmen von den Verhandlungen vor dem Volksgerichtshof und um Plattenaufnahmen von öffentlichen und geheimen Reden Hitlers, Goebbels' und Himmlers über Tätigkeit und Umfang der bis dahin bekanntgewordenen Widerstandskreise. Die Quellenlage macht somit den Verzicht auf ein umfassendes Gesamtbild des deutschen Widerstandes und die stärkere Konzentration auf das Geschehen des 20. Juli 1944 samt seiner Auswirkungen unvermeidlich. ...

Von den Tonbandaufnahmen aus den verschiedenen Volksgerichtshof-Prozessen hat nur ein kleiner Teil Luftangriffe und Zerstörung überlebt. Als ungeordneter Wust von Fetzen und Fragmenten ist er erst vor kurzem am Wallberg bei Tegernsee in Oberbayern gefunden worden, nachdem die Bänder fast 15 Jahre lang allen Einflüssen der Witterung ausgesetzt waren...

Wenn die Worte der niedergeschrienen, eingeschüchterten und nicht selten in der Haft schwer mißhandelten Angeklagten oft kaum zu verstehen sind, so liegt dies an den nachträglich nicht mehr zu korrigierenden technischen Bedingungen, unter denen diese Aufnahmen gemacht worden sind. Die Mikrophone standen in unmittelbarer Nähe des bald schreienden, bald beinahe flüsternden Volksgerichtshof-Präsidenten und waren anfangs getarnt. Das hätte sich dennoch weniger nachteilig auswirken müssen, wenn der Vorsitzende dieses Blutgerichts, Roland Freisler, Angeklagte und Zeugen so zu Worte hätte kommen lassen, wie es nach der Prozeß-Ordnung eines jeden zivilisierten Staatswesens selbstverständlich ist. So müssen wir vieles aus Freislers Munde, tendenziös gefärbt und entstellt, hören, was wir gern aus erster Quelle erfahren hätten. Andererseits enthüllt nichts den wahren Charakter dieser

Scheingerichtsverfahren so unwiderleglich wie die selbstgefällig-theatralische und gehässig geifernde Hemmungslosigkeit des damals obersten deutschen Richters.

Die authentische Tonaufzeichnung erschließt eine neue, bisher bestenfalls intuitiv erfaßbare Dimension der geschichtlichen Wirklichkeit und macht ihr dynamisches Wesen noch Jahrzehnte danach wieder unmittelbar lebendig.«

»Ich will Zeugnis geben...«
Pater Alfred Delp – Widerstand aus dem Glauben

Dokumente aus:	Interviews, hinterlassenen Aufzeichnungen
Sprecher:	H. G. von Klöden, A. Richter, H. Verres
Regie:	G. Dickenberger
Firma:	Quadriga-Ton-Gesellschaft, Frankfurt/Main
Katalognummer:	Qu 1018
Spieldauer:	ca. 40 Minuten
Durchmesser:	30 cm
Umlaufgeschw.:	33 UpM

Alfred Delp wurde am 15. 9. 1907 in Mannheim geboren. Während der Schulzeit trat er zum Katholizismus über. 1926 schloß er sich dem Jesuitenorden an und legte die Ordensgelübde am 8. 12. 1944 im Gefängnis ab. Er starb am 2. 2. 1945 am Galgen in Plötzensee. 1937–1941 hatte er an der Jesuitenzeitschrift »Stimmen der Zeit« mitgearbeitet. Seit 1942 nahm er an den Diskussionen und an der Ausarbeitung der Programme des »Kreisauer Kreises« teil.

Im Angesicht des Todes – Letzte Briefe und Aufzeichnungen von Opfern des NS-Regimes

Dokumente aus:	H. Gollwitzer (Hrsg.): Du hast mich heimgesucht bei Nacht – Abschiedsbriefe und Aufzeichnungen des Widerstandes 1933–1945; München o. J.
Auswahl:	Sven Kluwe
Sprecher:	H. Baur, K. Ebbinghaus, H. Hoger, G. Keller, W. Kürten, M. Ott, P. Reisner, H. Schmidt, G. Westphal
Musik:	Ch. Niemann
Regie:	Dr. Auhofer
Firma:	Christopherus-Verlag Herder, Freiburg im Breisgau

Katalognummer: CGLP 73706
Spieldauer: ca. 40 Minuten
Durchmesser: 30 cm LP
Umlaufgeschw.: 33 UpM

Dokumente

Seite A
Dietrich Bonhoeffer
Christoph Probst
Julius Fucik
Alfred Schmidt-Sas
Kim Malthe-Bruun
Cato Bontjes von Beek
Ulrich von Hassell
Peter Habernoll
Peter Graf Yorck von Wartenburg

Seite B
Alfred Delp SJ
Schwester Magdalena Dominica
Ein Bauernsohn aus dem Sudetenland (anonymes Opfer)
Henri Fertet (16jähriger Schüler)
Ulrich Wilhelm Graf Schwerin von Schwanenfeld
Elefthèrios Kiossès
Hilde Coppi
Christian Ulrik Hansen
Peter Moen
Albrecht Haushofer

IV.5. Dias

Widerstand gegen den Nationalsozialismus[6]

Daten

Diareihe, 11 sw/1 f, 4 Kopiervorlagen
1979
Sekundarbereich I, Sekundarbereich II

Inhalt

Opposition und Widerstand gegen die totalitäre Herrschaft der Nationalsozialisten leisteten in Deutschland zwischen 1933 und 1945 Angehörige aus allen Kreisen der Bevölkerung: Mitglieder der verbotenen Parteien und ehemals organisierten Arbeiterschaft, die verschiedenen bürgerlichen und kirchlichen Kreise und, vor allem seit 1942, Angehörige der Wehrmacht.

Bild 1: Erschießung von Arbeitern durch Angehörige der SA, 1933
Bild 2: Illegale Flugschriften
Bild 3: Pastor Martin Niemöller und Clemens August Graf von Galen, Bischof von Münster
Bild 4: Bekenntnissynode
Bild 5: Karikatur
Bild 6: Geschwister Scholl
Bild 7: Nationalkomitee ›Freies Deutschland‹
Bild 8: Claus Graf Schenk von Stauffenberg mit Hitler
Bild 9: Führerhauptquartier Wolfsschanze
Bild 10: Besuch Mussolinis im Führerhauptquartier 1944
Bild 11: Carl Friedrich Goerdeler vor dem Volksgerichtshof
Bild 12: Ehrentafel

Didaktisch-methodische Hinweise

Die Zielsetzungen und Hintergründe von Widerstandsbewegungen und Opposition lassen sich nur in den seltensten Fällen bildlich dokumentieren. Selbst schriftliche Quellen verraten oft nur bruchstückhaft die Intentionen und das Vorgehen der in der Illegalität arbeitenden Menschen. Aufnahmen von Flugblättern und Broschüren, Lageplänen und Skizzen, von den Verhandlungen nach dem gescheiterten Attentat nach dem 20. Juli 1944 vor dem Volksgerichtshof und Porträts der Beteiligten geben erst gemeinsam mit Ausschnitten aus den Denkschriften und Manifesten einen Einblick in Opposition und Widerstand gegen das nationalsozialistische Regime.

In den vier schriftlichen Arbeitsvorlagen sind solche Materialien zusammengestellt, mit deren Hilfe die Schüler Kenntnisse erwerben können über die Gründe für den Widerstand gegen Hitler, die verschiedenen Formen der Opposition, die wichtigsten Gruppierungen und die den Widerstand tragenden Persönlichkeiten, über ihre politische, gesellschaftliche und soziologische Zugehörigkeit und Herkunft sowie über die Ursachen und Antriebe ihres Handelns. Die Quellenauszüge vermitteln auch Informationen über zum Teil voneinander abweichende Vorstellungen und Entwürfe für die Einführung einer neuen Staats- und Regierungsform nach erfolgreichem Attentat.

Über die Beurteilung des deutschen Widerstands gegen Hitler können die Schüler zur Beurteilung der Frage der Rechtmäßigkeit des ›Tyrannenmordes‹ hingeführt werden.

Die Männer des Widerstandes vor dem Volksgerichtshof

Zahl:	65
Farbe:	s/w
Gliederung:	Widerstandskämpfer (41 Bilder)
	Der Volksgerichtshof (4 Bilder)
	Der Zuschauerraum (1 Bild)
	Richter und Anwälte (1 Bild)
	Verteidiger (1 Bild)
	Auf der Anklagebank (1 Bild)
	Spuren der Verhöre (1 Bild)
	Die Vorführung der Angeklagten (1 Bild)
	In Fesseln (1 Bild)
	Angeklagter vor dem Gerichtstisch (1 Bild)
	Urteilsverkündung (1 Bild)
	Überlebende (11 Bilder)
Textheft:	A. Leber u. a. (Hrsg.): Die Männer des Widerstandes vor dem Volksgerichtshof; Berlin 1960

Erläuterungen

Zur Aufklärung der Zusammenhänge um den Aufstandsversuch setzte die Geheime Staatspolizei eine Sonderkommission »Zwanzigster Juli« ein, die zu einem Apparat von elf Abteilungen mit 400 Beamten anwuchs. Die Verhaftungen betrafen das ganze Reichsgebiet; viele Ehefrauen und Kinder der Beteiligten wurden in Sippenhaft genommen. Mögliche Gegner verhaftete man ebenfalls. Ungefähr 7000 Menschen lieferte die Gestapo in die Gefängnisse und Konzentrationslager ein. Bei den Ermittlungen fielen der Gestapo zahlreiche Unterlagen in die Hände.

Am 7. und 8. August 1944 fand der erste öffentliche Schauprozeß statt. Von den weiteren Prozessen bis Kriegsende war die Öffentlichkeit ausgeschlossen.

Fast alle Angeklagten wurden zum Tode verurteilt. Die Hinrichtung erfolgte meistens wenige Stunden nach der Urteilsverkündung. Während der Verhandlungen waren zahlreiche Angeklagte fotografiert worden. Diese Bilddokumente wurden erst nach 1945 bekannt. Einige bekannte Persönlichkeiten des Widerstandes sind nicht unter den Bildern, da sie bereits in der Nacht vom 20. Juli erschossen worden waren, Selbstmord begingen oder im KZ ermordet wurden.

Die Bilder geben nur Ausschnitte aus einigen Prozessen, repräsentieren aber das ganze Spektrum des deutschen Widerstandes gegen den Nationalsozialismus.

Im Textheft zur Dia-Serie sind die Fotos und Kurzbiographien der Widerstandskämpfer und des Gerichtshofes wiedergegeben.

Bildverzeichnis

Die Widerstandskämpfer

1. Joseph Wirmer (1901–1944)
2. Berthold Schenk Graf von Stauffenberg (1905–1944)
3. Eugen Bolz (1881–1945)
4. Reinhold Frank (1896–1945)
5. Bernhard Letterhaus (1894–1944)
6. Nikolaus Gross (1898–1945)
7. Wilhelm Leuschner (188–1944)
8. Carl Friedrich Goerdeler (1884–1945)
9. Paul Lejeune-Jung (1882–1944)
10. Johannes Popitz (1884–1945)
11. Walter Cramer (1886–1944)
12. Theodor Strünck (1895–1945)
13. Hermann Kaiser (1885–1945)
14. Erwin Planck (1893–1945)
15. Erich Hoepner (1886–1944)
16. Erwin von Witzleben (1881–1944)
17. Heinrich Graf zu Dohna-Schlobitten (1882–1944)
18. Nikolaus Graf von Üxküll-Gyllenband (1877–1944)
19. Cäsar von Hofacker (1896–1944)
20. Hellmuth Stieff (1901–1944)
21. Bernhard Klamroth (1910–1944)
22. Johannes Georg Klamroth (1898–1944)

23. Friedrich Karl Klausing (1920–1944)
24. Max Ulrich Graf von Drechsel (1911–1944)
25. Ludwig Freiherr von Leonrod (1906–1944)
26. Hermann Joseph Wehrle (1899–1944)
27. Ulrich von Hassell (1881–1944)
28. Friedrich Werner Graf von der Schulenburg (1875–1944)
29. Franz Sperr (1878–1945)
30. Ulrich-Wilhelm Graf Schwerin von Schwanenfeld (1902–1944)
31. Fritz-Dietlof Graf von der Schulenburg (1902–1944)
32. Adam von Trott zu Solz (1909–1944)
33. Helmuth James Graf von Moltke (1907–1945)
34. Peter Graf Yorck von Wartenburg (1904–1944)
35. Hans-Bernd von Haeften (1905–1944)
36. Alfred Delp (1907–1945)
37. Theodor Haubach (1896–1945)
38. Hermann Maass (1897–1944)
39. Adolf Reichwein (1898–1944)
40. Friedrich Voigt (1882–1945)
41. Julius Leber (1891–1945)

Der Volksgerichtshof

42. Roland Freisler
43. Ernst Lautz
44. Gerhard Goerisch
45. Ernst Kaltenbrunner
46. Der Zuschauerraum
47. Richter und Anwälte
48. Verteidiger
49. Auf der Anklagebank
50. Spuren der Verhöre
51. Die Vorführung des Angeklagten
52. In Fesseln
53. Der Angeklagte vor dem Gerichtstisch
54. Das Gericht bei der Verkündung des Todesurteils »im Namen des deutschen Volkes«

Einige der Überlebenden

55. Georg Lindemann
56. Friedrich Harald Lindemann
57. Rudolf Pechel
58. Theodor Steltzer
59. Hermann Lüdemann
60. Andreas Hermes
61. Josef Ernst Fürst Fugger von Glött
62. Gustav Dahrendorf
63. Eugen Gerstenmaier
64. Hanns Lilje
65. Gerhard Knaak

IV.6 Filme

IV.6.1 Dokumentarfilme

Mein Kampf[7]

Regie:	Erwin Leiser
Buch:	Derselbe
Produktion:	Minerva-Internationale-Films, Stockholm 1959
Laufzeit:	120 Min., 16 mm LT (s/w)
FBW:	Besonders wertvoll
Ausz.:	Jugendfilmpreis Berlin 1961

Notiz

Dokumentarfilm über Adolf Hitler und den Nationalsozialismus

Inhalt

»Mein Kampf« will den verbrecherischen Charakter des Hitlerregimes enthüllen und zugleich eine Art optisches Geschichtsbuch sein. In kurzen Szenenbildern wird zunächst die politische Entwicklung Deutschlands vor und nach dem Ersten Weltkrieg aufgezeigt. Es folgen die Bemühungen der Nationalsozialisten, durch Putsch und danach auf scheinbar legalem Wege die Macht in

Deutschland zu erringen. Die wesentlichen Stationen des NS-Regimes bestimmen den Hauptteil des Filmes: Der 30. 1. 1933 – Ermächtigungsgesetz – Verfolgung politischer Gegner – Territoriale Ansprüche – Entfesselung des Zweiten Weltkrieges – »Endlösung der Judenfrage« – 20. Juli 1944 – Totaler Krieg, totaler Zusammenbruch.

Hitler an der Macht[8]

Produktion:	1963
Laufzeit:	11 Min., s/w

Der aus Dokumentaraufnahmen zusammengestellte Film zeigt die ersten Aufnahmen Hitlers nach der Machtergreifung am 30. Januar 1933, als er das Parlament durch das Ermächtigungsgesetz ausschaltete, die Judenverfolgung einleitete und Parteien und Gewerkschaften verbot. Höhepunkte des Films sind der Bericht vom Tag von Potsdam sowie die Rede von Otto Wels im Reichstag, mit der die SPD als einzige Partei das von Hitler geforderte Ermächtigungsgesetz abgelehnt hatte.

Widerstand gegen Hitler – 20. Juli 1944[9]

Film:	16 mm, Lichtton s/w
Laufzeit:	21 min
Produktion:	Chronos-Film GmbH, Rosbach v. d. H. 1980
Buch und Regie:	Jost von Morr
Bearbeitete Fassung:	Institut für Film und Bild
Herausgabe:	Institut für Film und Bild, Grünwald 1981
Begleitkarte:	Dr. Helmut Kistler
Fachberatung:	Dr. Helmut Kistler

Pädagogische Referentin im FWU: Ulrike Emrich

Lernziele:

Die Widerstandstätigkeit der politisch-militärischen Opposition gegen Hitler, die im Attentat vom 20. Juli 1944 gipfelte, die politischen und ethischen Motive der Beteiligten, den Prozeß vor dem Volksgerichtshof und die Haltung einiger Angeklagter kennenlernen.

Vorkenntnisse:

Nationalsozialismus; Zweiter Weltkrieg

Zum Inhalt

1. Einstieg: Der Präsident des Volksgerichtshofs, Roland Freisler, verkündet das Urteil über führende Beteiligte am Attentat vom 20. Juli. Der Kommentar verweist darauf, daß so ihr Versuch endete, Hitler zu stürzen und der Welt zu zeigen, daß nicht alle Deutschen das verbrecherische NS-Regime unterstützten.
2. Die Militärparade aus der Vorkriegszeit erinnert an die Zustimmung von weiten Kreisen der Bevölkerung und von Offizieren zu Hitlers Aufrüstung.
3. Mit General Erwin von Witzleben wird ein Offizier vorgestellt, der zusammen mit anderen militärischen Führern (General Halder, General Hoepner, Oberst Oster, Admiral Canaris) sowie Persönlichkeiten des zivilen und kirchlichen Bereichs (Carl Friedrich Goerdeler, Dietrich Bonhoeffer) unter Leitung von Generaloberst Ludwig Beck, der 1938 aus Protest gegen Hitlers Angriffspläne zurückgetreten war, einen Putsch plante: Hitler sollte verhaftet werden, sobald er den Befehl zur Zerschlagung der Tschechoslowakei erteilen würde. Beck rechtfertigte sein Handeln so: »Soldatischer Gehorsam hat dort seine Grenze, wo Wissen, Gewissen und Verantwortung die Ausführung eines Befehls verbieten.«
4. In einem 1979 aufgenommenen Interview sagt Ewald von Kleist, dessen Vater entschiedener Hitler-Gegner war, Hauptmotiv des Widerstandes sei der verbrecherische Charakter des nationalsozialistischen Regimes gewesen.
5. Die Dokumentaraufnahmen von der Münchner Konferenz (29./30. September 1938) erinnern an die von Großbritannien, Frankreich und Italien sanktionierte Abtrennung des Sudetenlandes von der Tschechoslowakei. Mit Hitlers Erfolg entfiel der Anlaß zum Krieg und damit für die Verschwörer die Möglichkeit zum Staatsstreich.
6. Letzteres galt auch für die Siegphase des am 1.September 1939 begonnenen Krieges. Bilder vom Vormarsch in Polen und vom fanatisch bejubelten Hitler nach dem Sieg über Frankreich stehen für die Atmosphäre in den ersten Kriegsjahren.
7. Ein harter Schnitt: die Überlebenden von Stalingrad. Hitlers Unbesiegbarkeitsimage war zerstört; ein »Über-Stalingrad« für ganz Deutschland drohte.
8. In einem 1979 aufgenommenen Interview schildert ein Widerstandskämp-

fer, der überlebt hat, Rudolf von Gersdorff, seine Bemühungen, Feldmarschälle für ein Vorgehen gegen Hitler zu gewinnen.

9. Der Chef des Generalstabs der Heeresgruppe Mitte an der Ostfront, Henning von Tresckow, war einer der wenigen, die sich zum Handeln bereit fanden. In seinem Befehlsbereich fand der erste Versuch, Hitler zu töten, statt, doch versagte die Bombe.
10. Zu Bildern, die Hitler bei der Besichtigung von Beutewaffen zeigen, schildert der Kommentar weitere Anschläge auf Hitlers Leben und erläutert die Gründe für ihr Mißlingen.
11. In einem Interview aus dem Jahre 1979 weist die Witwe Peter Yorcks von Wartenburg auf den Kreisauer Kreis hin, in dem Persönlichkeiten aus vielen Berufen und verschiedenen sozialen Schichten die Neuordnung Deutschlands nach dem Sturz Hitlers planten.
12. Die folgende Passage behandelt das Problem des persönlich auf Hitler geschworenen Eides. Viele Offiziere und Beamte fühlten sich an diesen Eid gebunden.
13. Nach der Invasion der Allierten in Frankreich und dem Zusammenbruch der Heeresgruppe Mitte an der Ostfront drängten die Verschwörer zum Handeln.
14. Oberst Claus Graf Schenk von Stauffenberg wird vorgestellt: seine militärische Karriere, seine Entwicklung zum Hitler-Gegner, seine schwere Verwundung und seine Schlüsselposition beim Attentat.
15. Zu Aufnahmen von der durch Stauffenbergs Bombe zerstörten Baracke im Führerhauptquartier schildert der Kommentar die Vorgänge am 20.Juli 1944 in der »Wolfsschanze« sowie in Berlin und nennt einige Gründe, warum Hitler überlebte.
16. Auszüge aus Hitlers Rundfunkrede am 20. Juli im Originalton sind Filmaufnahmen unterlegt, die Hitler beim Empfang von Gästen in Rastenburg zeigen.
17. Er folgen Standfotos jener Männer, die noch am 20. Juli zum Selbstmord gezwungen (Beck) oder im Hof des Bendlerblocks in Berlin erschossen wurden (Stauffenberg, Friedrich Olbricht, Albrecht Merz von Quirnheim und Werner von Haeften).
18. Vom Racheprozeß vor dem Volksgerichtshof werden Vernehmungen von Josef Wirmer, Erwin von Witzleben, Adam von Trott zu Solz, Ulrich Schwerin von Schwanenfeld und Hans-Bernd von Haeften gezeigt.
19. Auf die Wiederholung eines Ausschnitts aus Szene 1 (Urteilsverkündung) folgen Bilder von der Hinrichtungsstätte Berlin-Plötzensee. Der Kommentar

berichtet von der grausamen Strangulierung der Verurteilten, die Hitler ausdrücklich befohlen hatte.

20. Der Film schließt mit zwei Sequenzen: Zu Standfotos von Stauffenberg und Tresckow werden Stauffenbergs Frage: »Hat das, was wir machen, noch einen Sinn?« und Tresckows Antwort zitiert: »Das Attentat muß erfolgen, coûte que coûte (koste es, was es wolle). Sollte es nicht gelingen, so muß trotzdem in Berlin gehandelt werden. Denn es kommt nicht mehr auf den praktischen Zweck an, sondern darauf, daß die deutsche Widerstandsbewegung vor der Welt und vor der Geschichte den entscheidenden Wurf gewagt hat.« – Dann werden Ruinenfelder deutscher Städte gezeigt. Der Kommentar stellt fest, daß nach dem gescheiterten Attentat noch mehr Verluste an Menschenleben und Zerstörungen zu beklagen waren als in den fünf Kriegsjahren vorher.

Zur Verwendung

Didaktische Hinweise mit ergänzenden Informationen

Der Film fächert trotz seiner Kürze das Thema relativ breit auf. Der Lehrer muß sich aber bewußt sein, daß die Behandlung des Themas »Widerstand im Dritten Reich« weitere Aspekte einzubeziehen hat. Im ganzen sollten folgende Gesichtspunkte herausgearbeitet werden:

1. Der 20. Juli 1944 – Höhepunkt der Widerstandsaktivitäten...
2. Rolle des Militärs – außermilitärische Widerstandskreise...
3. Andere Formen des Widerstands (»Resistenz«)...
4. Möglichkeiten und Grenzen des Widerstands im NS-Herrschaftssystem...
5. Emigration und Widerstand...
6. Keine Unterstützung des Widerstands durch die Alliierten...
7. Gemeinsame und unterschiedliche Zielsetzungen bei den Widerstandskreisen...
8. Brutale Verfolgung der Regimegegner durch Hitler...
9. Widerstandsrecht im demokratischen Staat...

Methodische Hinweise:

Aufgrund der zahlreichen Einzelheiten, die in den Filmszenen angesprochen werden, sollte der Film erst am Schluß der unterrichtlichen Behandlung der nationalsozialistischen Zeit gezeigt werden. Bei der Nacharbeit könnten folgende Fragen erörtert werden, für die der Film Material und Denkanstöße bietet (unter Umständen ist es günstig, den Schülern den Fragenkatalog schon vor der Filmvorführung zu geben):

1. Welche Gründe veranlaßten Teile der Bevölkerung und des Militärs dazu, Hitler zunächst zu unterstützen und ihm begeistert zu folgen?
2. Von welchen politischen und moralischen Motiven ließen sich diejenigen leiten, die entschlossen waren, Hitler an der Fortsetzung seiner Politik zu hindern?
3. Welche Bedeutung maßen Soldaten/Offiziere dem auf Hitler persönlich geleisteten Eid bei? Mit welchen Argumenten rechtfertigten sich diejenigen, die sich an diesen Eid nicht mehr gebunden fühlten? Vergleicht den Soldateneid der Wehrmacht (ab 2. August 1934): »Ich schwöre bei Gott diesen heiligen Eid, daß ich dem Führer des Deutschen Reiches und Volkes, Adolf Hitler, dem Obersten Befehlshaber der Wehrmacht, unbedingten Gehorsam leisten und als tapferer Soldat bereit sein will, jederzeit für diesen Eid mein Leben einzusetzen« mit dem Eid bzw. Gelöbnis der Soldaten der Bundeswehr: »Ich schwöre (gelobe), der Bundesrepublik Deutschland treu zu dienen und das Recht und die Freiheit des deutschen Volkes tapfer zu verteidigen (so wahr mir Gott helfe)«.
4. Welche äußeren, organisatorischen Schwierigkeiten stellten sich den zu Attentat und Staatsstreich entschlossenen Widerstandskämpfern bei der Planung und Ausführung der Tat entgegen?
5. Inwiefern ist es berechtigt, den Prozeß vor dem Volksgerichtshof ein »scheinlegales Verfahren« zu nennen? (Vgl. Rechtsprechung in der Bundesrepublik Deutschland; Bedeutung der richterlichen Unabhängigkeit.)
6. Welche politischen, religiösen und moralischen Argumente bringen die Angeklagten im Prozeß zu ihrer Verteidigung vor? Warum verdient ihre Haltung vor Freisler Bewunderung?
7. Wodurch wird Hitlers Behauptung, es habe sich nur um eine »ganz kleine Clique ehrgeiziger, gewissenloser und zugleich verbrecherischer dummer Offiziere« gehandelt, Lügen gestraft?
8. Welche Folgen ergaben sich aus dem Mißlingen des Attentats für den weiteren Verlauf des Krieges?

Der 20. Juli vor dem Volksgerichtshof[10]

Regie:	Boris Borresholm
Buch:	Derselbe
Produktion:	Matthias Film, Stuttgart/BpB, Deutschland 1955
Laufzeit:	37 Min., 16 mm, LT (s/w)

Notiz

Verhandlungen vor dem Volksgerichtshof gegen die Widerstandskämpfer des 20. Juli 1944

Inhalt

Der Dokumentarfilm »Der 20. Juli 1944« ist ein Auszug des auf Befehl Hitlers hergestellten Films über den Prozeß gegen die Hauptbeteiligten des Attentats vom 20. Juli 1944. Die anfangs kaum verständliche Tonwiedergabe zwingt den Zuschauer zur Konzentration auf das Bild; die Gesichter der Angeklagten, des Anklägers und des Publikums sprechen für sich.

Der Film gibt keinen geschlossenen Handlungsablauf. Bilder und Aussagen vermitteln Einblicke in die Verhandlungsführung. Es erscheinen folgende Angeklagte: Hellmuth Stieff, Erwin v. Witzleben, Erich Hoepner, Paul v. Hase, Graf Yorck v. Wartenburg, Carl Friedrich Goerdeler, Adam v. Trott zu Solz, Hermann Wehrle, Josef Wirmer, Graf Schwerin v. Schwanenfeld, Ulrich v. Hassel.

Widerstand im Dritten Reich – es gab nicht nur den 20. Juli...[11]

Regisseur:	Paul Karalus
Redaktion:	Jürgen Rühle
Produktion:	Westdeutsches Fernsehen
Länge:	32 Min., s/w
Jahr:	1979

Inhalt

Im 3. Teil (›Jugend‹) arbeitet Paul Karalus »ein weitgehend vernachlässigtes, aber auch verdrängtes Kapitel des Kölner Widerstands auf: Die Geschichte der ›Edelweißpiraten‹.

Diese Folge besteht aus zwei Sequenzen. Zuerst schildert der ehemalige Düsseldorfer Jugendkaplan Hermann Richarz, wie Jungen und Mädchen seiner Gemeinde auf ihre Weise den nationalsozialistischen Jugendorganisationen Widerstand leisteten.

Bisher unveröffentlichtes Filmmaterial dokumentiert die Geschichte des Kölner ›Hüttenstraßen-Widerstandes‹. In der Ehrenfelder Hüttenstraße wurden 13 Jungen, Mitglieder der ›Edelweißpiraten‹, öffentlich hingerichtet, weil sie angeblich kriminell waren, tatsächlich aber Ausgebombten, flüchtigen Ostarbeitern und Deserteuren halfen, dem Terror des NS-Staates zu entkommen. Zu ihnen gehörte auch der damals 16jährige Bartholomäus Schink, dessen Mutter und Geschwister in diesem Teil der Fernsehdokumentation über ihren ›Barthel‹ und seine Freunde berichten.«[12]

Anmerkungen

Dem WDR kommt das Verdienst zu, Augenzeugen und Betroffene des Widerstands der Namenlosen zu Wort kommen zu lassen. Dabei ist dem Autor und seinem Kamerateam das »Skandalöse der Situation« durchaus bewußt, daß das erst nach einem Menschenalter geschieht, wo viele, die befragt werden sollten, schon nicht mehr leben und die anderen voller Verwunderung und Mißtrauen reagierten.

Für die in der Einleitung zum Thema genannte Erweiterung des Blickfeldes auf den ›Widerstand der Namenlosen‹ sind alle hier vorgestellten Schicksale exemplarisch. Aus Zeitgründen wird der Lehrer aber nicht alle Beispiele (kirchlicher Widerstand; Arbeiterwiderstand; Jugendwiderstand) gleichrangig behandeln können. Er muß auswählen und Schwerpunkte setzen. Aus didaktischen und motivationalen Gründen sollte er aber unbedingt auf die 2. Sequenz des 3. Teils eingehen.

In dieser Sequenz wird über das Schicksal des 16jährigen B. Schink und die ›Edelweißpiraten‹ berichtet. Dieser Protestbewegung ging es zunächst einmal um die Abwehr des HJ-Drills und um eine selbstgestaltete Freizeit. Die abendlichen Treffs in Parks und Trümmern, die Wanderfahrten am Wochenende entfernt diese Jugendlichen zunächst nur von der HJ,

» um sie dann in Reaktion auf deren Zwangsmaßnahmen zu erbitterten Gegnern zu machen. Vom Protest gegen militärischen Drill und autoritäres Verhalten führte ein widersprüchlicher Weg zum Widerstand. Er äußerte sich in Überfällen auf HJ- und SA-Uniformierte oder NSDAP Lokale, im Verbreiten antifaschistischer Losungen, im Sammeln und Verteilen alliierter Flugblätter und teilweise in der Zusammenarbeit mit deutschen Untergrundgruppen und Vereinigungen ausländischer Kriegsgefangener.«[13]

Die Einschätzung dieser nicht nur auf Köln konzentrierten Gruppen ist bis heute strittig. Erst durch den Autor dieser Fernsehdokumentation ist einer breiteren Öffentlichkeit zu Bewußtsein gekommen, daß in der Beurteilung der ›Edelweißpiraten‹ bis heute die Perspektive der damals Herrschenden bzw. der Gestapo und SS einfach übernommen wurde.

Den 13, am 10. November 1944, in Köln durch Gestapo und SS ohne Gerichtsurteil öffentlich erhängten Jugendlichen, ist bis heute keine Gerechtigkeit widerfahren. »Obwohl sie Widerstand geleistet haben, verweigert man ihnen die Anerkennung als Widerstandskämpfer. Man verweist auf die Gestapo-Akten, in denen sie zu Banditen gestempelt wurden. Unter schlimmsten Foltern erpreßte Geständnisse werden noch heute gegen diese Jungen verwendet«, so der Autor in der Sendung am 20. April 1978.

Das Beispiel des Bartholomäus Schink eignet sich nicht zuletzt deshalb für den Unterricht, weil über die Diskussion der Widerstandsmöglichkeiten dieser Gruppe hinaus die Schüler ein Stück aktueller »Vergangenheitsbewältigung« kennenlernen können. Dazu bietet das von der Pressestelle des WDR herausgegebene, im Jugenddienst-Verlag Wuppertal erschienene Heft wertvolle Hintergrundinformationen.[14]

Ein Tag[15]

Regie:	Egon Monk
Buch:	Gunther R. Lys
Produktion:	NDR? Deutschland 1966
Laufzeit:	90 Min., 16 mm, LT (s/w)

Notiz

Lebensbedingungen in einem deutschen Konzentrationslager

Inhalt

Bei dem Dokumentarfilm »Ein Tag« handelt es sich um einen Bericht des ehemaligen politischen Häftlings Gunther R. Lys. Einzelne Spielszenen zeigen den Tagesablauf der Häftlinge und machen ihre schrecklichen, entwürdigenden Lebensbedingungen deutlich.

KZ Dachau[16]

Produktion:	1970
Laufzeit:	22 Min., Color

Bereits 1933 wurde in Dachau das erste Konzentrationslager für sogenannte »Schutzhäftlinge« eingerichtet. Der Film berichtet über die unmenschlichen Verhältnisse in dem KZ. Die Häftlinge mußten bis zur Zerstörung ihrer Lebenskräfte arbeiten und wurden unmöglichen Schikanen unterworfen. Zu den politischen Oppositionellen kamen bald die Juden, Geistliche, Kriegsdienstverweigerer, Zigeuner, verschleppte Ausländer, Kriegsgefangene und viele andere.

Widerstand in Deutschland[17]

Regie:	Lawrence Gordon-Clark
Produktion:	Bayerischer Rundfunk/BBC, Deutschland/England 1968, Sendung der BBC vom 20. 7. 1968 und des BR vom 22. 11. 1968
Laufzeit:	81 Min., 16 mm, LT (s/w)

Notiz

Motive und Schwierigkeiten des deutschen Widerstands gegen Hitler

Inhalt

Der Dokumentarfilm »Widerstand in Deutschland« besteht aus Erzählungen und Gesprächen verschiedener, mehr oder weniger bekannter Widerstandskämpfer, die das Dritte Reich überlebt haben. Sie erläutern ihre Motive und auch die Probleme, die ihre Taten für sie persönlich, ihre Familien und gegebenenfalls für die Institutionen, denen sie angehörten, aufwarfen. Originale Bild- und Tondokumente aus nationalsozialistischer Zeit sowie Einblendungen mit Daten wichtiger innen- und außenpolitischer Ereignisse erleichtern dem Zuschauer die Einordnung des Gehörten.

In dem Film kommen u. a. zu Wort: Falk Harnack, Martin Niemöller, Eugen Gerstenmaier, Hans-Bernd Gisevius, Heinrich Grüber, Inge Deutschkron, Ewald von Kleist, Johannes Neuhäusler, Fabian von Schlabrendorff, Günther Weisenborn, Annedore Leber, Frau Gumz. Der Fernsehfilm stellt ihre Motive heraus und einige der Schwierigkeiten, Sorgen und Nöte in der damaligen Zeit.[18]

Widerstand[19]

Regie:	O. E. Kress/H. D. Schiller
Produktion:	IFAG, Wiesbaden 1962
Laufzeit:	63 Min., 16 mm, LT (s/w)
FBW:	Besonders wertvoll

Notiz

Bericht vom Kampf gegen Hitler in Deutschland 1933–1945

Inhalt

Der Dokumentarfilm »Widerstand« versucht zunächst, die oft gestellte Frage zu beantworten, warum die demokratischen Kräfte in Deutschland die Machtübernahme Hitlers nicht unmöglich gemacht haben. Im weiteren berichtet er über Leben und Leidensweg der Männer des deutschen Widerstandes.

Am Beispiel Julius Lebers und seiner Freunde Wilhelm Leuschner, Dr. Carlo Mierendorf, Kurt Schumacher und Ernst Reuter wird der Kampf der Sozialdemokraten gegen Hitler dargestellt. Eingeblendet sind Ausschnitte aus der Reichstagsrede von Otto Wels gegen das Ermächtigungsgesetz. Bischof Dr. Otto Dibelius, damals Generalsuperintendent der evangelischen Kirche in Brandenburg schildert die Entwicklung des Kampfes der Bekennenden Kirche. Der Opfertod des Lübecker Pastors Stellbrink und der katholischen Kaplane Müller, Lange und Presseck leitet über zum Widerstand von Katholiken. Der Film wendet sich dann der Gruppe um Carl Friedrich Goerdeler, dem Kreisauer Kreis und dem militärischen Widerstand zu. Er berichtet über die Ereignisse des 20. Juli 1944 und die Terrorprozesse des Volksgerichtshofes unter Freisler. Dabei wird die Bedeutung des deutschen Widerstandes deutlich, der zwar nicht zum Sturz Hitlers und des nationalsozialistischen Systems führte, dessen Taten und Opfer aber zum Fundament eines neuen Staates wurden.

Der Prozeß Huppenkothen[20]

Buch:	Boris Borresholm
Produktion:	Boris Borresholm/Neubearbeitung von Dokumentarmaterial des Bayerischen Rundfunks, Deutschland 1961
Laufzeit:	40 Min., 16 mm, LT (s/w)

Notiz

Prozeß gegen ehemalige SS-Leute

Inhalt

Bei dem Dokumentarfilm »Der Prozeß Huppenkothen« handelt es sich um die Neubearbeitung einer Fernsehaufzeichnung des Bayerischen Rundfunks über den Prozeß gegen den ehemaligen SS-Standartenführer und Regierungsdirektor Walter Huppenkothen und den ehemaligen SS-Richter Dr. Otto Thorbeck im Oktober 1955.

Am 9. April 1945 wurden die Widerstandskämpfer Admiral Wilhelm Canaris, General Hans Oster, Pastor Dietrich Bonhoeffer, Dr. Sack, Reichsgerichtsrat Hans von Dohnanyi und Hauptmann Gehre hingerichtet. Huppenkothen und Thorbeck wollten damit noch im letzten Moment Zeugen einer auf Willkür und Unmenschlichkeit begründeten Gewaltherrschaft beseitigen.

KZ-Schergen[21]

Produktion: Sendung des NWDR, Deutschland 1959
Laufzeit: 33 Min., 16 mm, LT (s/w)

Notiz

Der Schubert/Sorge-Prozeß

Inhalt

»KZ-Schergen« ist eine Fernsehaufzeichnung über den Prozeß gegen die beiden SS-Hauptscharführer Schubert und Sorge vor dem Landgericht Bonn im Oktober 1968. Sie waren angeklagt, zahlreiche Morde und andere Vergehen in deutschen Konzentrationslagern begangen zu haben. Zeugenaussagen schildern entsetzliche Einzelheiten der Lagerhaft. Die Verbrechen der Angeklagten enthüllen die Unmenschlichkeit des nationalsozialistischen Systems.

Pater Maximilian Kolbe[22]

Produktion: 1972
Laufzeit: 27 Min., s/w

Ein aus authentischem Material gestaltetes filmisches Dokument über das Leben und Sterben des polnischen Franziskanerpaters Maximilian Kolbe, der im August 1941 im Konzentrationslager Auschwitz für einen Mithäftling freiwillig in den Tod ging.

Kurt Schumacher[23]

Produktion: 1979
Laufzeit: 50 Min., s/w

Dr. Kurt Schumacher (1895–1952) war der erste Vorsitzende der Sozialdemokratischen Partei Deutschlands nach 1945; ein Mann, der sich schon zu Lebzeiten die Achtung seiner Gegner errungen hatte. Die Filmdokumentation verfolgt den Lebensweg des Politikers. Schumacher wurde bekannt als Redner gegen die NSDAP und kam nach seiner Verhaftung am 6. Mai 1933 in mehrere Gefängnisse und KZ, unter anderem Dachau und Flossenbürg, wo er Folterungen und Dunkelhaft ausgesetzt war, bis er im März 1943 schwerkrank entlassen wurde.

Erich Ollenhauer[24]

Produktion: 1979
Laufzeit: 50 Min., s/w

Erich Ollenhauer (1901–1963), Führer der sozialistischen Arbeiterjugend in der Weimarer Republik und Sprecher der SPD in der Emigration während der Nazi-Zeit, gehörte nach dem 2. Weltkrieg als Parteivorsitzender der SPD, als einer der Väter des »Godesberger Programms« von 1959 und als glückloser Kanzlerkandidat zu den führenden Politikern der Bundesrepublik Deutschland. – Die Filmdokumentation beschreibt seine politische Laufbahn.

Ernst Reuter[25]

Produktion: 1957
Laufzeit: 15 Min., s/w

Ein Film über den Sozialdemokraten Ernst Reuter (1889–1953), der fünf Jahre lang die Geschicke Westberlins als Regierender Bürgermeister leitete und ein Vorkämpfer für die Freiheit und Wiedervereinigung Deutschlands war. Der aus Archivmaterial und Wochenschauaufnahmen zusammengesetzte Film verfolgt den Lebensweg des gebürtigen Ostfriesen. 1932 war Reuter Mitglied des Reichstages. Nach 1933 politisch verfolgt, lehrte er 1939–1945 als Professor für Kommunalwissenschaften in Ankara. 1946 kehrte er nach Berlin zurück.

Braunbericht[26]

Produktion: 1978
Laufzeit: 58 Min., Color

Der Dokumentarfilm macht auf die Gefahren und Förderer in der Bundesrepublik Deutschland wiedererstehender rechtsextremer Gruppen aufmerksam. Er warnt davor, den Neo-Nazismus zu bagatellisieren oder als Generationskonflikt abzutun. Er zeigt, wie seine prominenten Vertreter, sei es nun ein Zeitungsverleger, der Führer einer rechtsradikalen Vereinigung, ein ehemaliger Oberst oder ein CDU-Bundestagsabgeordneter, immer ungenierter in der Öffentlichkeit auftreten. Die Autoren dieses Films verfolgten ein Jahr lang rechtsradikale und neonazistische Aktivitäten, waren Zeuge des Auftretens militanter Schlägertrupps und ihrer Auseinandersetzung mit antifaschistischen Gruppen. Schauplätze dieses Geschehens sind München, Hamburg, Köln und Regensburg; in Regensburg z. B. hielten die Neo-Nazis ihre »Dritten Deutschen Reichstag« ab.

Wotans Erben
(Fernsehfassung)[27]

Buch:	Rolf Bringmann/Dirk Gerhard
Produktion:	WDR, Deutschland 1977, Sendung vom 31. 8. 1977
Laufzeit:	47 Min., 16 mm, LT/VCR (F)

Notiz

Rechtsradikale Jugendliche in der Bundesrepublik Deutschland

Inhalt

Der Dokumentarfilm »Wotans Erben« zeigt, wie Fernsehjournalisten des WDR in einem Sommerlager der militanten Wiking-Jugend mit Knüppeln und Messern angegriffen wurden, als sie einen Monitor-Bericht drehen wollten. Er zeichnet das Szenario der im Bund heimattreuer Jugend (BHJ) organisierten rechtsradikalen Jugendlichen in der Bundesrepublik Deutschland auf. Der BHJ gibt zwar vor, an die traditionelle bündische Jugend anzuknüpfen; hinter Lagerfeuerromantik, Spielen und Zelten verbergen sich jedoch die alten Rezepte politischer Demagogie. Neonazistische, d. h. auf Wiedererrichtung eines NS-Staates abzielende Tendenzen sind unverkennbar.

Wotans Erben[28]

Produktion:	1977
Laufzeit:	43 Min

Berichtet wird über neonazistische Jugendorganisationen. Vorgestellt werden der »Bund heimattreuer Jugend«, die »Stahlhelm-Jugend«, die »Wiking-Jugend«, die »Deutsche Legion-Condor« und die »Nationaldemokratische Partei Deutschland«. Der Film zeigt Bilder von rechtsradikalen Aktivitäten, die bislang einer größeren Öffentlichkeit verborgen blieben. In Interviews erläutern Jugendliche, warum sie 30 Jahre nach Zerschlagung des Faschismus Mitglieder in rechtsradikalen Jugendorganisationen geworden sind. Der Film verweist auf die zunehmende Zahl junger Menschen, die an neonazistischen Umtrieben teil hat, mit dem erklärten Ziel, »Einfluß auf die politischen Verhältnisse« zu nehmen, die freiheitlich-demokratische Ordnung zu zerstören.

Abraham – ein Versuch[29]

Regie:	Hans Lechleitner/David H. Mantell/Paul Matussek
Buch:	Hans Lechleitner/David H. Mantell
Produktion:	Bayerischer Rundfunk, Deutschland 1970, Sendung vom 1. 10. 1970
Laufzeit:	48 Min., 16 mm, LT (s/w)

Notiz

Wie entscheiden Menschen im Konflikt zwischen Gehorsam und Menschlichkeit?

Inhalt

Der Dokumentarfilm »Abraham – ein Versuch« beobachtet ein Experiment, das im Max-Planck-Institut, München, veranstaltet wurde: Von zwei Versuchspersonen wird durch eine scheinbare Auslosung der eine als Lehrer, der andere als Schüler bestimmt (es handelt sich bei letzterem immer um die gleiche, eingeweihte Person). Der Versuchsleiter erklärt, daß es in diesem Experiment um die Wechselwirkung zwischen Lernerfolg und Bestrafung gehe. Der Schüler müsse sich Wortpaare einprägen und auf Befragen durch den Lehrer die richtige Kombination reproduzieren. Bei einer falschen Antwort soll ihn der Lehrer, der in einem anderen Raum untergebracht ist, mit immer stärkeren Elektroschocks bestrafen. Die Bestrafung beginne bei 15 und endet bei 450 Volt. Von einem Tonband werden Schmerzensäußerungen des Schülers abgespielt, die sich bis zu lautem und gequältem Schreien steigern. Wenn einige Lehrer daraufhin unsicher werden, sagt man ihnen nur stereotyp: »Machen Sie weiter, das Experiment verlangt es.«

Tatsächlich gehorchten die meisten: 85% der Lehrer gingen bis 450 Volt. 70% glaubten, der Schüler sei mindestens bewußtlos, 15% meinten, er sei bereits tot.

Der gesprochene Kommentar zu diesem Film macht zusätzlich deutlich, wie bestürzend das Ergebnis dieses Experiments ist: Ein anonymer Versuchsleiter, der über keinerlei Sanktionsmöglichkeiten verfügt, kann auf relativ einfache Art und Weise Menschen dazu bestimmen, an anderen völlig mitleidlos und unmenschlich zu handeln. Solange sie den Befehl von einer legitimierten Autorität kommen sehen, die ihnen die Verantwortung abnimmt, tun die meisten das, was ihnen gesagt wird, ungeachtet des Inhalts der Handlung und ohne Gewissensbeschränkungen.

IV.6.2 Spielfilme

In jenen Tagen[30]

Regie: Helmut Käutner/Ernst Schnabel
Buch: Helmut Käutner
Produktion: Camara Filmproduktion GmbH, Hamburg 1947
Laufzeit: 111 Min., 16 mm, LT (s/w)

Notiz

Ein Spielfilm Helmut Käutners über menschliche Schicksale in den Jahren 1933–1945

Inhalt

In sieben Episoden erzählt ein Autowrack sein Schicksal und das seiner Besitzer in den Jahren 1933 bis 1945. Da sind der politische Gegner, der bei der Machtübernahme Hitlers fliehen muß, der »entartete« Komponist, der Berufsverbot erhält, der kleine Kunsthändler, der zusammen mit seiner jüdischen Frau in der »Reichskristallnacht« in den Selbstmord getrieben wird, der Widerstandskämpfer, der »auf der Flucht« erschossen wird, der Soldat im eisigen Rußlandwinter, der noblen alten Dame, die der Sippenhaft anheimfällt, weil ihr Sohn zu den Männern des 20. Juli gehört, und schließlich die junge Frau mit dem Kind aus dem Elendszug der Flüchtlingstrecks, der ein fremder Landser weiterhilft. Immer wieder geht es um die Frage, ob einzelne in jenen Tagen menschlich dachten und handelten.

Der Film führt die Zeit des Nationalsozialismus eindrücklich vor Augen, die dargestellten Schicksale »packen« den Zuschauer und regen zum Nachdenken an.

Rosen für den Staatsanwalt[31]

Regie: Wolfgang Staudte
Buch: Georg Hurdalek, nach einer Idee von Wolfgang Staudte
Produktion: Kurt Ulrich-Film 1959
Laufzeit: 97 Min.

Die Geschichte eines furchtbaren Juristen; der in der Zeit der nationalsozialistischen Herrschaft wegen einer Lappalie ein Todesurteil sprach und in der zweiten Republik weiter als Staatsanwalt fungiert.

Inhalt:

Im Jahr 1945 wird ein junger Soldat wegen des Diebstahls von zwei Tafeln Schokolade von einem Kriegsgericht unter Leitung von Dr. Wilhelm Schramm (Martin Held) zum Tode verurteilt, was mit dem nationalen Interesse pathetisch begründet wird. Nur durch Zufall entkommt der Soldat der Erschießung. Nach dem Krieg ist Schramm zum Oberstaatsanwalt geworden; in dieser Funktion verhilft er einem wegen antisemitischer Äußerungen angeklagten Nationalsozialisten zur Flucht (ein Strauß Rosen ist das Zeichen dafür, daß die Flucht gelungen ist). Zur selben Zeit taucht der Gefreite Rudi Kleinschmidt (Walter Giller), der Schramms Todesurteil entkam, in der Stadt auf. Obwohl Kleinschmidt keine Anstalten macht, gegen den Richter vorzugehen, versucht dieser alles, ihn aus der Stadt zu vertreiben. Aus Zorn über das Vorgehen des Richters hat Kleinschmidt eine Scheibe eingeworfen; zwei Tafeln Schokolade derselben Marke wie damals bilden das corpus delicti in einer Gerichtsverhandlung, in der wieder Schramm den Vorsitz führt. Diese Koinzidenz läßt Schramm die Kontrolle verlieren, er verfällt zusehends in seine Rolle als Kriegsrichter und verlangt für den Angeklagten die Todesstrafe. Nachdem ein Disziplinarverfahren gegen ihn angestrengt wird, muß er zurücktreten.

Die Gegenprobe[32]

Regie:	Johannes Scharf
Buch:	Hans Bachmüller/Jürgen Breest
Produktion:	Radio Bremen, Deutschland 1965, Sendung vom 29. 4. 1965
Laufzeit:	90 Min., 16 mm, LT (s/w)

Notiz

Spielfilm über die Auseinandersetzung zweier Generationen um menschliches Handeln in Vergangenheit und Gegenwart

Inhalt

Ein Student erfährt zufällig, daß sein Vater während des Zweiten Weltkrieges widerspruchslos KZ-Häftlinge in einem Rüstungsbetrieb beaufsichtigt hat. Es kommt zu heftigen Auseinandersetzungen zwischen beiden, wobei sichtbar wird, wie sehr der Vater Schuldgefühle beiseiteschiebt und verdrängt. Aus seiner Sicht waren es immer die anderen, und er glaubte, als einzelner ohnehin nichts machen zu können. Da er zu Offenheit und Anerkennung von Verantwortung nicht bereit ist, gelingt es ihm nicht, bei seinem Sohn Verständnis für die damalige Situation und sein Handeln zu wecken. Die Anklagen des jungen Mannes, so berechtigt sie an sich auch sind, werden jedoch zunehmend selbstgerecht. Als schließlich an seiner Arbeitsstelle als Werkstudent ein ausländischer Arbeitsnehmer von der übrigen Belegschaft angegriffen und niedergeschlagen wird, verhält sich Joachim Blessing in gewisser Hinsicht ähnlich wie sein Vater: er sieht ruhig zu und mischt sich nicht ein, weil er »als einzelner ja doch nichts machen kann«. Auch versucht er, bei einem Gespräch mit seiner Freundin dieses Thema abzublocken und zu verdrängen. Genau wie sein Vater, dessen Verhalten er so scharf kritisiert hat, will auch er sich seiner zwischenmenschlichen Verantwortlichkeit entledigen und der Auseinandersetzung mit sich selbst und mit seinem Handeln aus dem Wege gehen.

Ein Mann, der nichts gewinnt[33]

Regie:	Georg Tressler
Buch:	Michael Mansfeld
Produktion:	Rhewes Filmproduktion GmbH, Düsseldorf 1967, Sendung des ZDF
Laufzeit:	74 Min., 16 mm, LT (s/w)

Notiz

Fernsehspiel über das Schicksal der deutschen Arbeiterbewegung von 1933 bis 1960

Inhalt

Am Beispiel des Einzelschicksals eines Berliner Arbeiters wird die Situation der Arbeiterbewegung von 1933 bis in die sechziger Jahre deutlich: In der Unterdrückung durch die Nationalsozialisten versuchen sie, mit »unpolitischen« Vereinen den Zusammenhalt zu wahren und das Hitlerregime zu überdauern. Unter Einsatz des eigenen Lebens helfen sie anderen Verfolgten. Nach Ende des Krieges wird in der SBZ die Zwangsvereinigung von SPD und KPD vollzogen. Erneut setzen Repressionen gegen sozialdemokratisch und freiheitlich orientierte Arbeiter ein. Der Bau der Mauer in Berlin 1961 beseitigt auch die letzten Kontaktmöglichkeiten zum westlichen Teil der Bewegung. Der Kampf um die Einigung der deutschen Arbeiterbewegung in Freiheit ist gescheitert.

Der Verschlag[34]

Regie:	Armand Gatti
Buch:	Derselbe/Pierre Lary
Produktion:	Claris Film, Paris; Triglar-Film, Ljubliana, Frankreich und Jugoslawien 1961
Laufzeit:	95 Min., 16 mm, LT (s/w)
FBW:	Besonders wertvoll
Auszeichnung:	Regiepreis der Filmfestspiele Moskau 1961

Notiz

Unmenschlichkeit deutscher Konzentrationslager

Inhalt

Der Spielfilm »Der Verschlag« stellt der menschenverachtenden Brutalität und Grausamkeit von KZ-Schergen die echte menschliche Größe zweier Häftlinge gegenüber: Im KZ Tannenberg sperrt man den französischen Juden David und den deutschen Kommunisten Karl über Nacht in einen Verschlag, wo sie gegeneinander kämpfen sollen. Dem Überlebenden verspricht die SS die Freiheit. Die Lagerverwaltung der Häftlinge plant eine Befreiungsaktion: Mit Hilfe eines bestochenen Wachsoldaten soll Karl gegen eine völlig verstümmelte und unkenntliche Leiche ausgetauscht werden, damit er fliehen kann. Als der Plan nach vielen Zwischenfällen beim Morgengrauen endlich gelingt, finden die Männer in Karl und David zwei Menschen, die nach einer Nacht höllischer Qualen zu sich selbst zurückgefunden haben. David stimmt der Befreiung Karls zu. Aber die SS schenkt ihm nicht, wie versprochen, das Leben. Weil er als Jude einen Arier getötet hat, wartet auf ihn die Gaskammer.

Wer nicht für uns ist – der ist gegen uns[35]

Regie:	Gustav Burmester
Buch:	Ursula Klammroth/Franz Reinholz
Produktion:	Studio Hamburg Ateliergesellschft mbH, Hamburg 1962, Sendung des NDR
Laufzeit:	40 Min., 16 mm, Lichtton (s/w)
Jahr:	1965
	Sekundarbereich I, Sekundarbereich II

Inhalt

In dem Fernsehspiel ist die innere Einstellung eines höheren Beamten zum Nationalsozialismus dargestellt. Nach dem 30. Januar 1933 verhält sich der Legationsrat von Busch in Gesprächen in der Familie, im Kreis der Kollegen im Auswärtigen Amt der nationalsozialistischen Partei gegenüber nicht ablehnend, aber zurückhaltend. Jahre später, als von Ribbentrop das Auswärtige Amt leitet und die alten Diplomaten ausgeschieden sind, tritt von Busch aus Karrieregründen in die Partei ein. Sein Sohn besucht zu diesem Zeitpunkt als Fähnleinführer der HJ eine Gebietsführerschule und ist überzeugter Anhänger Hitlers. Als von Busch nach dem Einmarsch der deutschen Truppen in die Tschechoslowakei voller Entsetzen das Verbrecherische des nationalsozialistischen Herrschaftssystems erkennt und er seine Meinung frei in der Familie äußert, denunziert ihn sein Sohn bei der Gestapo.

Didaktisch-methodische Hinweise

Die Aussage des Films ist für den heutigen Schüler nur schwer verständlich. Denn Einstellungen und Verhaltensmuster in einer Diktatur sind dem Schüler in der Bundesrepublik Deutschland aus eigenem Erleben nicht zugänglich. Ein vertiefendes Unterrichtsgespräch kann folgende Aspekte hervorheben:

1. Erziehung der Jugend in totalitären Staaten, vor allem im Dritten Reich, zur bedingungslosen Gefolgschaft, die bis zum Verrat der eigenen Familie gehen kann.
2. Gefährlichkeit von freier Meinungsäußerung und nicht-angepaßtem Verhalten in einer Diktatur. An diesem Beispiel kann der Schüler lernen, das schon fast selbstverständlich erscheinende Grundrecht auf Meinungsfreiheit höher einzuschätzen und sich für dessen Verteidigung einzusetzen.

Zwischen Nacht und Morgen[36]

Daten

Produktion:	1965
Laufzeit:	34 Min., 16 mm, Lichtton (s/w)
	Sekundarbereich I, Sekundarbereich II

Inhalt

In dem Fernsehspiel wird die Geschichte des Juden Felix Sternberg, dem durch die Hilfe seines Freundes Brackwiller die Flucht aus dem nationalsozialistischen Deutschland gelingt, erzählt. Der Speditionskaufmann Brackwiller beobachtet gemeinsam mit seiner Frau in der ›Kristallnacht‹ vom 9. zum 10. November 1938 die Verwüstung eines jüdischen Geschäfts in der Nachbarschaft, ohne daß die Polizei eingreift. Auch das Geschäft seines Schulfreundes Felix Sternberg ist zerstört worden. Zudem wird Juden die Ausübung eines selbständigen Gewerbes verboten. Brackwiller versucht, Sternberg in seiner Firma untertauchen zu lassen, muß aber erkennen, daß er ihn nicht vor dem Zugriff der Polizei schützen kann, da Anhänger des nationalsozialistischen Regimes in der Firma arbeiten. Dem Fernlastfahrer Henning gelingt es, dem Juden die Flucht nach Dänemark zu ermöglichen.

Didaktisch-methodische Hinweise

Der Spielfilm veranschaulicht die Situation der Juden im Dritten Reich vor Beginn des Zweiten Weltkriegs. Über die Spielhandlung erhalten die Schüler Kenntnisse über die ›Kristallnacht‹, das zum 1. Januar 1939 erlassene Verbot des Führens eines Geschäftes durch Juden und die Verschleppung von 20000 Juden.

Durch die Darstellung eines individuellen Schicksals erhalten die Schüler eher Identifikationsmöglichkeiten als durch allgemeine abstrakte Informationen. Die Identifikation der Schüler mit der Person des Juden Felix Sternberg wäre eine wichtige Voraussetzung für eine Diskussion über die Parolen und das Verhalten der in der Speditionsfirma tätigen Anhänger der nationalsozialistischen Partei. Auf diese Weise können die Schüler in ihrer Urteilskraft geschult und damit befähigt werden, einseitige, radikale und antidemokratische Tendenzen zu erkennen und für den Schutz von Minderheiten einzutreten.

Der Film läßt sich im Unterrichtsablauf am besten in der Phase der Motivation einsetzen. In der Phase der Rezeption empfiehlt sich der Einsatz des Tonbands ›Judenverfolgung‹ (200141/220141), anhand dessen die nationalsozialistischen Maßnahmen zur Judenverfolgung aufgearbeitet werden können. Die hohe Motivation der Schüler wird so eine intensivere Beschäftigung mit dem oft abstrakten Faktengerüst der NS-Erlasse und Gesetzgebung zur Judenverfolgung zulassen.

Die Weiße Rose[37]

Drehbuch:	Michael Verhoeven und Mario Krebs
Regie:	Michael Verhoeven
Produktion:	Sentana Filmproduktion Michael Verhoeven GmbH Bundesrepublik Deutschland 1982
Format:	35 mm Farbe; Laufzeit 123 Minuten

Inhalt

Der Film »Die Weiße Rose« erzählt die Geschichte einer kleinen Gruppe von Studenten, die sich 1942 in München gegen Hitler stellen. Das Buch zu diesem Film erzählt, wie diese jungen Menschen zusammenfinden. Es berichtet von den gutbürgerlichen Familien, denen sie entstammen, von ihren Eltern, ihrer Umwelt. Es erzählt aus ihrem Alltag, vom Erwachsenwerden, von Hitlerjugend, Reichsarbeitsdienst und Wehrdienst, von ersten Erfahrungen mit der Gestapo. 1941, auf dem Höhepunkt von Siegestaumel und Begeisterung, findet in München eine kleine Schar Gleichgesinnter zusammen. Zuerst geht es nur um einen Freiraum für Vorträge, Lesungen, Gespräche, die dem braunen Ungeist widersprechen. Schließlich, im Frühjahr 1942, gehen einige zu aktivem Widerstand über: »Die Weiße Rose« entsteht. Der Film berichtet von den Bedingungen des Widerstands, von Rückschlägen und Zufällen und davon, wie schließlich Kontakt hergestellt wird zu oppositionellen Wehrmachtskreisen in Berlin. Er zeigt, wie breit der Widerstand bereits war, und korrigiert das gängige Klischee von den realitätsfernen Idealisten und Träumern, die hier im Werk gewesen seien.[38]

Fünf letzte Tage

Regie:	Percy Adlon
Laufzeit:	112 Minuten; Farbe
Produktion:	Bundesrepublik Deutschland 1982

Inhalt

Percy Adlon schildert in seinem Film die fünf Tage der Münchner Studentin Sophie Scholl vor ihrer Hinrichtung durch das Fallbeil im Februar 1943. »Verhoeven (siehe ›Die Weiße Rose‹) ... nimmt ... die Umwelt der Geschwister

Scholl mit ins Bild, das dann aber letztlich noch immer zu wenig Information bietet; Percy Adlon hingegen beschränkt sich auf die nötigsten Szenen, nimmt die Außenwelt nur als äußerst sparsame Geräuschkulisse zur Kenntnis. Die klassische Einheit von Ort, Zeit und Handlung ist bei ihm bewahrt: Schauplatz ist das Münchner Untersuchungsgefängnis, in dem die festgenommenen Studenten nach ihrer letzten Flugblattaktion in der Universität verhört werden. Die Zeit erstreckt sich allein auf diese fünf Tage des Verhörs, des überstürzten Urteils, zu dessen Erlassung der Blutrichter Freisler eigens aus Berlin eilends angereist war, und die Vollstreckung des Todesurteils. Doch selbst die Gerichtssitzung und die Hinrichtung werden nicht ganz im Bilde gezeigt, da die Handlung sich ganz auf die Haft von Sophie Scholl konzentriert. Eine Handvoll Menschen umgibt sie, ein polizeilicher Aufnahmebeamter, ein Vernehmungsrichter, einige Uniformierte, vor allem aber eine Mitgefangene. Und diese Zellengenossin, Else Gebel mit Namen, hat auch in der historischen Wirklichkeit existiert. Sie hat, selbst aus politischen Gründen inhaftiert, zu Sophie Scholl Kontakt gefunden, hat später ... die Eltern Scholl besucht und nach dem Kriege ihre Erlebnisse ... zu Papier gebracht. Anfang der sechziger Jahre ist sie in München gestorben.

Aus diesen Aufzeichnungen sowie aus Gesprächen mit dem Neffen von Else Gebel und mit Sophie Scholls Schwester und endlich auch aus Aufzeichnungen von und über Sophie Scholl hat Percy Adlon sein Drehbuch geschaffen.«[39]

Akte Wiltau[40]

Produktion:	Bundesrepublik Deutschland 1964
Laufzeit:	62 Min., (s/w)
	01380
Regie:	Ralph Lothar

Unteroffizier Wiltau ist Gefangenenwärter im Wehrmachtsuntersuchungsgefängnis in Berlin, wo in einer besonderen Abteilung Gegner des NS-Regimes auf ihre Aburteilung warten; meist Offiziere, die der Konspiration gegen Hitler, der Wehrkraftzersetzung, der Sabotage oder des Verstoßes gegen das Heimtückegesetz beschuldigt werden. Wiltau hilft ihnen, wo er nur kann, er »schmuggelt« Briefe, vermittelt Begegnungen und deckt den Ausbruch von Häftlingen. – Erst am Schluß merkt Wiltau, daß er im Gefängniskommandanten einen geheimen Verbündeten hatte.

IV.6.3 Der Streit um den Film-Nachspann »Die Weiße Rose«

Am Ende des Films von Michael Verhoeven wird Sophie auf die Guillotine geschnallt. Aus ihrem Nacken werden die Haare beiseite geschoben. Dann fällt das Beil und ein Nachspann-Text erscheint:

»Nach Auffassung des Bundesgerichtshofes bestehen die Urteile zu Recht. Sie gelten auch heute noch.«

Diese zwei Sätze haben eine lebhafte Diskussion ausgelöst. Aus einer Reihe von politischen, historischen, juristischen und nicht zuletzt didaktisch-methodischen Gründen erscheint es angebracht, diese Diskussion ausführlicher zu dokumentieren, da der Lehrer sich eine sachlich angemessene konfliktträchtige Debatte mit den Schülern ohne Kenntnis der verstreuten Presseartikel kaum leisten kann. An der Diskussion über den Film-Nachspann beteiligen sich Juristen, Historiker, Journalisten, Politiker und Kinobesucher. Im wesentlichen standen sich zwei Gruppen gegenüber: die eine Gruppe bezeichnet die Feststellung des Filmregisseurs als unrichtig, die andere als zutreffend:

»Tatsache ist, daß die Feststellung des Filmregisseurs Michael Verhoeven unrichtig ist. Was er, als er die Sätze vorschnell formulierte, nicht wußte, hätte er sich von jedem Rechtsprofessor sagen lassen: In den Jahren 1946 bis 1947 haben die zuständigen Besatzungsbehörden per Gesetz ›nationalsozialistische Unrechtsurteile‹ aufgehoben. Die Bestimmungen sind, nach Gründung der Bundesrepublik, Bundesgesetz geworden.

Das gilt zumal für das Land Bayern ...

Die Aufhebung gilt automatisch für das gesamte Rechtsgebiet der Bundesrepublik. Sämtliche Urteile, die vom Volksgerichtshof oder von Sondergerichten auf der Basis ›typisch nationalsozialistischer Gesetze‹ – wie Kriegssonderstrafrecht, Rassengesetzverordnung, Heimtückeparagraph – gefällt wurden, sind null und nichtig. Dazu bedarf es weder einer ausdrücklichen Erklärung des Gesetzgebers – wie es dieser Tage noch der Bundesgerichtshof-Präsident Gerd Pfeiffer empfahl –, noch eines Annullierungsantrags der Angehörigen oder der Staatsanwaltschaft ... Nur, wer sich die Unwirksamkeit der Strafe und ihre Tilgung aus dem Strafregister bescheinigen lassen will, muß darum nachsuchen ...

Tatsache ist aber gleichfalls, daß Michael Verhoeven mit seinem falschen Satz etwas Zutreffendes zum Ausdruck brachte: Das fortwirkende Unbehagen über die jahrzehntelange laxe Auseinandersetzung mit damals schuldig gewordenen Richtern und Staatsanwälten, jenen ›Mördern im Talar‹.«[41]

Die Journalistin Karena Niehoff, Filmkritikerin des Tagesspiegels, vertritt die entgegengesetzte Auffassung:

»Nach dem Aus kommt aber noch etwas – und wen da nicht der Zorn überkäme... Die Anmerkung nämlich, daß der Bundesgerichtshof die Urteile gegen die Weiße Rose (ebenso wie für andere Widerstandskämpfer) nie für Unrecht erklärt habe. Sie bestünden noch heute. Aber er ist – leider – zu widerlegen. Er selbst hat 1968 Freislers Volksgericht als ›unabhängiges, nur dem Gesetz unterworfenes Gericht‹ definiert...

(Ein entscheidendes Kriterium, noch gar nicht erörtert: haben die Familien der Hingerichteten oder die, die in Zuchthäusern überlebten, als Widerstandskämpfer eigentlich Entschädigung bekommen?!) Dem Film wäre schon Dank zu schulden, wenn der BGH endlich von den beschämenden, den unerträglichen Entscheidungen früherer Jahre sich zu distanzieren Anlaß sähe.«[42]

Der Präsident des Bundesgerichtshofs, Gerd Pfeiffer, reagierte auf die Vorwürfe gegen die Juristen mit einem gewissen Verständnis, wie aus einem Artikel einer Journalistin der »Frankfurter Rundschau« hervorgeht:

»Bereits im Oktober hatte der Bundesgerichtshof auf diesen Nachspann mit einer Richtigstellung reagiert: ›Der Bundesgerichtshof war mit den Urteilen des Volksgerichtshofs gegen die Mitglieder der Weißen Rose nicht befaßt und hat sie niemals als zu Recht ergangen bezeichnet‹, hieß es in der Presseverlautbarung vom 11. Oktober.

Im Rahmen des jährlich stattfindenden Pressegesprächs ging Pfeiffer nochmals ausführlich auf die Volksgerichtshof-Problematik ein. Pfeiffer betonte, daß der Bundesgerichtshof ›nicht von sich aus allgemeine Urteile des Volksgerichtshofs aufheben‹ könne. Solch eine Entscheidung könne nur der Gesetzgeber treffen. Als einziges Bundesland hat bisher Bayern eine solche Regelung getroffen. Solange der Bundesgesetzgeber aber die Urteile des Volksgerichtshofs nicht für ungültig erkläre, könne der Bundesgerichtshof lediglich konkrete Einzelfälle entscheiden, die auf dem ordentlichen Rechtsweg zu ihm gelangen. An die Bundesregierung gerichtet, sagte Pfeiffer: ›Es stellt sich die Frage, ob sich der Bundesgesetzgeber nicht für eine einheitliche Regelung entschließen sollte. Ich empfehle es.‹ ... Von rechtlichen Schritten gegen den Nachspann in dem Film ›Die Weiße Rose‹ will der BGH absehen, obwohl eine Streichung des Nachspanns nach seiner Meinung leicht durchsetzbar wäre, da die Behauptung inhaltlich falsch sei. ›Dies wäre aber einer sachlichen Diskussion nicht dienlich‹, sagte Pfeiffer.«[43]

Selbst einer der Hauptankläger im Nürnberger Kriegsverbrecherprozeß

(1946), meldete sich mit einem offenen Brief an den Bundesjustizminister zu Wort[44]:

»Betrifft: ›Die Weiße Rose‹ – Nichtigkeit von Volksgerichts-›Urteilen‹
Sehr geehrter Herr Minister!

Anläßlich der Aufführung des prämiierten Films ›Die Weiße Rose‹ ist eine verwirrende öffentliche Diskussion über die Frage entstanden, ob die sogenannten Urteile des Volksgerichtshofes (in Wirklichkeit eine Fallbeilmaschine von Adolf Hitler) als nichtig ... zu betrachten sind, insbesondere ob eine Nichtigkeit ohne Stellung von Aufhebungsanträgen in allen Ländern der Bundesrepublik anzuerkennen ist.

Die Regisseure Michael Verhoeven und Mario Krebs denken darüber anders als Herr Professor Fikentscher (s. FAZ vom 1. Nov. 1982). Das Bayerische Justizministerium hat zum Beweis für die Nichtigkeit das Gesetz vom 28. Mai 1946, unterzeichnet vom Ministerpräsidenten Hoegner, angeführt. Ein entsprechendes Gesetz gilt nicht in allen Ländern, und es wird teilweise eine Antragstellung als Voraussetzung für die Nichtigkeit gefordert. Eine eindeutige Stellungnahme zu den mörderischen Verkündigungen von Roland Freisler u. Gen. durch den Bundesgerichtshof liegt nicht vor.

Die Todes-›Urteile‹ des Volksgerichtshofes und anderer justizieller Mordinstrumente sind in Archiven verzeichnet, ohne einen Stempel ›ungültig‹...«

Auch der Sohn von Christoph Probst (Probst war Mitglied der »Weißen Rose«), Michael Probst, beteiligte sich an der Diskussion[45]:

»Mit dieser Aussage, dem Nachsatz zum Film, wird der Zuschauer unmittelbar nach der Hinrichtungsszene in einem von Mitgefühl, Empörung und Trauer emotional erregten, rational weniger kontrollierten Zustand getroffen. Mit diesem psychologischen Trick wird insbesondere bei denen, die unter Mißständen in der Bundesrepublik leiden, gefühlsmäßig eine Gleichsetzung von Bundesgerichtshof und Volksgerichtshof erreicht. Diese Methode kann man deshalb nur demagogisch nennen...

Will man also dem wahren Sachverhalt gerecht werden, so müßte sich heute folgende Einsicht durchsetzen: 1. Die Hingerichteten haben ihren Henkern im christlichen Sinne vergeben – das ist gesicherte Tatsache. Wieviel mehr haben sie denen vergeben, die nicht die Kraft und den Mut hatten, aus der inneren Emigration und aus der Lüge des äußeren Mitläufertums auszubrechen. 2. Die Tat der ›Weißen Rose‹ wird – im nachhinein, nicht ursprünglich beabsichtigt – zum guten Gewissen dafür, daß sich nicht alle haben gleichschalten lassen. Sie hatten die Gewissensschärfe, den Untergang des Vaterlandes zu betreiben, um das Vaterland zu retten. 3. Das Beispiel der ›Weißen Rose‹ stärkt den Willen, die Grundwerte des Menschen und die freiheitlich rechtliche Demokratie zu verteidigen...«

Michael Verhoeven und Mario Krebs setzten sich gegen die Vorwürfe, ihr Nachspann treffe nicht zu, die besonders engagiert von Professor Fikentscher in einem Leserbrief an die FAZ vertreten wurde, zur Wehr[46]:

»Professor Fikentscher macht geltend, daß durch ein in Bayern am 28. 5. 1946 erlassenes Gesetz Nr. 21 alle NS-Terror-Urteile gegen Widerstandskämpfer pauschal ›ohne gerichtliche Entscheidung‹ als annulliert anzusehen seien... Leider bleibt festzustellen, daß das Gesetz 21 keineswegs – wie Fikentscher annimmt – bundesweit wirksam wurde. Vielmehr heißt es im Wiedergutmachungsgesetz des Bundes vom 29. 6. 1956 (Paragraph 44 Abs. 2): ›Die Aufhebung oder Änderung einer strafrechtlichen Verurteilung ist durch die gerichtliche Entscheidung nachzuweisen, durch welche die Verurteilung aufgehoben oder geändert worden ist.‹ Eine gerichtliche Entscheidung, in der die Urteile gegen die ›Weiße Rose‹ aufgehoben werden, liegt aber bislang nicht vor.«

Professor Dr. Konrad Repgen, Direktor des Historischen Seminars der Universität Bonn, kommentierte diesen neuen Nachsatz mit vehementen Vorwürfen gegen die beiden Autoren:

»Michael Probst, Sohn des 1943 mit den Geschwistern Scholl hingerichteten Christoph Probst, hat in einem Leserbrief (F.A.Z. vom 20. November) mit tiefem sittlichen Ernst und mit bewegenden Worten gezeigt, wie Verhoevens Film das eigentliche Fundament der ›Weißen Rose‹ diffamiert, in dem das unbestreitbare Tatchristentum, das den Kreis getragen hat, als ›heroisierende Stimmungsmache‹ der fünfziger Jahre abgetan wird...

Die neue Formulierung aus sechs Punkten bestehend, ist jedoch im Ergebnis nicht besser als die alte, also ebenso schlimm. Insgesamt wird der Angriff auf den Bundesgerichtshof verstärkt.«[47]

Die allgemeine Diskussion erfaßte bald auch den Bundestag. SPD-Bundestagsabgeordnete forderten die Bundesregierung in einem Antrag auf, gesetzlich alle »Urteile« des Nazi-»Volksgerichtshofes« für nichtig von Anfang an zu erklären, was bisher noch nicht ausdrücklich geschehen sei. In dem Antrag hieß es unter anderem:

»Antrag der Abgeordneten ... und der Fraktion der SPD zur Nichtigkeit der Entscheidungen der als ›Volksgerichtshof‹ und ›Sondergerichte‹ bezeichneten Werkzeuge des nationalsozialistischen Unrechtsregimes.

Der Deutsche Bundestag betrachtet die von der als ›Volksgerichtshof‹ bezeichneten Institution ausgesprochenen Entscheidungen als von Anfang an nichtig...

Begründung:

Die als ›Volksgerichtshof‹ bezeichnete Institution ist 1934 unter Ausschaltung des bis dahin zuständigen Reichsgerichts in Berlin zur Aburteilung ›politischer Strafsachen‹ in erster und letzter Instanz geschaffen worden... Bei dieser Institution handelte es sich nicht um ein Gericht, sondern um ein Mittel politischen Terrors zur Unterdrückung, Verfolgung, Ausschaltung und Vernichtung der Gegner der Hitler-Diktatur.

Einzelne zum Teil nicht übereinstimmende vorkonstitutionelle landes- oder zonenrechtliche Gesetze zur Wiedergutmachtung nationalsozialistischen Unrechts in der Strafrechtspflege reichen nicht aus...«[48]

Zuvor hatten sich bereits in zwei Sitzungen des Deutschen Bundestages SPD-Abgeordnete dafür eingesetzt, daß die Unrechtsurteile aus der NS-Zeit gegen Widerstandskämpfer aufgehoben werden sollten [siehe Protokoll der 128. Sitzung am 12. 11. 1982 (A) und der 131. Sitzung am 26. 11. 1982 (B)]. Aus den betreffenden Passagen der Protokolle geht hervor, daß das Bundesministerium für Justiz die vorgeschlagene Regelung der SPD als überflüssig ablehnte:

»Ich rufe die Frage 74 des Abgeordneten Börnsen auf:

Beabsichtigt die Bundesregierung, eigene gesetzgeberische Initiativen zu ergreifen, um eine Aufhebung der Unrechtsurteile aus dem Dritten Reich gegen Widerstandskämpfer zu bewirken?

Dr. Klein, Parl. Staatssekretär beim Bundesminister der Justiz: Herr Kollege Börnsen, wie ich Ihnen bereits in der Fragestunde am 12. November 1982 mitgeteilt habe, ist die Wiedergutmachung nationalsozialistischen Unrechts in der Strafrechtspflege im gesamten jetzigen Bundesgebiet durch Länder- oder Zonenrecht geregelt worden, das gemäß Art. 125 des Grundgesetzes als partielles Bundessrecht fortgilt...

Börnsen (SPD): Der Präsident des Bundesgerichtshofs empfiehlt eine solche Regelung. Halten Sie sie für nicht notwendig?

Dr. Klein, Parl. Staatssekretär: Ich halte sie, Herr Kollege Börnsen, für nicht notwendig, und zwar aus den Gründen, die ich Ihnen schon in der Fragestunde am 12. November 1982 mitgeteilt habe... Es gibt eine bundesrechtliche Regelung; denn es gibt die vorkonstitutionelle landes- oder zonenrechtliche Regelung, die mit dem Inkrafttreten des Grundgesetzes nach dessen Art. 125 partielles Bundesrecht geworden ist.«[49]

Anmerkungen:

[1] AV-Katalog FWU, München 1979, S. 6
[2] Gekürzter Text der Landesbildstelle Berlin zum Tonband (TX 934)
[3] Gekürzter Text der Landesbildstelle Berlin zum Tonband (TX 521)
[4] Landesbildstelle Berlin, Erläuterungen zum Tonband
[5] Siehe Schallplattenhülle »Aufstand des Gewissens«
[6] AV Katalog: FWU München 1979, S. 95f.
[7] Filmverzeichnis; Bundeszentrale für politische Bildung, Bonn 1980, S. 49f.
[8] Landesfilmdienst Hessen, Katalog, Frankfurt am Main 1982, S. 157
[9] AV Begleitkarte: Institut für Film und Bild; Grünwald 1982 (gekürzt)
[10] Filmverzeichnis, Bundeszentrale für politische Bildung, Bonn 1980, S. 24
[11] Erläuterungstext der Landesbildstelle Berlin zum Film (XLT 1977)
[12] Es gab nicht nur den 20. Juli, Dokumente aus einer Sendereihe im Westdeutschen Fernsehen (hrsg. von der Pressestelle des WDR), Jugenddienst-Verlag Wuppertal 1980, S. 67
[13] Detlev Peukert: Der deutsche Arbeiterwiderstand gegen das Dritte Reich, Beiträge zum Thema Widerstand, Heft 13, Hrsg. Informationszentrum Berlin, Gedenk- und Bildungsstätte Stauffenbergstraße 1980, S. 23
[14] Weitere Informationen finden sich in: H. Focke/U. Reimer: Alltag der Entrechteten – Wie die Nazis mit ihren Gegnern umgingen, »Alltag unterm Hakenkreuz«, Band 2, rororo aktuell 4625, Reinbek 1980, 253 S., 6,80 DM
H. J. Markmann: Widerstand und Verfolgung von Jugendlichen und Kindern in der Zeit des Nationalsozialismus (1939–1945) im Unterricht, Pädagogisches Zentrum, Berlin 1980
[15] Filmverzeichnis, Bonn 1980, S. 33
[16] Landesfilmdienst Hessen, Frankfurt am Main 1982, S. 179
[17] Filmverzeichnis, Bundeszentrale für politische Bildung, Bonn 1980, S. 65
[18] Landesfilmdienst Hessen, Katalog, Frankfurt am Main 1982, 11. Auflage, S. 260
[19] Filmverzeichnis, Bundeszentrale für politische Bildung, Bonn 1980, S. 64
[20] Filmverzeichnis, Bundeszentrale für politische Bildung, Bonn 1980, S. 21f.
[21] Filmverzeichnis, Bundeszentrale für politische Bildung, Bonn 1980, S. 47
[22] Landesfilmdienst Hessen, Katalog, Frankfurt am Main 1982, S. 206
[23] Landesfilmdienst Hessen, Katalog, Frankfurt am Main 1982, S. 179
[24] Landesfilmdienst Hessen, Katalog, Frankfurt am Main 1982, S. 125
[25] Landesfilmdienst Hessen, Katalog, Frankfurt am Main 1982, S. 125 (mit Ergänzungen von H.-J. Markmann)
[26] Landesfilmdienst Hessen, Katalog, Frankfurt am Main 1982, S. 98
[27] Filmverzeichnis, Bundeszentrale für politische Bildung, Bonn 1980, S. 66f.
[28] Landesfilmdienst Hessen, Katalog, Frankfurt am Main 1982, S. 275
[29] Filmverzeichnis, Bundeszentrale für politische Bildung, Bonn 1980, S. 9

[30] Filmverzeichnis, Bundeszentrale für politische Bildung, Bonn 1980, S. 42

[31] Zentrale Filmografie: Politische Bildung. Hrsg. Institut Jugend Film Fernsehen, München, Bd. II: 1982; A: Katalog. Leske Verlag u. Budrich Opladen 1982, S. 179

[32] Filmverzeichnis, Bundeszentrale für politische Bildung, Bonn 1980, S. 27f.

[33] Filmverzeichnis, Bundeszentrale für politische Bildung, Bonn 1980, S. 32

[34] Filmverzeichnis, Bundeszentrale für politische Bildung, Bonn 1980, S. 23

[35] AV Katalog: FWU München 1979, S. 86f.

[36] AV Katalog: FWU München 1979, S. 90f.

[37] Michael Verhoeven/Mario Krebs: Die weiße Rose – Der Widerstand Münchner Studenten gegen Hitler – Informationen zum Film, Fischer Taschenbuch 3678, Frankfurt am Main 1982, S. 2
Michael Verhoeven/Mario Krebs: Die Weiße Rose – Drehbuch zum Film; Loeper Verlag, Karlsruhe 1982

[38] Verhoeven/Krebs: a.a.O., Informationen zum Film, S. 2

[39] Volker Baer: Begegnungen vor dem gewaltsamen Tode, in: Tagesspiegel/Feuilleton Freitag, 17. 12. 1982

[40] Landesfilmdienst Hessen, Katatalog, Frankfurt am Main 1982, 11. Auflage, S. 295

[41] Dietrich Strothmann: Die Dornen der »Weißen Rose« – Vierzig Jahre danach: Streit um einen Film-Nachspann, in: Die Zeit, Nr. 48 – 26. 11. 1982

[42] Karena Niehoff: Einige schwere Atemzüge – »Weiße Rose« – Ein Film von Michael Verhoeven, in: Tagesspiegel, 6. 11. 1982

[43] Ursula Knapp: Bundesgerichtshof empfiehlt Bewältigung von Freislers Erbe – Gesetzgeber soll für einheitliche Handhabung von Urteilen der Nazi-Justiz sorgen/Stellungnahme zum Film »Weiße Rose«, in: Frankfurter Rundschau, 18. 11. 1982

[44] Offener Brief an den Bundesjustizminister, Frankfurt am Main, 2. 11. 1982 zum 9. November, 44. Wiederkehr des Beginns des Holocaust, von Robert M. W. Kempner, fr. Chef der Ministries Division in den Nürnberger Verfahren; in: »Die Mahnung«, 1. 12. 1982

[45] Dr. med. Michael Probst: Mißbrauch der Erschütterung durch »Die Weiße Rose«, in: Frankfurter Allgemeine Zeitung, 20. 11. 1982

[46] Frankfurter Allgemeine Zeitung, 1. 11. 1982

[47] Konrad Repgen: Der neue Nachsatz: ebenso schlimm, in: Frankfurter Allgemeine Zeitung, 27. 11. 1982

[48] »Von Anfang an Unrecht« (Antrag der SPD-Fraktion an die Bundesregierung), in: Frankfurter Rundschau, 8. 12. 1982

[49] Der Fall »Weiße Rose«, in: Frankfurter Rundschau, 6. 12. 1982

V. Außerschulische und fachübergreifende Unterrichtsvorschläge

V.1 Der Besuch von Gedenkstätten

Gedenkstätten am Ort des geschichtlichen Ereignisses besitzen per se eine höhere Anschaulichkeit, größere Überzeugungskraft und stärkere Eindringlichkeit als zahlreiche andere Medien. Wo Möglichkeiten bestehen, nach entsprechender Vorbereitung und Einstimmung Gedenkstätten zu besuchen, sollten zeitökonomische Bedenken zurückstehen.

Falk Pingel, der in seinem Aufsatz »Erinnern oder vergessen?«[1] eine Übersicht über die Gedenkstätten und Anregungen für die unterrichtliche Arbeit gibt, betont mit Recht als Voraussetzung sinnvollen Umgangs mit dem Angebot einer Gedenkstätte:

»Die Erfahrungen ... haben gezeigt, daß selbst unter optimalen Rekonstruktionsbedingungen nachhaltige Kenntnisse nur dann erzielt werden, wenn der Besuch vorbereitet wird und eine sachkundige Führung die Vorinformationen vervollständigt. Selbstverständlich darf die Führung nicht zu einem Zwang werden. Die Ausstellung muß so aufgebaut sein, daß sie jeder Besucher auch ohne Begleitung besichtigen kann ... Aber ... erst durch Fragen und Antworten an der Gedenkstätte selbst können Abwehrreaktionen, wie sie immer wieder berichtet werden, aufgehoben und die Besucher zu ernsthaftem Nachdenken angeregt werden. Führungen mit ehemaligen Zeugen haben sich als besonders eindrücklich erwiesen.«[2]

Für die Bundesrepublik Deutschland und die DDR gibt es ausführliche Übersichten über die Gedenkstätten (s. Literaturverzeichnis). Kataloge, Informationsmaterialien, Monographien, Dias und Filme liegen zumeist in mehr oder weniger ausführlicher Form vor, um Vorbereitung, Durchführung und Nachbereitung des Besuches zu erleichtern.

Zwei grundsätzliche Probleme müssen allerdings genannt werden, mit denen der Lehrer rechnen muß:

A.
Pingel setzt für Gedenkstätten, die der politischen und pädagogischen Arbeit dienlich sind, drei Kriterien an: Erinnerung an die Opfer, Erzeugung von Betroffenheit und sachliche Aufklärung.

Diese berechtigten Anforderungen erfüllen allerdings in der Bundesrepublik Deutschland nur die Gedenk- und Bildungsstätte Stauffenbergstraße in Berlin West und die Gedenkstätte des ehemaligen Konzentrationslagers Dachau; in der DDR etwa Sachsenhausen und Buchenwald, in Österreich das ehemalige KZ Mauthausen und in Polen das ehemalige Vernichtungslager Auschwitz.

Will der Lehrer andere größere Gedenkstätten besuchen, die in der näheren Umgebung erreichbar sind, wird er die Defizite durch entsprechende didaktisch-methodische Maßnahmen ausgleichen müssen, soweit das möglich ist.

Zu den größeren Gedenkstätten, die das Kriterium der Information zumeist nur in begrenztem Maße erfüllen und auch in der Anschaulichkeit der Überreste mehr oder weniger unbefriedigend sind, gehören Neuengamme (Hamburg), Flossenbürg (Bayerischer Wald), Bergen-Belsen (Lüneburger Heide bei Celle).

B.
Die Konzentrationslager veranschaulichen die Leiden der Verfolgung der Widerstandskämpfer, sind aber nicht eigentlich der Ort ihrer Widerstandstätigkeit, abgesehen von entsprechenden Aktivitäten im Lager selbst. Die einzige Gruppe des Widerstandes, in der der Ort der Tätigkeit und die Gedenkstätte in anschaulicher Verbindung stehen, ist die Gedenk- und Bildungsstätte Stauffenbergstraße, Berlin. Das Oberkommando der Wehrmacht in der Bendlerstraße war das Zentrum der Verschwörung, im Hof des Bendlerblockes starben die Hauptbeteiligten durch Erschießung; im weiter entfernten Gefängnis Berlin-Plötzensee wurden zahlreiche Mitkämpfer und Anhänger des 20. Juli hingerichtet.

Die zahlreichen anderen religiösen und politischen Gruppierungen besitzen leider keine entsprechenden Gedenkstätten, die in umfassenderer Weise als die einfache Gedenktafel für die Geschwister Scholl in der Münchner Universität über die Widerstandstätigkeit an einem konkreten Ort orientieren. Es ist zu hoffen, daß mit der stärkeren Rezeption des Widerstandes in der Öffentlichkeit zumindest von seiten der Kirchen, der Parteien und Gewerkschaften diese Defizite historischer Identität geschlossen werden.

V.2 Stadtrundfahrten zu Stätten des Terrors und Widerstands

Die seit einigen Jahren zu beobachtende Auseinandersetzung mit dem Nationalsozialismus unter alltags-, sozial- und regionalgeschichtlichen Aspekten hat in der politischen Bildungsarbeit für Jugendliche und Erwachsene ihren Ausdruck in sogenannten »alternativen« oder »antifaschistischen« Stadtrundfahrten gefunden. In zahlreichen engagierten parteigebundenen oder parteiunabhängigen Gruppen entstand der Wunsch, die wenigen faßbaren Erinnerungen an Terror und Widerstand der NS-Zeit aufzuspüren, zu erforschen, zu beschreiben und durch Besichtigungsfahrten zugänglich und bekannt zu machen.

Diese lebendige Auseinandersetzung mit der Zeitgeschichte ist als Unterrichtsprojekt vor allem dort reizvoll, wo eine Gruppe von Schülern mit Hilfe von Interviews noch lebender Zeugen, Heimatmuseen und Heimatarchiven, Zeitungen der Zeit, Stadtplänen und Stadtführern, Familienfotos und anderen geeigneten Materialien selbst einen Rundgang bzw. eine Rundfahrt zusammenstellt. Das Ergebnis, ein beschreibendes Verzeichnis der Stätten, eine kleine Ausstellung oder ein Aufsatz über Heimatgeschichte, wird allerdings häufig mehr Gewinn für die Schüler als für andere haben, da leider in vielen Fällen der Krieg, die oft wenig geschichtsbewußte Aufbauphase und die Verdrängung der Zeitgeschichte viele Spuren ausgelöscht haben.

Andererseits eröffnet die nachdrückliche Erinnerung und der Hinweis auf noch vorhandene Überreste die Chance der Bewahrung durch kommunale und/oder private Engagements. Beispiele kann man unschwer der regionalen Presse entnehmen.

Ein professionelles Beispiel für Besichtigungen leistete das Informationszentrum Berlin, Gedenk- und Bildungsstätte Stauffenbergstraße mit einer Auswahl von »Stätten des Terrors und des Widerstandes 1933–1945« (1. Teil: Berlin [West]; 2. Teil: Berlin [Ost]). In kurzen Texten und zeitgenössischen Fotos aus der Gegenwart wird eine Rekonstruktion versucht, die allerdings dort ihre Grenzen findet, wo nur Kenntnisse, Einfühlungsvermögen und Vorstellungsbereitschaft die schwachen Spuren sichtbar machen dürften. Diese Leistung kann vielfach nur bei älteren interessierten Schülern oder Erwachsenen erwartet werden. Mit gut ausgewählten Quellen (Zeitungsberichte, Erinnerungen, Tagebücher unter anderem) sucht man durch Vorlesen von kurzen Texten an den entsprechenden Stationen der Rundfahrt diese Defizite zu kompensieren und die Vergangenheit zu veranschaulichen.

Da die gut dokumentierten Broschüren des Informationszentrums Berlin Impulse für ähnliche Vorhaben geben können, abschließend einige ausgewählte Beispiele:

Die Auswahl für Besichtigungen in Berlin (West) umfaßt 47, die Auswahl Berlin (Ost) 32 Stationen. Zahl und Art der Teilnehmer, die zur Verfügung stehende Zeit und die Zielvorstellungen der Veranstalter variieren natürlich die Rundfahrt. Die Auswahl kann nur ein möglichst umfangreiches Angebot sein.

Zu den zusammengestellten Stätten des Terrors und Widerstandes gehören Gedenkstätten, Gedenktafeln und Gedenksteine, Gebäude von Mietshäusern und Fabriken, Straßen, Gräber und Friedhöfe. Jede Stätte ist durch ein Foto veranschaulicht und auf einem beigegebenen Stadtplan lokalisiert.

Beispiele aus der Auswahl für Besichtigungen in Berlin (West):

(1) KZ General-Pape-Straße
Schöneberg, Kasernen in der General-Pape-Straße (Gedenktafel)
In der Reichstagsbrandnacht (27./28. Februar 1933) wurden anhand längst vorbereiteter Listen Tausende von politischen Gegnern – vor allem Funktionäre der Arbeiterbewegung und linke Intellektuelle – überfallartig gefangengenommen und in sogenannten »wilden« Konzentrationslagern eingesperrt und gequält.
In Berlin waren besonders berüchtigt das Columbia-Haus in Tempelhof – heute abgerissen – und die Keller der ehemaligen Kasernen in der General-Pape-Straße.

(11) ›Neu-Beginnen‹
Treffpunkt mit der Gruppe ›Deutsche Volksfront‹ (1936) in der Wohnung von Hermann Brill, Wilmersdorf, Karlsruher Str. 13 (Gedenktafel).

(15–24) Kommunistischer Widerstand...

(19–22) Betriebszellen
Aufgrund der starken Gefährdung der Mitglieder durch den ›Massenwiderstand‹ und die zunehmende Zahl der Verhaftungen ... begann die Kommunistische Partei ihren illegalen Apparat auszubauen und die Betriebsarbeit zu aktivieren. In allen größeren Berliner Betrieben wurden ›illegale‹ kommunistische Zellen gebildet, Betriebszeitungen herausgegeben. So z. B.:

(19) AEG, Brunnenstraße in Wedding
(20) Rheinmetall-Borsig in Tegel
(21) Eternit-Deutsche Asbest in Rudow
(22) Siemens-Schuckert-Werke AG in Siemensstadt.

V.3 Literaturhinweise

Gedenkstätten

Bundeszentrale für politische Bildung (Hrsg.): Gedenkstätten für Opfer des

Nationalsozialismus – Auf dem Gebiet der Bundesrepublik Deutschland, 2. überarbeitete Auflage, September 1981
Barbara Distel: Zum Besuch in der KZ-Gedenkstätte Dachau, in: Benno Hafeneger u. a. (Hrsg.): Dem Faschismus das Wasser abgraben, München 1981, S. 239–242
Peter Dudek: KZ-Gedenkstättenbesuche als Teil antifaschistischer Jugendarbeit, in: Die Deutsche Schule 11/1981, S. 651–655
Detlef Garbe (Hrsg.): Die vergessenen KZs? – Gedenkstätten für die Opfer des NS-Terrors in der Bundesrepublik, Lamuv Taschenbuch 26, Bornheim-Merten 1983
Werner Johe: Neuengamme – Zur Geschichte der Konzentrationslager in Hamburg, Landeszentrale für politische Bildung, Hamburg 1981 (2. Auflage)
Hans-Jochen Markmann: KZ-Gedenkstätten im Vergleich, in: SOWI (Sozialwissenschaftliche Informationen), Heft 4, 1981, S. 227f.
Hans-Jochen Markmann: Die KZ im öffentlichen Geschichtsbewußtsein der Bundesrepublik Deutschland, in: SOWI (Sozialwissenschaftliche Informationen) Heft 4, 1981, S. 201–204 und S. 226–228
Wolfgang Wippermann: Steinerne Zeugen – Stätten der Judenverfolgung in Berlin, Pädagogisches Zentrum Berlin (Hrsg.), Berlin 1982, A. Hentrich Verlag, Berlin
Stätten zum Nachdenken: »Viel Sonne gab's...«, Das KZ Flossenbürg, Wochenzeitung »Das Parlament« vom 19. 3. 83, Nr. 11

Stadtrundfahrten

Autorenkollektiv (Hrsg.): Erlebte Geschichte – Arbeiterbewegung und antifaschistischer Widerstand in Tempelhof, Paper Press Verlag, Berlin o. J. (1981?)
Holger Butt: Eine alternative Stadtrundfahrt, Nazi-Terror und Widerstand in Hamburg, Landesjugendring Hamburg 1981 (3. erw. Auflage)
Dietmar Deiters: »Man sieht Berlin hinterher mit anderen Augen« – Formen lokalhistorischer Stadterkundungen zum Faschismus in Berlin, in: GEW Berlin (Hrsg.): Wider das Vergessen – Antifaschistische Erziehung in der Schule – Erfahrungen, Projekte, Anregungen, Fischer Taschenbuch 6739, Frankfurt am Main 1981, S. 237–243
Ludwig Harig: Spurensuche (I): Saarbrücker Sightseeing, in: Journal für Geschichte 2, März 1982, S. 40–45
Eike Hennig: Zur Einschätzung verschiedener Lernfelder: Spurensicherung und Stadtrundfahrten, in: Benno Hafeneger u. a. (Hrsg.): Dem Faschismus das Wasser abgraben, München 1981, S. 135–163

Friedrich Köllmayr: Unser München – Antifaschistischer Stadtführer, Röderberg-Verlag, Frankfurt am Main 1983
Sigi Pach: Alternative Stadtrundfahrten – Das Hamburger Modell, in: Benno Hafeneger u. a. (Hrsg.): Dem Faschismus das Wasser abgraben, München 1981, S. 56–68
Gerhard Paul: Alternative Stadtrundfahrten – Beispiel Saarbrücken: in: Benno Hafeneger u. a. (Hrsg.): Dem Faschismus das Wasser abgraben, München 1981, S. 56–68
Gerhard Paul (Hrsg.): Alternative Stadtführer 1933–1945, Volkshochschule Saarbrücken/VVN, Saarbrücken 1980
Maria Paulsen (Hrsg.): Rundfahrt gegen Faschismus und Krieg – Bezirk Wilmersdorf, GEW Berlin 1981
Peter Schimbeck: Alternative Stadtrundfahrten: Nutzung des Stadtbildes für Geschichtsvermittlung. Einige Stichworte, in: SOWI (Sozialwissenschaftliche Informationen) Heft 4, 1981, S. 237f.
Klaus Strohmeyer: Spurensuche (II): Archäologie in Berlin, in: Journal für Geschichte 3, Mai 1982, S. 42–47
Karl Voß: Reiseführer für Literaturfreunde: Berlin – Vom Alex bis zum Kudamm, Ullstein Sachbuch 4069, Berlin 1980
Laura von Wimmersperg: Wilmersdorfer Hauptschüler erkunden die vergessene Geschichte ihres Bezirks, in: GEW Berlin (Hrsg.): Wider das Vergessen – Antifaschistische Erziehung in der Schule – Erfahrungen, Projekte, Anregungen, Fischer Taschenbuch 6739, Frankfurt am Main 1981, S. 243–248

Projekte

Autorenkollektiv: Unabhängiges Jugendzentrum Glocksee: Auf den Spuren der Geschichte – Ein antifaschistisches Stadtspiel, in: Benno Hafeneger u. a. (Hrsg.): Dem Faschismus das Wasser abgraben, München 1981, S. 25–39
Horst Brombacher: Ein lokales Projekt: Die Lily-Braun-Oberschule während der Zeit des Faschismus, in: GEW Berlin (Hrsg.): Wider das Vergessen – Antifaschistische Erziehung in der Schule – Erfahrungen, Projekte, Anregungen, Fischer Taschenbuch 6739, Frankfurt am Main, S. 248–252
GEW Berlin (Hrsg.): Wider das Vergessen – Antifaschistische Erziehung in der Schule – Erfahrungen, Projekte, Anregungen, Fischer Taschenbuch 6739, Frankfurt am Main 1981
Dieter Galinski u. a. (Hrsg.): Nazis und Nachbarn – Schüler erforschen den Alltag im Nationalsozialismus – Ergebnisse, Erfahrungen, Anregungen, Rowohlt Taschenbuch 7648, Hamburg 1982

V.4 Antifaschistische Literatur und Kunst

V.4.1 Antifaschistische Literatur

Eine konkrete gesamtgesellschaftliche Vorstellung des Lebens in der NS-Zeit und von den Möglichkeiten und Bedingungen von Opposition und Widerstand im Alltag kann zumeist nur die Literatur vermitteln. Auch dort, wo fachübergreifender Unterricht nicht möglich ist, sollte in Unterrichts- und Projektplanungen der zeitgenössische antifaschistische Roman oder das Drama zur Veranschaulichung einbezogen werden. Die antifaschistische Literatur ist in doppelter Weise Zeugnis des Widerstandes. Zum einen beschreibt sie häufig selbst Widerstand in Deutschland, zum anderen sind ihre Werke, die in mehr oder weniger direkter Form den Nationalsozialismus und Faschismus verurteilen, ein Beitrag zum Widerstand.

Für den Geschichtsunterricht wird man sich auf Werke beschränken, die künstlerischen und historischen Ansprüchen genügen, gleichzeitig aber nicht durch Verschlüsselungen religiöser und metaphysischer Art oder durch Verfremdung in andere geschichtliche Zeitalter das Verständnis unnötig erschweren. Das schließt die vieldeutig interpretierbaren Werke der inneren Emigration aus, ebenso aber auch manche Werke der Exilliteratur. So wird beispielsweise der Faustus-Roman von Thomas Mann dem Literaturunterricht vorbehalten bleiben müssen, da eine betont zeitgeschichtliche Interpretation des Teufelspaktes (Deutschland verbündet sich mit dem Bösen = Nationalsozialismus) das Werk trivialisieren und dem Geschichtsunterricht wenig Gewinn bringen.

Kriterien der hier getroffenen Vorschlags- und Auswahlübersicht sind also unter anderem deutlich erkennbare Faschismuskritik, ein stimmiges Deutschlandbild, exemplarische handlungsorientierte Situationen, typische Personen oder dokumentarisch faßbare Ereignisse und Orte. Werke mit satirischen Verfremdungen wie etwa der »Dreigroschenroman« (Amsterdam 1934) von Bert Brecht dürften bei aller scheinbaren Konkretheit und Einfachheit weniger das Unterrichtsthema veranschaulichen als zusätzliche didaktische Probleme aufwerfen.

Unter diesen Gesichtspunkten eignen sich Ausschnitte (oder die außerschulische Lektüre des ganzen Textes) aus Romanen von Lion Feuchtwanger »Geschwister Oppenheim«, Irmgard Keun »Nach Mitternacht«, Anna Seghers »Das siebte Kreuz« und »Transit«, Klaus Mann »Mephisto«, Willi Bredel »Die Prüfung«, Arnold Zweig »Das Beil von Wandsbek«, Theodor Plivier »Stalingrad«. Dramatische Kurzszenen, wie sie Bert Brecht mit »Furcht und Elend des Dritten Reiches« verfaßte, lassen sich besonders gut im Unterricht einsetzen.

»Furcht und Elend des Dritten Reiches«

»Furcht und Elend des Dritten Reiches« ... besteht aus 24 meist sehr kurzen Szenen aus dem sozialen und beruflichen Alltag im Dritten Reich in den Jahren 1933 bis 1938. Die Szenenfolge wird mit einem Gedicht mit dem Titel »Heerschau« eingeleitet, ebenso beginnt jede Szene mit einem gereimten Vorspruch, dann folgt eine kurze Beschreibung von Ort, Zeit und beteiligten Personen. Das Werk beruht auf Augenzeugenberichten und Zeitungsnotizen.
Zur Entscheidungshilfe für die Unterrichtsvorbereitung kann die folgende Übersichtstabelle dienen, in der die Szenen, ihre Titel, ihr Umfang in Druckseiten[3], die Zeit und der Ort aufgeführt sind.

V.4.1.1 Szenenübersicht zu »Furcht und Elend des Dritten Reiches« von B. Brecht

Nr.	Titel	Zeit	Ort	Umfang in Druckseiten
1	Volksgemeinschaft	1933	Straße in Berlin	2
2	Der Verrat	1933	Kleinbürgerwohnung in Breslau	1
3	Das Kreidekreuz	1933	Berliner Herrschaftsküche	18
4	Moorsoldaten	1934	KZ Esterwegen	4
5	Dienst am Volke	1934	KZ Oranienburg	2
6	Rechtsfindung	1934	Beratungszimmer in einem Gerichtsgebäude in Augsburg	18
7	Die Berufskrankheit	1934	Krankensaal der Charité in Berlin	3
8	Physiker	1935	Physikalisches Institut Göttingen	3
9	Die jüdische Frau	1935	Zimmer in Frankfurt	7
10	Der Spitzel	1935	Wohnung in Köln	11

Nr.	Titel	Zeit	Ort	Umfang in Druckseiten
11	Die schwarzen Schuhe	1935	Arbeiterküche in Bitterfeld	2
12	Arbeitsdienst	1935	Lüneburger Heide	2
13	Die Stunde des Arbeiters	1934	Fabrikbüro eines Werkmeisters in Leipzig	3
14	Die Kiste	1934	Arbeiterwohnung in Essen	2
15	Der Entlassene	1936	Arbeiterküche in Berlin	4
16	Winterhilfe	1937	Wohnung einer alten Frau in Karlsruhe	2
17	Zwei Bäcker	1936	Gefängnishof in Landsberg	1
18	Der Bauer füttert die Sau	1937	Bauernhof in Aichach	1
19	Der alte Kämpfer	1938	Platz mit kleinen Läden in Calw	4
20	Die Bergpredigt	1937	Wohnküche eines Fischers in Lübeck	2
21	Das Mahnwort	1937	Raum der Hitlerjugend in Chemnitz	2
22	In den Kasernen wird die Beschießung von Almeria bekannt	1937	Gang einer Kaserne in Berlin	2
23	Arbeitsbeschaffung	1937	Wohnung in Spandau	4
24	Volksbefragung	1938	Arbeiterwohnung in Berlin	2

V.4.2 Unterrichtsmodelle zur antifaschistischen Literatur

Zunehmend setzt sich nicht nur in theoretischen Überlegungen, sondern auch in praktischen Unterrichtsvorschlägen die Erkenntnis durch, daß die historische Dimension dort stärkere Anschaulichkeit und emotionale Qualität gewinnt, wo die Ästhetik der Literatur und Kunst ihren spezifischen Erkenntnisbeitrag leisten darf. So nennt etwa Peter Weiss (1916–1982) seine umfangreiche Romantrilogie, eine fiktiv-biographische Auseinandersetzung mit dem Nationalsozialismus, bezeichnenderweise »Ästhetik des Widerstands« (1975/1978/1981).

Unterrichtsmodelle, die nicht literaturgeschichtliche Gesichtspunkte betonen, sondern die Erweiterung des geschichtlichen Verständnisses durch zeitgenössische Literatur und Kunst anstreben, sind selten. Der bereits an anderer Stelle politisch eingeordnete Röderberg Verlag veröffentlichte in seiner Reihe »Demokratische Lehrinhalte« Beiträge über antifaschistische Literatur im Unterricht[4], die in zwei Aufsätzen allerdings Werke aufnehmen, die im engeren Sinne nicht mehr als zeitgenössisch gelten können:

1. B. Keller: Die Auseinandersetzung mit dem Nationalsozialismus im Drama – Vergleichende Analyse von Zuckmayers »Des Teufels General« und Brechts »Arturo Ui«
2. R. Jaretzky/H. Taubold: Die Faschismusbewältigung in Exilromanen von A. Seghers, L. Feuchtwanger und Ö. v. Horváth – Interpretation und Unterrichtsvorschlag (Seghers, Das siebte Kreuz; Feuchtwanger, Die Geschwister Oppermann; Horváth, Ein Kind unserer Zeit)
3. G. Grosche: Antifaschismus in Bestsellern – Unterrichtseinheit über Johannes Mario Simmels Roman »Alle Menschen werden Brüder«
4. F. Starke: Zwei Beispiele antifaschistischer Literatur für den Unterricht – E. Langgässers »Saisonbeginn« und L. Ossowskis »Stern ohne Himmel«

Außer Jaretzky sind die Autoren Lehrer, die in Bremen bzw. Hamburg arbeiten. Ihre Unterrichtserfahrungen werden in den konkreten Vorschlägen und anregenden didaktisch-methodischen Empfehlungen deutlich. Für das Thema deutscher Widerstand interessieren besonders die Darlegungen über »Des Teufels General« (1942/1943), »Das siebte Kreuz« (1937–1939), »Die Geschwister Oppermann« (1933).

Die Veröffentlichung des Röderberg Verlages über Filme, Satiren und Jugendbücher im antifaschistischen Unterricht[5] erschien ebenfalls in der Reihe »Demokratische Lehrinhalte«. In vier Beiträgen werden Unterrichtsvorschläge und kommentierte Medienlisten zusammengestellt:

1. G. Marsen: Selbsttätigkeit und Emotionalität im antifaschistischen Unterricht
2. U. Naumann: Antifaschistische Satiren und Witze – Erfahrungen mit einer Unterrichtseinheit in einer 11. Klasse
3. D. Joachim: Filme für die antifaschistische Arbeit (ca. 100)
4. D. Bongartz: Empfehlenswerte antifaschistische Kinder- und Jugendbücher (30)

Im Mittelpunkt der Publikation steht der Unterrichtsvorschlag Naumanns, der sich um eine »Einbürgerung« der erst seit 1970 stärker von der Fachwissenschaft beachteten Exilliteratur in die Schule bemüht. Unter anderem sprechen auch didaktisch-methodische Gründe für die Einbeziehung von Kunst und Literatur in den Geschichtsunterricht im allgemeinen und der antifaschistischen

Exilliteratur im besonderen. Naumann formuliert diese Auffassung in einer These, die zusammenfaßt, was bereits mehrfach angesprochen wurde:

»Weil Literatur, Film, Theater und Bildende Kunst Wirklichkeit in einer spezifischen Weise vermitteln und nachvollziehbar machen und durch eine besondere Einheit von rationalen und affektiven Momenten nachhaltig wirken, sollte schulische wie außerschulische Bildungsarbeit sich dieser Möglichkeit verstärkt bedienen. Gerade Literatur als eine subjektiv gebrochene, ästhetisch geformte Widerspiegelung und Kondensierung historischer Erfahrung vermittelt gesellschaftliche und individuelle Wirklichkeit dem Leser auf einer nur ihr eigenen konkret-anschaulichen Ebene, die spezielle Wirkungsdimensionen eröffnet und Impulse zum Denken, Fühlen, Handeln und Verhalten impliziert.«[6]

Die von Peter Weiss in Schweden in den Jahren 1971 bis 1980 geschriebene Romantrilogie »Die Ästhetik des Widerstands« ist ein faszinierender Versuch, unter historischen, literarischen, künstlerischen und politischen Aspekten die Geschichte der Arbeiterbewegung und des antifaschistischen Widerstands in einer fiktiven Autobiographie zu rezipieren und kritisch zu reflektieren. Ob dieses anspruchsvolle und umfangreiche Werk einen Platz im Literatur- und Geschichtsunterricht finden kann, ist ein didaktisches und methodisches Problem, das hier nicht diskutiert werden kann. Im Interesse eines überfachlichen und fachverbindenden Curriculums ist diese ästhetisch-politische Integrationsleistung des Schriftstellers Weiss gewiß ein Gewinn für das Verständnis des Kampfes gegen den Nationalsozialismus und Faschismus. Der Studienrat Rainer Kawa aus Dortmund hat einen ersten anregenden Unterrichtsvorschlag zur Arbeit mit der »Ästhetik des Widerstands« im Unterricht vorgelegt[7], dessen praktische Erprobung allerdings noch aussteht. Aus einsichtigen unterrichtspraktischen Gründen beschränkt sich Kawa in seiner Textauswahl auf die ersten sieben Blöcke des ersten Bandes (S. 7 bis 96). Der dritte Block bezieht sich auch im engeren Sinne auf das Thema Widerstand: »Die Auswirkungen der Spaltung der Arbeiterbewegung auf die Widerstandsmöglichkeiten im Faschismus« (AS 75, S. 177).

Im Band 2 (S. 163–168) findet sich ein anschaulicher Text über die Auswirkungen des Nichtangriffspaktes zwischen der SU und Deutschland auf den antifaschistischen Kampf der Arbeiter:

»Der alte Polier, der sie sonst immer freundlich empfangen hatte, stand schweigend da ... Ein paar junge Arbeiter griffen schon zu Steinen. Nazikommunist rief einer ihr zu ... Gestern hatte die Parteizeitung den Abschluß des Nichtangriffspakts ... als einen Sieg der sowjetischen Diplomatie bezeichnet ...

Ließ sich in dem Pakt auch immer noch ein letztes Mittel erkennen, um eine Allianz mit den Westmächten zu erzwingen, so waren doch keine Argumente zu finden für die Freundschaftsbezeugungen gegenüber dem Deutschen Reich. Mit den Faschisten habt ihr euch verbündet, rief einer der Versammelten am Bau Bischoff zu und wies auf ein Zeitungsbild, das die Bevollmächtigten beim Trinkspruch während des Festbanketts in Moskau zeigte.«[8]

Die von Kawa entsprechend der Struktur der Romantrilogie gewählte Reduktion auf bestimmte sinnverbundene Textblöcke dürfte ein exemplarischer Ansatz sein, um weitere Überlegungen für die Unterrichtspraxis anzuregen.

Unabhängig von intensiveren geschichts- und literaturdidaktischen Überlegungen eignen sich bestimmte Texte aus dem Romanwerk durch ihre sprachliche Fassung historischer Vorgänge um den deutschen Widerstand zum Vorlesen. So zum Beispiel die erschütternde Schilderung des Martyriums der Widerstandskämpfer und ihrer Hinrichtung im Band 3 (S. 210–220).

V.4.2.1 Deutsche Exil-Romane aus der Zeit des Nationalsozialismus 1933–1945

1. Thema: Konzentrationslager

Autor	Titel	Inhalt	bibliographische Hinweise
Willi Bredel (1901–1964)	Die Prüfung Roman aus einem Konzentrations-lager	Widerstand im KZ Fuhlsbüttel 1933/34	1. Auflage 1934 im Malik-Verlag London Aufbau-Verlag Berlin 1946
Wolfgang Langhoff (1901–1966)	Die Moorsoldaten 13 Monate Konzentrationslager	Künstlerisch gestalteter autobiographischer Tatsachenbericht über das KZ Börgermoor und KZ Lichtenburg 1933/34	1. Auflage 1935 Aufbau Verlag Berlin 1947
Anna Seghers (1900–1983)	Das siebte Kreuz	fiktives KZ im Jahr 1937 (Vorbild u. a. Fuhlsbüttel), Geschichte einer Flucht	1. Auflage 1942 Sammlung Luchterhand 108 Darmstadt 1976

2. Thema: Widerstand

Autor	Titel	Inhalt	bibliographische Hinweise
Willi Bredel (1901–1964)	Dein unbekannter Bruder	Kommunistischer Widerstand um 1934/35 in Hamburg	1. Auflage 1937
Eduard Claudius (1911)	Salz der Erde	Darstellung des Beginns der nationalsozialistischen Herrschaft 1931/33 im Ruhrgebiet und des kommunist. Widerstandes	1. Auflage 1942 abgeschlossen; 1948 veröffentlicht; Aufbau-Verlag, Berlin 1951
Klaus Mann	Flucht in den Norden	Geschichte einer jungen Kommunistin, die aus Deutschland nach Finnland geflüchtet ist, dort eine leidenschaftliche Liebe erlebt, und schließlich wieder den politischen Kampf aufnimmt.	1. Auflage 1934 Rowohlt Taschenbuch 4858 Hamburg 1981
Alfred Neumann (1895–1952)	Es waren ihrer sechs	Vorbild des Romans ist die Widerstandsgruppe »Die Weiße Rose« 1943/44	1. Auflage 1944 Carl Habel Berlin 1947 Verlag der Nation Berlin 1980
Anna Seghers (1900–1983)	Der Weg durch den Februar	Aufstand österreichischer Arbeiter im Februar 1934 gegen das Dollfuß-Regime	1. Auflage 1935 Sammlung Luchterhand 318 Darmstadt 1980
Franz C. Weiss-kopf (1900–1955)	Lissy oder die Versuchung	Roman über Berlin in den Jahren 1931–1933 am Beispiel der Kassiererin Lissy Schröder, die von der KPD beeinflußt ist und ihrem Ehemann Alfred Frohmeyer, der Nationalsozialist wird	1. Auflage 1937 unter dem Titel »Die Versuchung« Dietz-Verlag Berlin 1955

Autor	Titel	Inhalt	bibliographische Hinweise
Friedrich Wolf (1888–1953)	Zwei an der Grenze	Widerstand der KPD und KPC an der deutsch-tschechoslowakischen Grenze nach 1933	1. Auflage 1938
Paul Zech (1881–1946)	Deutschland, dein Tänzer ist der Tod	Am Beispiel des kommunistischen Widerstandes wird auf dokumentarischer und fiktiver Grundlage für eine antifaschistische Volksfront geworben	1. Auflage 1933/37 Ein Tatsachenroman Röderberg Verlag Frankfurt am Main 1981

3. Thema: Der spanische Bürgerkrieg

Autor	Titel	Inhalt	bibliographische Hinweise
Eduard Claudius (1900)	Grüne Oliven und nackte Berge	Kampf der Internationalen Brigaden im spanischen Bürgerkrieg 1936/1938	1. Auflage 1945 Aufbau Verlag Berlin 1947
Hermann Kesten (1900)	Die Kinder von Gernika	Erster antifaschistischer Roman über den Spanienkrieg, in dessen Mittelpunkt die Bombardierung Guernicas am 26. 4. 1937 steht	1. Auflage 1939 Ullstein Werksausgabe 37103 Berlin 1981
Gustav Regler (1898–1963)	Das große Beispiel Roman einer internationalen Brigade	Autobiographischer Roman über Reglers Erlebnisse im spanischen Bürgerkrieg	1. Auflage 1940 Kiepenheuer und Witsch Köln 1976

Autor	Titel	Inhalt	bibliographische Hinweise
Bodo Uhse (1904–1963)	Leutnant Bertram	Die Handlung des Romans umfaßt etwa die Zeit von 1935–1937 und schildert im ersten Teil die Offiziersgruppe eines Flugzeuggeschwaders, im zweiten Teil Widerstandskämpfer in Spanien	1. Auflage 1944 Aufbau Verlag Berlin 1955

4. Thema: Alltag in Deutschland

Autor	Titel	Inhalt	bibliographische Hinweise
Lion Feuchtwanger (1884–1958)	Erfolg – Drei Jahre Geschichte einer Provinz	Querschnitt durch die gesellschaftlichen Zustände Bayerns zwischen 1921 bis 1924	1. Auflage 1930 Langen Müller München 1980
Lion Feuchtwanger	Die Geschwister Oppermann	Schicksal einer jüdischen Berliner Familie 1932/1933	1. Auflage 1933 Fischer Taschenbuch 2291 Frankfurt am Main 1981
Oskar Maria Graf (1894–1967)	Anton Sittinger	Leben eines typischen Mitläufers und seiner Frau in der Zeit der Weimarer Republik und während der ersten Jahre des Nationalsozialismus	1. Auflage 1937 dtv 1758 München 1982
Ödön v. Horvath (1901–1938)	Jugend ohne Gott	Schicksal eines Lehrers, der in einem faschistischen Staat durch seine Schüler in einen Mordfall verwikkelt ist	1. Auflage 1938 Suhrkamp Taschenbuch 17 Frankfurt am Main 1982

Autor	Titel	Inhalt	bibliographische Hinweise
Irmgard Keun (1910–1982)	Nach Mitternacht	Erlebnisse der Erzählerin im nationalsozialistischen Deutschland bis zur Emigration nach Rotterdam	1. Auflage 1937 Bastei Lübbe Taschenbuch 12129 Bergisch Gladbach 1981
Heinz Liepman (1905–1966)	Das Vaterland Ein Tatsachenroman aus Deutschland	Der Erzähler kehrt acht Wochen nach der Machtübernahme durch die Nazis von einer Seereise zurück und beschreibt die Veränderung in Deutschland	1. Auflage 1934 Bibliothek der verbrannten Bücher Fischer Taschenbuch 5170 Frankfurt am Main 1981
Klaus Mann (1906–1949)	Mephisto-Roman einer Karriere	An der Gestalt des Schauspielers Höfgen, der sich mit dem NS-Regime arrangiert, werden die Zustände in Deutschland in den ersten Jahren nach 1933 deutlich gemacht	1. Auflage 1936 Rowohlt Taschenbuch Hamburg 1981
Walter Mehring (1896–1981)	Müller – Chronik einer deutschen Sippe	Der Parteigenosse Arminius Müller sucht in der Chronik seiner Sippe nach Belegen für sein Ariertum	1. Auflage 1934 Claassen Verlag Düsseldorf 1978
Jan Petersen (1906–1969)	Unsere Straße – Chronik	Bericht über eine Berliner Straße und ihre Menschen 1933/1934	1. Auflage 1936 Damnitz Verlag München 1978
Jan Petersen (1906–1969)	Zur Sache Baumann und andere	Beschreibung eines Gestapo-Prozesses und seiner Brutalitäten (ausgelöst durch eine Denunziation auf Grund tatsächlicher Vorkommnisse)	1. Auflage 1939 Dietz Verlag Berlin 1948

Autor	Titel	Inhalt	bibliographische Hinweise
Adam Scharrer (1889–1948)	Maulwürfe Ein deutscher Bauernroman	Darstellung der sozialen Verhältnisse und Kämpfe auf dem Lande in Deutschland von 1900–1933	1. Auflage 1933 Aufbau-Verlag Berlin 1945
Anna Seghers (1900–1983)	Der Kopflohn Roman aus einem deutschen Dorf im Spätsommer 1932	Beschreibung der Zeit vor der NS-Machtergreifung auf dem Dorf am Schicksal eines jungen Arbeiters, der nach Tötung eines Polizisten in das Dorf geflüchtet ist.	1. Auflage 1933 Sammlung Luchterhand 234 Darmstadt 1976
Anna Seghers (1900–1983)	Die Toten bleiben jung Band 1 und 2	Darstellung des Deutschlands der Weimarer Republik und des Dritten Reiches (1918–1945)	1. Auflage 1949 Sammlung Luchterhand 304/305 Darmstadt 1980
Anna Seghers (1900–1983	Die Rettung	Roman um die Machtergreifung der Nationalsozialisten in den Jahren 1929–1933 am Beispiel einer Bergwerkskatastrophe in Oberschlesien	1. Auflage 1937 Sammlung Luchterhand 395 Darmstadt 1982
Lisa Tetzner (1894–1963)	Erlebnisse und Abenteuer der Kinder aus Nr. 67 – Odyssee einer Jugend		1. Auflage 1933/49 9 Bände
Ernst Weiss (1882–1940)	Ich – der Augenzeuge –	Bericht eines jüdischen Arztes, der im Lazarett die hysterische Blindheit Adolf Hitlers behandelt und heilt	1939 abgeschlossen; 1. Auflage 1963 Heyne Verlag München 1977

Autor	Titel	Inhalt	bibliographische Hinweise
Friedrich Wolf (1888–1953)	Die Unverlorenen – 2 Romane I. Der Russenpelz (1942) II. Heimkehr der Söhne (1944)	Verhältnisse in Deutschland während des 2. Weltkrieges	1. Auflage 1942/44 Aufbau-Verlag Berlin 1951
Arnold Zweig (1887–1968)	Das Beil von Wandsbek	Schicksal des Wandsbeker Schlächtermeister Albert Teetjen, der im Sommer 1937 Henker wird, um seinen geschäftlichen Ruin aufzuhalten	1943 hebr., 1947 dt. Fischer Taschenbuch 2096 Frankfurt am Main 1982

5. Thema: Leben im Exil

Autor	Titel	Inhalt	bibliographische Hinweise
Lion Feuchtwanger (1884–1958)	Exil 3. Teil der Wartesaal-Trilogie: 1. Teil: Erfolg (1930) 2. Teil: Geschwister Oppermann (1933)	Emigrantenleben in Paris 1935/1936	1. Auflage 1940 Fischer Taschenbuch 2128 Frankfurt am Main 1979
Klaus Mann (1906–1949)	Der Vulkan Roman unter Emigranten	Darstellung der intellektuellen Emigration, ihrer Leiden und Schwächen im Exil	1. Auflage 1939 Rowohlt Taschenbuch 4842 Hamburg 1981
Konrad Merz (1908)	Ein Mensch fällt aus Deutschland Anhang: Aus dem Tagebuch eines Berliner Studenten	Autobiographische Beschreibung des ersten Jahres im Exil	1. Auflage 1936 Bibliothek der verbrannten Bücher Fischer Taschenbuch 5172 Frankfurt am Main 1981

Autor	Titel	Inhalt	bibliographische Hinweise
Anna Seghers (1900–1983)	Transit	Kampf der Emigranten in Marseille 1940 um ein Visum zur Flucht aus Europa	1. dt. Aufl. 1948 Sammlung Luchterhand 263 Darmstadt 1981

6. Thema: Der 2. Weltkrieg

Autor	Titel	Inhalt	bibliographische Hinweise
Theodor Plivier (1892–1955)	Stalingrad 1. Teil einer Trilogie: 2. Teil: Moskau (1952) 3. Teil: Berlin (1954)	Beschreibung der Schlacht von Stalingrad auf Grund autobiographischer und dokumentarischer Unterlagen	1. Auflage 1945 Ullstein Taschenbuch 345/346 Berlin 1961
Franz C. Weisskopf (1900–1955)	Himmelfahrtskommando	Erlebnisse des deutschen Soldaten Hans Holler im 2. Weltkrieg, die er in sowjetischer Kriegsgefangenschaft der Krankenschwester diktiert	1. Aufl. engl. 1944 Dietz-Verlag Berlin 1952

V.4.3 Antifaschistische Kunst

V.4.3.1 Kunst im Widerstand im Unterricht

»Kommt, seht das Blut in den Straßen,
kommt, seht das Blut in den Straßen,
kommt, seht doch das Blut
in den Straßen![9]

Pablo Neruda

Das Vermächtnis der deutschen Kunst im Widerstand verdient im Unterricht nicht nur bei fachübergreifenden Planungen einen angemessenen Platz. Diese Forderung wäre auch historisch-politisch zu rechtfertigen, da zahlreiche Künstler durch ihre Werke, ihre Leiden und Kämpfe in der Zeit des Nationalsozialismus einen eindrucksvollen Beitrag zur Geschichte des deutschen Widerstands leisteten. An dieser Stelle interessiert aber vor allem die fachdidaktische Bedeutung der antifaschistischen Kunstwerke für eine lebendige und anschauliche Unterrichtsgestaltung. Gerade Schüler, die durch verbale Medien schwerer erreicht werden, können in manchen Fällen durch Zeichnungen und Gemälde unmittelbarer angesprochen werden.

Ernst Niekisch (1889–1967), Publizist und Widerstandskämpfer, bemerkte in seinem Vorwort zu dem Buch »Kunst im Widerstand – Malerei, Graphik, Plastik 1922–1945«[10] über die erzieherische Funktion der antifaschistischen Kunst:

»Am Kunstwerk solcher Art entzünden sich die Kräfte des Widerstands gegen die bedrückende Wirklichkeit. Die Menschen, denen es im Angesicht des Kunstwerks wie Schuppen von den Augen fällt, fangen an, sich gegen das Böse zu wehren. Das Kunstwerk wird zum Born, aus dem Kräfte des Widerstands geschöpft werden. In all seiner Schweigsamkeit wird das Kunstwerk so zu einer Macht des Widerstands.«

Die Geschichte der Kunst des Widerstands ist eine Geschichte der Repressionen. Namhafte Künstler wurden Opfer der Verfolgung, der Verhaftung und der Arbeits- und Ausstellungsverbote: Ernst Barlach (1870–1938), Max Beckmann (1884–1950), Otto Dix (1891–1969), Hans Grundig (1901–1958), Lea Grundig (1906–1977), John Heartfield (1891–1968), Karl Hofer (1878–1956), Käthe Kollwitz (1867–1945), Otto Pankok (1893–1966) und viele andere. Zahlreiche Arbeiten sind durch den nationalsozialistischen Staat, durch den Krieg, Emigration und Verfolgung vernichtet worden. Für die kunstgeschichtliche Würdigung mögen dadurch schmerzliche Lücken entstanden sein. Der aus zeitökonomischen und situativen Gründen zum exemplarischen Vorgehen gehaltene Lehrer findet für wesentliche Aspekte geeignete Graphiken und Gemälde in großer Zahl. Zudem haben in den letzten Jahren umfangreiche Ausstellungen über die deutsche Kunst im Widerstand stattgefunden. Über viele antifaschistische Künstler gibt es Kataloge und Monographien. Somit stehen für die Unterrichtsplanung genügend Reproduktionen zur Verfügung, unter denen der Lehrer auswählen kann. Den unten folgenden Literaturhinweisen können entsprechende Angaben entnommen werden.

Einige Vorschläge mit kurzen Erläuterungen sollen die Entscheidungsfindung des Lehrers erleichtern. Ausgewählt wurden Beispiele für möglichst unterschiedliche historisch-politische Aspekte und unterschiedliche künstlerische Techniken. Die vollständigen bibliographischen Angaben zu den einzelnen Werken finden sich ebenfalls in dem unten folgenden Literaturverzeichnis.

- *Richard Ziegler:* Führer sehen Dich an
  R. Ziegler, geboren 1891, emigrierte 1933. Er schuf bedeutende graphische Folgen und Gemälde. In einem Heft aus dem Jahre 1975 sind Porträts der nationalsozialistischen Führung zusammengestellt, die Ziegler 1934 auf der Insel Korĉula sich »von der Seele gezeichnet« hat[11]. 1940 wurde eine Reihe von ihnen unter dem Titel »We make History« in zahlreichen europäischen Ländern veröffentlicht.
  Im Vorwort bemerkt der Herausgeber Georg Heintz über die zeichnerischen und karikaturistischen Leistungen des Exilkünstlers: »Da ... die kritische Distanz zu den ehemaligen NS-›Größen‹ im visuellen Bereich viel schwieriger herzustellen ist, dürften die ›Porträts‹ von Richard Ziegler auch bei denen noch einen leichten Schock auslösen, die sich inzwischen lediglich gedanklich-verbal zu Gegnern des NS-Regimes gewandelt haben. Zu tief scheinen sich die Konturen der zu mythischen Heroen emporstilisierten NS-›Führer‹ in das Unterbewußtsein der Zeitgenossen eingegraben zu haben; wie sonst wäre es zu verstehen, daß sich derzeit allenthalben pseudowissenschaftliche Dokumentationen mit entsprechendem Bild-Material über das ›Dritte Reich‹ nachgerade einer gewissen Beliebtheit erfreuen?« Für den Unterricht bietet der Vergleich der offiziellen Propagandafotos der NS-Führung mit den entlarvenden, aber keineswegs überzeichneten Porträts Zieglers, Motivation und kritische Erkenntnis zugleich. Zur Ergänzung dieses Themas könnten auch »Porträts« anderer Künstler, etwa Paul Klee: Hitler (Ein Stammtischler), Federzeichnung[12], oder John Heartfield: »Adolf, der Übermensch«[13], herangezogen werden.

- *A. Paul Weber:* Hitler ein deutsches Verhängnis – 1932
  Im Widerstandsverlag erschien bereits 1932 von Ernst Niekisch die schmale Broschüre »Hitler – ein deutsches Verhängnis« als eine frühe Warnung vor dem Nationalsozialismus. A. Paul Weber illustrierte den Titel der Publikation mit einem Tod als NSDAP-Mann in Uniform. Vor dem 30. 1. 1933 fand das Heft noch in 50000 Exemplaren Verbreitung.
  A. Paul Weber schuf als eindrucksvollste Illustration des Textes die Federzeichnung »Das Verhängnis«. In den Sarg mit dem Hakenkreuz stürzen die Menschenmassen mit fliegenden Fahnen, nachdem sie einen Hügel

gestürmt haben, der aus der Grube entstanden ist, aber den Blick auf den Sarg bis zum letzten Moment verwehrt.

Die prophetischen Federzeichnungen mit dem Text Niekischs eignen sich besonders für die Quellenarbeit oder ein Schülerreferat, da die Schrift als Reprint[14] sehr preiswert vorliegt.

o *Lea Grundig:* Zyklen von Radierungen und Zeichnungen

Lea Grundigs umfangreiches Werk besteht unter anderem aus großen graphischen Zyklen, die in der Zeit des Nationalsozialismus und kurz danach entstanden sind. Sie sucht in ihren Bildern nach einer anschaulichen Verbindung von Einzelschicksal und politischen Ereignissen der Zeit.

Die Lebensdaten der Künstlerin spiegeln diesen engen Zusammenhang wider:

1922/23	Studium an der Akademie der bildenden Künste Dresden
1926	Eintritt in die KPD
	Heirat mit Hans Grundig
1938	Verhaftung; Gefängnis bis Ende 1939
1940	Emigration nach Palästina
1949	Rückkehr nach Dresden; Professur für bildende Künste
1957	Tod von Hans Grundig
1977	Tod Lea Grundigs

Die Radierungen und Zeichnungen eignen sich in ihrer eindringlichen thematischen Gestaltung und realistischen Form ausgezeichnet für den Unterricht. Um eine Übersicht über den Umfang der Themen und ihre Zeitbezüge zu ermöglichen, werden die Arbeiten vollständig aufgeführt, die den Alltag und Widerstand in der Zeit des Nationalsozialismus betreffen. Im Unterricht können mit Rücksicht auf den jeweiligen gesamten Zyklus die geeigneten und zugänglichen Reproduktionen entsprechend der Lernsituation ausgewählt werden. Im anschließenden Literaturverzeichnis finden sich Hinweise auf Monographien und Kataloge, in denen die Zyklen in Teilen oder vollständig wiedergegeben sind.

V.4.3.2 Bilderzyklen

Lea Grundigs Zyklen über Verfolgung, Alltag und Widerstand im Nationalsozialismus

- o Frauenleben
- o Unterm Hakenkreuz
- o Der Jude ist schuld
- o Krieg droht!
- o Antifaschistische Fibel
- o Im Tal des Todes
- o Ghetto
- o Ghettoaufstand

FRAUENLEBEN

Folge von 12 Radierungen, entstanden 1933–1935

Bl. 1 Arbeiterfrau
Bl. 2 Die Küche
Bl. 3 Die Waschküche
Bl. 4 Das Ehebett
Bl. 5 Schwangere, I
Bl. 6 Schwangere, II
Bl. 7 Schwangere, III
Bl. 8 Mutter und Kind
Bl. 9 Frühling in der Stadt
Bl. 10 Mutter mit krankem Kind im Wartezimmer
Bl. 11 Das sterbende Kind
Bl. 12 Kinderspielplatz bei Nacht

UNTERM HAKENKREUZ

Zyklus von 20 Radierungen, entstanden 1933–1937

Bl. 1 Der Sturm beginnt
Bl. 2 Diskussion auf der Straße
Bl. 3 Winterhilfe
Bl. 4 Kinder spielen Erschießen
Bl. 5 Kleiner Knabe, gezeichnet 1934, gefallen vor Stalingrad

Bl. 6 Die Wände haben Ohren
Bl. 7 Das Flüstern
Bl. 8 Der Gejagte
Bl. 9 Die Gleichgültigen
Bl. 10 Gestapo im Haus
Bl. 11 Verhör
Bl. 12 Gefangene Schläfer
Bl. 13 Im Bunker
Bl. 14 Gefangen
Bl. 15 Christel Beham, ermordet im KZ Buchenwald
Bl. 16 Illegal
Bl. 17 Deutschland 1936
Bl. 18 Todesurteile
Bl. 19 Trauer
Bl. 20 Er wird sich befreien

DER JUDE IST SCHULD

Zyklus von 7 Radierungen, entstanden 1935–1938

Bl. 1 Judengasse in Berlin
Bl. 2 Das jüdische Begräbnis
Bl. 3 Der Watschenmann
Bl. 4 Rassenhaß: Stürmer-Masken
Bl. 5 Pogrom
Bl. 6 Knieender Gefangener
Bl. 7 Der Schrei

KRIEG DROHT!

Folge von 12 Radierungen, entstanden 1935–1937

Bl. 1 Krieg droht!
Bl. 2 Angst
Bl. 3 Gasmasken
Bl. 4 Hitler bedeutet Krieg
Bl. 5 Mütter, Krieg droht!
Bl. 6 Die Kinder
Bl. 7 Der Tank
Bl. 8 Flüchtende Mutter

Bl. 9 Kanonen
Bl. 10 Untergang
Bl. 11 So wird es sein, I
Bl. 12 So wird es sein, II

ANTIFASCHISTISCHE FIBEL

Zyklus von 15 Zeichnungen, entstanden 1941

Bl. 1 Unterm Hakenkreuz
Bl. 2 Propaganda, I
Bl. 3 Propaganda, II
Bl. 4 Generationen
Bl. 5 Aufrüstung
Bl. 6 Deutsche Mütter
Bl. 7 Das Spielzeug
Bl. 8 Kanonenfutter
Bl. 9 Das deutsche Kind
Bl. 10 In die Keller
Bl. 11 Der deutsche Soldat
Bl. 12 Frauen im Krieg
Bl. 13 Die Befreiten
Bl. 14 Die Fußstapfen
Bl. 15 Es ist nicht mehr abzuwenden

IM TAL DES TODES

Zyklus von 15 Zeichnungen, entstanden 1942–1943

Bl. 1 Verflucht seien die Gleichgültigen
Bl. 2 Flüchtlinge
Bl. 3 Weil sie Juden sind
Bl. 4 Im Todeszug
Bl. 5 Bluthunde
Bl. 6 Helft
Bl. 7 Die Mütter
Bl. 8 Befehl der Deutschen in Polen: Es sind alle Kinder zwischen ein und zwölf Jahren auszuliefern
Bl. 9 Treblinka
Bl. 10 In den Abgrund

Bl. 11 Hoffnungslos
Bl. 12 Öffnet!
Bl. 13 Das Ungeheuer
Bl. 14 Partisanen
Bl. 15 Ewige Schande

GHETTO

Zyklus von 7 Zeichnungen, entstanden 1946–1948

Bl. 1 Flüchtlinge
Bl. 2 Der Sammelpunkt vor dem Abtransport ins Ghetto
Bl. 3 Hunger im Ghetto, I
Bl. 4 Hunger im Ghetto, II
Bl. 5 Der Spaßmacher
Bl. 6 Die Kommandeuse
Bl. 7 Bombenwerfendes Kind

GHETTOAUFSTAND

Zyklus von 4 Zeichnungen, enstanden 1946–1948

Bl. 1 Die Lage im Ghetto
Bl. 2 Aufstand
Bl. 3 Widerstand und Untergang
Bl. 4 Requiem

In weiteren Zyklen beschäftigt sich die jüdische Künstlerin mit ihrem Schicksal als Emigrantin, die hier nur als Titel genannt seien:

Auf der Flucht 1940–1942
Groteske aus Athlit
Im Kibbuz 1942–1947

V.4.3.3 1933–1945 verfemte Kunst in den Museen

»Im Frühjahr 1933 stellte ich in Essen im Folkwang-Museum aus. Nach dem entscheidenden Wahlsonntag bekam ich eine Postkarte: ›Ihre Bilder wurden zum Schutze des Volkes abgehängt.‹ Der politische Terror im Bereich der Kunst begann. Ein Volk vernichtete seine zeitgemäße Kunst und vertrieb die Künstler. Ich verschwand aus der Öffentlichkeit, wie die Bilder, die schon in musealem Besitz waren... Wer glaubt, ich hätte nun (nach 1945) ausstellen können, irrt.. Der kulturelle Kahlschlag, den das Dritte Reich veranstaltet hat, ist heute noch nicht überwachsen. Die allgemeine Urteilslosigkeit in Dingen der Kunst gehört zu den Folgen.«[15]

Die zahlreichen Museen in der Bundesrepublik Deutschland, der DDR und den europäischen Nachbarländern mit ihren oft umfangreichen Beständen ermöglichen in allen Bundesländern die Begegnung mit Gemälden und Graphiken ehemals verbotener, sogenannter »entarteter Kunst«.

Die nationalsozialistische Kunstpolitik diskriminierte bei aller Inkonsequenz in einzelnen Fällen vor allem folgende Künstler:

- jüdische Künstler;
- farbige Künstler;
- Künstler, deren sozialkritische, antifaschistische, antimilitaristische und erotische Thematik den Nationalsozialismus direkt oder indirekt in Frage stellte;
- Künstler, deren formale Mittel der völkischen Kunstauffassung widersprachen (Expressionismus, Kubismus, phantastischer Realismus, Fauvismus unter anderem).

Für aus rassistischen, thematischen und formalen Gründen verfemte Kunstwerke lassen sich unschwer in vielen Museen Beispiele finden. Die weiter unten folgende Übersicht kann nur einige Anregungen geben, an welchen Orten einzelne Werke oder Werksammlungen zu finden sind, die dem Schüler einen Eindruck von der Verfolgung von Künstlern in der NS-Zeit vermitteln. Die Tabelle gliedert sich entsprechend den dargestellten Absichten nach folgenden Kategorien:

- Name der Stadt,
- Bezeichnung des Museums,
- Name und Lebensdaten des Künstlers,
- Titel des Werks und Jahr der Entstehung,
- historisch-politischer Bezug.

Auf den Verweis von Literatur zu den einzelnen Künstlern und ihren Werken konnte hier verzichtet werden, da die Museen zumeist in Katalogen oder Erläuterungsblättern entsprechende Interpretationshilfen anbieten. So versieht zum Beispiel die Staatliche Kunsthalle Karlsruhe (s. Tabelle) das Bild »Die

sieben Todsünden« von Otto Dix (1891–1969) mit einem ausführlichen Kommentar, der folgende Themen umfaßt:
- o Dix als Zeitkritiker;
- o Der mittelalterliche Begriff Todsünde;
- o Dix' Vorstellung von der Todsünde;
- o Zeitlosigkeit und Aktualität.

V.4.3.3.1 Verfemte Kunst mit politischer Themenstellung

Stadt	Museum	Name und Lebensdaten des Malers	Titel und Entstehungsjahr des Werkes	Historisch-politischer Bezug
Altenburg	Staatliches Lindenau-Museum Altenburg (Leihgabe aus Privatbesitz)	Felix Müller (1897–1977)	Zeitungsjunge (1928)	Armut und Elend von Arbeiterkindern
Amsterdam	Stedelijk Museum	George Grosz (1893–1959)	Der Agitator (1928)	politische Kämpfe in der Weimarer Republik
Berlin	Berlinische Galerie	Werner Heldt (1904–1954)	Aufmarsch der Nullen (1933–1934)	Mitläufer im NS-Staat
Berlin	Ladengalerie	Lea Grundig (1906–1977)	Zyklus: Unterm Hakenkreuz (1935)	NS-Herrschaft
Berlin	Otto Nagel Haus (DDR)	Otto Nagel (1894–1967)	In der Waschküche (1934)	Armut und Elend von Arbeiterfrauen
Berlin	Staatliche Museen Preußischer Kulturbesitz: Nationalgalerie Berlin	Karl Hofer (1878–1955)	Die schwarzen Zimmer (2. Fassung 1943)	symbolische Zeitdeutung
Bern	Kunstmuseum	Paul Klee (1879–1940)	Stammtischler (1931)	politische Verhältnisse der Weimarer Republik
Dresden	Staatliche Kunstsammlungen, Galerie Neue Meister	Hans Grundig (1901–1958)	Das Tausendjährige Reich (Triptychon 1935–1938) linker Flügel: Karneval (1935). Mitteltafel: Vision einer brennenden Stadt (1936). Rechter Flügel: Chaos (1938). Predella: Die Schlafenden (1938)	symbolisch-visionäre Deutung des Nationalsozialismus
Hannover	Niedersächsisches Landesmuseum (Landesgalerie)	Franz Radziwill (1895)	Deutschland 1944 (1944)	realistisch-phantastische Zeitdeutung
Hünxe-Drevenack	Otto-Pankok-Museum	Otto Pankok (1893–1966)	Das Judenhaus (1945)	Judenverfolgung
Krefeld	Kaiser-Wilhelm-Museum	Käthe Kollwitz (1867–1945)	Frau mit Kindern (1937)	Leid der Mütter und Kinder

Stadt	Museum	Name und Lebensdaten des Malers	Titel und Entstehungsjahr des Werkes	Historisch-politischer Bezug
München	accent Galerie Hierling	Clement Moreau Carl Meffert (1903)	Linolschnitt-Zyklus: la comedia humana (1938/39): – Durch die Nacht (Einem gelingt die Flucht); – Es zittern die morschen Knochen der Welt vor dem großen Sieg; – Die Witwe mit der Asche; – Folterknecht	NS-Herrschaft
Osnabrück	Kulturgeschichtliches Museum	Felix Nussbaum (1904–1944)	Selbstbildnis mit Judenpaß (1943)	Judenverfolgung
Ratzeburg	A.-Paul-Weber-Haus	A. Paul Weber (1893–1979)	ständige Ausstellung des Werkes	politische, kritisch-satirische Zeitanalyse
Stuttgart	Galerie Valentin	Volker Böhringer (1912–1961)	Kristallnacht (1941)	Judenverfolgung
Witten	Märkisches Museum	Werner Scholz (1898)	Die Vertriebenen (1933)	Emigrantenelend

V.4.3.3.2 Verfemte Kunst ohne politische Themenstellungen

Stadt	Museum	Name und Lebensdaten des Malers	Titel und Entstehungsjahr des Werkes	Bemerkungen zu Künstler und Werk Zitate aus: »Pan«; Burda-Verlag, Offenburg; Heft Nr. 2/Febr. 1983
Basel	Kunstmuseum	Otto Dix (1891–1969)	Die Eltern des Künstlers (1921)	1933 aus der Professur entlassen; 1939 verhaftet, weil er vor 1933 der Liga für Menschenrechte angehörte. Seine Bilder »verletzten das sittliche Gefühl des deutschen Volkes aufs schwerste«.
Berlin	Nationalgalerie	Erich Heckel (1883–1970)	Dünenlandschaft auf Sylt (1931)	Von den Nationalsozialisten als »Klassiker des Verfalls« beschimpft. 700 Werke wurden beschlagnahmt. Ein Kunstkritiker bezeichnete ihn als erheiternd wirkenden »Farbenkleckser«.
Duisburg	Lehmbruck-Museum	Wilhelm Lehmbruck (1881–1919)	Die Knieende (1911)	1919 Selbstmord aus Verzweiflung über den Krieg. 116 Werke wurden beschlagnahmt.
Hamburg	Kunsthalle	Paul Klee (1879–1940)	Der goldene Fisch (1925)	»Diesen Künstlern lieferten unsere Regierungen die junge Künstlergeneration ... aus und ließen deren Seele vergiften ... So mordete man unseres Volkes Kunst.« (R. Böttcher, Leiter für Kunsterziehung des NS.-Lehrerbundes 1933)
Hamburg	Kunsthalle	Otto Mueller (1874–1930)	Mädchen im Grünen (um 1920)	»Entartet«, weil er Motive aus der Welt der Zigeuner malte und von Zigeunern abstammte. 357 seiner Bilder wurden in deutschen Museen beschlagnahmt.

Stadt	Museum	Name und Lebensdaten des Malers	Titel und Entstehungsjahr des Werkes	Bemerkungen zu Künstler und Werk Zitate aus: »Pan«; Burda-Verlag, Offenburg; Heft Nr. 2/Febr. 1983
Hamburg	Ernst-Barlach-Haus	Ernst Barlach (1870–1938)	Der Zweifler (1931) Der Buchleser (1936) und andere Plastiken	»... was er an Menschen gestaltet, das ist fremd, ganz fremd: erdversklavte Massigkeit...« (Alfred Rosenberg, NS-Ideologie, 1933 im »Völkischen Beobachter«)
Hannover	Kunstmuseum, Sammlung Sprengel	Oskar Kokoschka (1886–1980)	Florenz (1924)	»Gerade Kokoschka, der ... für eine Clique dekadenter Intellektueller malt, ist ... ein Musterbeispiel von dem, was das Dritte Reich ablehnt.« (J. Gerlach 1935 in »Neues Volk«)
Köln	Museum Ludwig	Ernst Barlach (1870–1938)	Aus einem neuzeitlichen Totentanz (1933/34)	
Köln	Wallraf-Richartz-Museum	Max Liebermann (1847–1935)	Die Judengasse (1905)	Als Jude war seine impressionistischen Werke »undeutsch«. An der Beerdigung wagten nur drei »arische« Künstler teilzunehmen: Käthe Kollwitz, Konrad von Kardorff, Hans Purrmann.
Mannheim	Städtische Kunsthalle	Max Beckmann (1884–1950)	Pierette und Clown (1925)	»Wie sehr die gute handwerkliche Leistung künstlich verzerrt ... wird, zeigten die naiven Blödiane mit ihren grotesken Motiven, die ... Heckel, Kokoschka, Schlemmer und unser lieber Max Beckmann.« (»Frankfurter Volksblastt« über die Ausstellung »Entartete Kunst« 1937)
Mannheim	Städtische Kunsthalle	Christian Rohlfs (1849–1938)	Kirche in Soest (1918)	1937 Ausschluß aus der Akademie der Künste. 400 Bilder wurden beschlagnahmt. »Zustimmung oder Ablehnung ... machen mein Werk weder besser noch schlechter ... Gefällt ihnen mein Werk nicht, so steht es ihnen frei, mich aus der Mitgliederliste der Akademie zu streichen; ich werde aber nichts tun, was als Geständnis eigener Unwürdigkeit gedeutet werden könnte.« (Rohlfs 1937)
Mönchengladbach	Städtisches Museum	Heinrich Campendonk (1889–1957)	Der rote Hirt (1928)	1933 Emigration nach Belgien, dann nach Holland. In der NS-Zeit als »Kunstbolschewist« verhöhnt.
München	Bayrische Staatsgemäldesammlungen	Lovis Corinth (1858–1925)	Selbstbildnis im Atelier (1914)	Das Selbstbildnis wurde 1937 beschlagnahmt und in Luzern versteigert.
Saarbrücken	Saarland-Museum	Karl Schmidt-Rottluff (1884–1976)	Pommersche Moorlandschaft (1931)	1933 aus der Akademie der Künste ausgeschlossen, 600 Werke wurden aus den Museen entfernt. 1941 endgültiges Malverbot.
Saarbrücken	Saarland-Museum	Ewald Mataré (1887–1965)	Stier (1923)	1933 aus der Düsseldorfer Akademie entlassen. Zerstörung seines Kriegerdenkmals in Kleve. »Säuberung« der Museen von seinen Werken.

Stadt	Museum	Name und Lebensdaten des Malers	Titel und Entstehungsjahr des Werkes	Bemerkungen zu Künstler und Werk Zitate aus: »Pan«; Burda-Verlag, Offenburg; Heft Nr. 2/Febr. 1983
Seebüll	Haus Seebüll	Emil Nolde (1867–1956)	»Ungemalte Bilder« (1941–1945)	Mitglied der NSDAP bereits am Beginn der Weimarer Republik. 1000 Werke als »entartet« beschlagnahmt. »Sein Schaffen und seine Fantasie ist krank und ... für die deutsche Kunst ungeeignet.« (W. Willrich: »Säuberung des Kunsttempels«, 1937)
Stuttgart	Staatsgalerie	Franz Marc (1880–1916)	Die kleinen gelben Pferde (1912)	Marc fiel im 1. Weltkrieg. Als man 1937 sechs seiner Bilder auf der Ausstellung »Entartete Kunst« zeigte, protestierte sein ehemaliges Regiment.
Stuttgart	Staatsgalerie	Oskar Schlemmer (1888–1943)	Konzentrierte Gruppe (1925)	1933 als Professor entlassen; ab 1938 Arbeit in einem Malergeschäft, strich kriegswichtige Gebäude mit Tarnfarbe.

V.4.3.3.3 Literaturhinweise

Günter Feist: Hans Grundig, VEB Verlag der Kunst, Dresden 1979

Hans Grundig: Malerei, Graphik, Akademie der Künste der DDR und Museum der bildenden Künste zu Leipzig, Ausstellung 1973/74, Leipzig 1973

Hans Grundig: Zwischen Karneval und Aschermittwoch – Erinnerungen eines Malers, Dietz Verlag, Berlin 1975

Lea Grundig: Radierungen, Ladengalerie Westberlin 1973

Lea Grundig: Zeichnungen, Graphik, Ausstellung 1975/76, Berlin–Leipzig–Dresden 1975

John Heartfield: Krieg im Frieden – Fotomontagen zur Zeit 1930–1938, Fischer Taschenbuch 3465, Frankfurt am Main 1982

Richard Hiepe: Gewissen und Gestaltung – Deutsche Kunst im Widerstand, Röderberg Verlag, Frankfurt am Main 1960

Werner Mittenzwei: Carl Meffert – Clément Moreau – Ein Leben auf der Suche nach der Brüderlichkeit des Menschen, Henschelverlag, Berlin 1977 (DDR)

Clément Moreau – auch Carl Meffert: Grafik für den Mitmenschen – Deutschland, Schweiz, Argentinien, Neue Gesellschaft für bildende Kunst und Kunstamt Kreuzberg, Berlin 1978

Clément Moreau: »Mein Kampf« – Ein Versuch, mit dem authentischen Text die Entwicklung von Hitler zu zeigen, 56 Zeichnungen zu Hitlers Text, Verlag der Neuen Münchner Galerie, München 1975, 1. Auflage 1940

Clément Moreau: Nacht über Deutschland, 107 Linolschnitte aus den Jahren

1937–1938, Verlag der Neuen Münchner Galerie Dr. Hiepe und Co., München 1976
Ernst Niekisch: Hitler – ein deutsches Verhängnis, Widerstandsverlag, Berlin 1932, Reprint, 3. Auflage 1979, Ahde Verlag, Berlin
Otto Pankok: Bilder und Plastiken, Landschaftsverband Westfalen-Lippe, Westfälisches Museumsamt, Münster 1978
Wolfgang Schneider: Kunst hinter Stacheldraht, Ein Beitrag zur Geschichte des antifaschistischen Widerstandskampfes, VEB E. A. Seemann, Leipzig 1976 (2. Auflage)
Karl Schwesig: Schlegelkeller, Verlag Fröhlich u. Kaufmann, Berlin 1983
Eckhard Siepmann: Montage: John Heartfield, Elefanten Press Galerie, Berlin (West) 1977
Michael Töteberg: John Heartfield in Selbstzeugnissen und Bilddokumenten, Rowohlt Taschenbuch 257, Hamburg 1978
A. Paul Weber: Kunst im Widerstand – Politische Zeichnungen seit 1929, Zum Problem von Humanismus und Parteilichkeit, Elefanten Press Verlag, Berlin (West) 1979
Karl Weinmair: Skizzenbuch – Aus dem 1000jährigen Reich, Verlag der Neuen Münchner Galerie, München 1973
Richard Ziegler/Martin Beheim-Schwarzbach: Führer sehen Dich an – Sonette und Porträts, Deutsches Exil 1933–1945: Eine Schriftenreihe herausgegeben von Georg Heintz, Band 8, Worms 1975
Akademie der Künste: Zwischen Anpassung und Widerstand – Kunst in Deutschland 1933–1945, Berlin 1978
Die Horen: Zeitschrift für Literatur, Grafik und Kritik, Band 3/Herbst 1982
Staatliche Kunsthalle Berlin und Neue Gesellschaft für bildende Kunst, 1933 – Wege zur Diktatur (Katalog), Berlin 1983
Staatliche Kunsthalle Berlin und Neue Gesellschaft für bildende Kunst, 1933 – Wege zur Diktatur Supplementband zum Katalog), Berlin 1983
Widerstand statt Anpassung, Deutsche Kunst im Widerstand gegen den Faschismus 1933–1945, Elefanten Press Verlag, Berlin (West) 1980

Anmerkungen:

[1] Falk Pingel: Erinnern oder Vergessen?, Beilage zur Wochenzeitung ›Das Parlament‹ B 9–10/81

[2] Pingel, a.a.O., 826f.

[3] bezogen auf Bertolt Brecht Werkausgabe Edition Suhrkamp, Frankfurt am Main 1967, Band III, S. 1073–1194

[4] Uwe Naumann (Hrsg.): Antifaschistische Literatur im Unterricht – Vorschläge, Materialien, Erfahrungen, Röderberg Verlag, Frankfurt am Main 1980, 48 S.

[5] Uwe Naumann (Hrsg.): Filme, Satiren, Jugendbücher im antifaschistischen Unterricht, Röderberg Verlag, Frankfurt am Main 1980, 42 S.

[6] Naumann, a.a.O., S. 9

[7] Rainer Kawa: Die »Ästhetik des Widerstands« in der Schule lesen? Vorschläge für eine Unterrichtsreihe, in: Karl-Heinz Götze/Klaus R. Scherpe (Hrsg.): Die »Ästhetik des Widerstands« lesen. Über Peter Weiss Literatur im historischen Prozeß. Neue Folge 1 Argument Sonderband AS 75, Argument Verlag, Berlin 1981, S. 174–184

[8] Kawa, a.a.O., S. 164

[9] in: Werner Schartel: Kunst im Widerstand, Hamburg 1977, S. 108

[10] Ernst Niekisch: Kunst im Widerstand – Malerei, Graphik, Plastik 1922–1945, Frankfurt am Main 1968

[11] Richard Ziegler/Martin Beheim-Schwarzbach: Führer sehen Dich an – Sonette und Porträts, Deutsches Exil 1933–1945, Eine Schriftenreihe herausgegeben von Georg Heintz, Bd. 8, Worms 1975

[12] Paul Klee: Hitler (Ein Stammtischler), Federzeichnung 1931, in: R. Hiepe: Gewissen und Gestaltung – Deutsche Kunst im Widerstand, Frankfurt am Main 1960, Abbildung 8

[13] John Heartfield: Adolf, der Übermensch, Montage 1932, in: M. Töteberg: John Heartfield in Selbstzeugnissen und Bilddokumenten, Rowohlt Taschenbuch 257, Hamburg 1978, S. 76

[14] Ernst Niekisch: Hitler – ein deutsches Verhängnis, Berlin 1932, Reprint 3. Auflage 1979

[15] Otto Ritschl: Das Gesamtwerk 1919–1972, Stuttgart 1973, S. 21f.

Personenregister

(Die angegebenen Seitenzahlen verweisen auf eine ausführlichere Behandlung.)